江苏人民教育家培养工程丛书（第三辑）

百川园：我们诗意的栖居

BAI CHUAN YUAN WOMEN SHIYI DE QIJU

王文英 著

图书在版编目(CIP)数据

百川园　:我们诗意的栖居 / 王文英主编. -- 南京　:
江苏凤凰教育出版社,2021.5
(江苏人民教育家培养工程丛书.第三辑)
ISBN 978-7-5499-9284-3

Ⅰ.①百…　Ⅱ.①王…　Ⅲ.①小学—学校管理—太仓
Ⅳ.①G627

中国版本图书馆 CIP 数据核字(2021)第 098043 号

江苏人民教育家培养工程丛书(第三辑)

书　　名　百川园:我们诗意的栖居
作　　者　王文英
责任编辑　沈静明
出版发行　江苏凤凰教育出版社(南京市湖南路 1 号 A 楼　邮编 210009)
苏教网址　http://www.1088.com.cn
照　　排　南京私书坊文化传播有限公司
印　　刷　南京顺和印刷有限责任公司
厂　　址　南京市江宁区麒麟街道天和路 78 号
开　　本　787 mm×1092 mm　1/16
印　　张　13.5
插　　页　2
版　　次　2021 年 6 月第 1 版
印　　次　2021 年 6 月第 1 次印刷
书　　号　ISBN 978-7-5499-9284-3
定　　价　36.00 元
网店地址　http://jsfhjycbs.tmall.com
公 众 号　苏教服务(微信号:jsfhjyfw)
邮购电话　025-85406265,025-85400774,短信 025-85420909
盗版举报　025-83658579

为江苏未来教育家成长奠基

纵观世界教育史，每一次深刻的教育变革都离不开教育家的参与和推动。邓小平同志在1986年就提出“希望中国出现一大批三四十岁的优秀的科学家、教育家、文学家和其他各种专家”。2007年《国家教育事业发展“十一五”规划纲要》明确提出了“倡导教育家办学”的方针。《国家中长期教育改革和发展规划纲要(2010—2020年)》也明确提出，要创造有利条件，鼓励老师和校长在实践中大胆探索，创新教育思想、教育模式和教育方法，形成教学特色和办学风格，造就一批教育家，倡导教育家办学。

倡导教育家办学，要在扎根于民族文化土壤的同时，吸纳一切人类文明成果，形成具有本土特色和全球视野的教育实践和教育智慧。在我国源远流长的几千年文明发展进程中，不仅积淀了丰富的教育话语体系，而且涌现出一批又一批的优秀教育家。如，有被推崇为“大成至圣先师”“万世师表”的孔子，有“匹夫而为百世师，一言而为天下法”的韩愈，有“捧着一颗心来，不带半根草去”的人民教育家陶行知，等等。

江苏素有重教兴学的优良传统。明清两代全国202名状元中，有66人出自江苏，约占总数的三分之一。新中国成立以来，两院院士三分之一以上是江苏籍。“十一五”规划以来，江苏认真贯彻国家、省教育规划纲要，坚持把优先发展教育作为强省之基，把科教与人才强省作为经济社会发展的基础战略，扎实做好教育改革发展各项工作。为顺应发展要求，江苏在2009年启动实施“江苏人民教育家培养工程”，旨在通过培养一批具有教育家潜质的校长、老师，带动全省师资队伍建设，提高全省教育质量。工程启动和实施以来,得到了省内外同行的高度关注,《中国教育报》《人民教育》等权威教育媒体纷纷予以报道,给予了很多的支持和鼓励。在工程的带动下,全省基础教育人才队伍建设工作蓬勃开展,人才梯队不断优化,人才培养形成常态化。无锡的教育名家培养工程、常州和镇江的名师工作室、苏州的姑苏人才计划、南通和淮安的名师名校长培养工程、连云港的中小学高层次人才“333”工程、泰州的中小学卓越老师培养计划、扬州的领雁工程等都取得了良好成效,为江苏基础教育事业的明天提供了人才支撑。

一、设计思路

古今中外的教育家,虽然成长路径各不相同,但他们身上都有一个共同特点,那就是都有强烈的发展愿景,都是积极主动、持之以恒地追求自我发展。而有计划的培养可以促其自觉、促其坚定、催其奋进、助其提高。实践证明,通过有效地整合社会资源,建立系统而完整的培养制度,对培养对象进行引领、促进、支持,给予他们相对良好的成长空间和必要的规制,有助于他们更快更好地成长。我们认为,确立“人民教育家是可以培养的”观念,是科学的人才观、发展观在师资队伍建设中的体现。

确立目标宗旨。为一批立志终身从教、教育理念新、科研能力强、专长突出、风格鲜明、发展潜力大的中小学老师和校长创造条件,提供平台,给予重点培养,帮助他们在教育理论素养和创新实践能力等方面得到全面提升,使其个人专长更加凸显,特色风格更加鲜明,为他们成长为社会公认的人民教育家奠定基础,并以此带动和促进全省中小学师资队伍水平的整体提升,为江苏建设教育强省、率先实现教育现代化、办人民满意的教育做出更大的贡献。

制订培养计划。工程实施的目标是培养基础教育高端人才。从2009年起,计划在全省范围内分四批选拔200名特级老师进行重点培养。200个培养名额,低于特级老师总数的20%,不到中小学专任老师总数的万分之三。分四批培养,每批50人,确保每一名培养对象都能享有足够好、足够多的专家资源、活动资源、财力资源和实践平台,保证培养过程更加具有科学性、针对性和有效性。

明晰选拔标准。分析近代以来我国教育家表现出来的特质,我们发现他们具有三个方面的共同特质:一是志存高远,具有远大的教育理想,“敢探未发明的新理”,善于发现和潜心研究教育问题,形成自己独到的教育思想;二是学高为师,具有丰富的学识和科学的经验,勇于探索,在办学理念和思路、学校建设与管理、教育教学方式等方面形成鲜明的特色和风格;三是身正为范,具有高尚的人格魅力,热爱学生,尊重学生,对学生有大爱之心,并有较大的社会影响。为此,在培养对象的选拔上,我们确定了“坚持一个基本条件、着重考察三个方面”的遴选原则。基本条件必须是特级老师,是“师德的表率、育人的模范、教学的专家”。在此基础上,着重考察培养对象是否有正确的、强烈的成长动机,有为人民教育事业奋斗终身的坚定理想和不懈追求；是否具有深厚的教育理论素养、文化素养和专业素养，有成为人民教育家的基础条件和发展潜力；是否具有高尚的人格魅力，在区域和学科专业领域内声望高、影响大、示范性强，受到同行、学生、家长和社会的广泛敬重和好评。

二、制度建构

“江苏人民教育家培养工程”是一项系统性工程，旨在探索高端教育人才培养的政策、制度和实践模式，以培养对象的教育思想、办学行为和先进事迹激发全省所有校长、老师的教育热情和奉献精神。经过五年的实践探索，逐步形成了一套比较完整的培养体系，制定了《江苏人民教育家培养工程实施指南》，形成了管理、培养、考核“三位一体”的培养工作机制。

建立了管理机构。在管理上，教育厅成立了“江苏省人民教育家培养工程领导小组”，负责培养工作的整体把握和指导，指定江苏省教育科学研究院负责工程的具体实施工作。根据培养对象的特点和研究方向，成立了分学段或分学科领域和学校管理等不同培养方向的五个研修组。与培养对象相对应，组建了五个专家指导小组，通过个别指导和集体指导相结合的模式，就培养对象的发展规划、研究方向、课题研究进行指导。

搭建了培养平台。在培养上，以“政府创设平台、专家引领指导、个人主动发展、团队共同提高”为培养机制，以帮助培养对象“提高师德修养、拓展教育视野、创新教学理念、提高教育教学能力水平”为核心培养内容，规划实施了九大系列培养计划：催生教育主张——培养对象理论素养提升计划；聆听高端讲座——培养对象知识结构更新计划；牵手农村教育——培养对象责任修炼计划；推动教育创新——培养对象实践模式构建计划；走近教育家——培养对象分类阅读计划；聚焦实践问题——培养对象小组合作研究计划；带动共同发展——培养对象团队建设计划；教育家办学——影响力论坛计划；行者无疆——教育考察计划。围绕计划，在2014年至2019年第三期培养对象培养期内，共开展省级集中活动20余次、小组活动近100次。

制定了考核制度。在考核上，省教育厅委托省教育科学研究院与培养对象签订“目标责任书”，依据目标责任书开展年度考核、中期考核和终期考核工作。其中，年度考核实行报告评价式考核，研修小组和培养对象每年要做一次工作总结，报告一次研修心得；中期考核在培养期的第三年举行，实行发展性评估考核；终期考核按目标责任书实行目标考核。培养周期完成，在个人考核的基础上，成立“培养工作评估项目组”，对项目实施情况进行整体评估。

提供了条件保障。主要从专家、平台、经费等方面为工程实施及培养对象提供专业支持、环境支持和政策支持。一是组建了专家指导团队，聘请了国内一流专家。目前共聘请专家119人次，其中为第三期培养对象聘请的专家有35人。二是设立省教育科学规划“十三五”人民教育家培养对象专项课题，鼓励培养对象申报教育科研课题研究项目，通过课题研究推动培养对象成长。三是为每位培养对象至少安排一次出国研修的机会、召开一次教育思想研讨会、资助出版一部专著，为他们形成教育教学思想创造条件。

三、实践成效

工程实施以来，每一位培养对象都以教育家的素养标准要求自己，经过五年努力，提升了综合素养，取得了很多教育教学成果，带动了区域内多元团队的共同发展，还通过跨区域的合作在更大范围发挥了重要作用。

素质显著提高。五年的研修对每一个培养对象来说都是一个迅速进步的过程，他们的专业素养与教育能力不断提升，教育思想已现雏形。其一，潜心读书，提升了专业素养。有的培养对象五年阅读了100多部专著，撰写了40多万字的读书笔记。其二，实践探索，提高了教育能力。通过构建自己的课堂教学模式提高课堂教学质量，通过成立名师工作室和建设学科基地发挥辐射作用，通过管理模式的变革寻求学校的优质发展，已成为培养对象的行为自觉。其三，活动研修，拓宽了教育视野，丰富了发展内涵，增强了服务江苏教育发展的责任感与使命感。其四，自省反思，凝练了教育思想。通过回顾和反思、梳理和归纳，做到更深刻地认识、更清晰地表达自己的教育理念，初步形成了自己的教育思想。

研究成果丰硕。五年来，各位培养对象在实践研究方面积极进取，取得了丰硕成果。据不完全统计，第三期培养对象公开发表论文880篇，其中在核心期刊发表191篇；编著图书79本，出版专著35本；主持市级以上课题（项目）研究166项，开设县级以上公开课、讲座1821节（次）；被媒体报道210次。教学办学上，他们不仅善于把自己的教育理念运用到实践中去，而且非常注重特色成果的形成，成为江苏基础教育改革大背景下一例例鲜活的典型。他们的教育教学实践获得了广泛认可，产生了深远的影响，累计获得各级各类荣誉表彰300余项。这些成果来之不易，体现了各培养对象不断超越、勤于探索的精神。

带动效应显著。培养对象皆有自己领衔的发展团队，不仅有学校管理团队、老师集体和学科老师团队，而且有市（区、县）的名师团队、骨干老师团队，为带动当地老师发展做出了很大贡献。在团队发展过程中逐渐形成了由“被动发展”走向“主动发展”、由“短期性发展”走向“持续式发展”的良好格局，表现出相当高的发展水平与强大的辐射力。另外，第三期培养对象共开展“牵手农村教育”活动近30次，覆盖近30个县、市（区）50多所农村学校，发挥了培养对象的专业服务作用，带动了农村地区老师专业发展。难能可贵的是，他们在成为“培养对象”后，依然有着清醒的自我认识。他们常常淡看自己的努力和成就，却对“机遇”怀有感恩之心。正如一位培养对象所说：“孔子的彼岸是闻达于诸侯，我在想我们的彼岸是什么？也许我一辈子也成不了教育家，但我可以拥有教育家的志向、教育家的情怀、教育家的理想。在培养工程一千多个日日夜夜里，我如农夫般日日耕耘，如哲人般时时自省。从此岸到彼岸，是岁月的距离，更是成长的步履。让我们揣着梦想、带着感恩、携着激情，执着行走在成为教育家的路上，不为彼岸只为海！”

当前，江苏教育系统正在全面学习贯彻落实党的十九大精神，全力推进教育现代化建设，坚持以立德树人为根本，以发展素质教育为主题，以提高教育质量为核心，以促进教育公平为重点，以服务经济社会发展为重任，以深化教育教学改革为动力，以扩大教育对外开放、提升教育国际合作交流水平为重要路径，以教育信息化为着力点，以争取加大教育投入、建设高素质专业化老师队伍为关键，探索建立中国特色现代学校制度，努力营造健康向上的校园文化和有利于教育改革发展的社会氛围，努力办好人民满意的教育。衷心地希望“江苏人民教育家培养工程”的实践探索能给我国推进教育发展和办学专业化、促进高端教育人才成长提供借鉴。

编委会
2020 年 11 月

序 PREFACE

诗意的栖居

——王文英校长和百川园

“人,诗意的栖居”是德国诗人荷尔德林的诗句,经海德格尔的阐发,成为了许多人的精神追求。难能可贵的是,许多有为的校长已经或者正在创造这样的胜境。比如太仓市新区第二小学(以下简称新区二小)王文英校长命名的“百川园”。徜徉其间,看着学生灿烂的笑脸,与老师、职工们倾心交流,聆听校园里墙壁“说话”,我们源自心灵的判断就是:“百川园”,就是“诗意的栖居”。

深入与超越:学校精神的凝练

何为诗意,众说纷纭。我们的理解,首先心中要有光,有纯粹的精神追求。在学校中,还要结合日常生活中的实际,把这种心中的光亮凝练出来,并以此照亮日常生活,创新日常生活。王家新解说诗意时,谈及冯至的《十四行集》,把这个问题说得比较到位:“它对我们的启示也并不仅仅在于‘哲理’,而在于诗人终于找到了一种解说方式,把诗与思完美地结合为一体,他从个人的内心与宇宙、自然、时代有形和无形的关联中,确定了一种诗的在场;他以对经验的开掘发现和转化,把对人生的深入和超越同时结合起来,正是这种诗意的转化和提升,使诗人摆脱了现实的束缚,完成了对存在的敞开。”[①]王文英营构自己的学校也是如此,

---

① 王家新:《从古典的诗意到现代的诗性——论中国新诗的“诗意”生成机制》,《中国现代文化研究丛刊》,2007年第5期。

深入而超越,凝练自己的教育哲学,使学校精神带着超越日常生活而又面向人生的风貌,这就是百川文化的生成。

“百川”的命名是贴着校情的。新区二小外来务工者子女占90%,学生来自全国24个省市自治区,承载着丰富多彩的文化因子和文化资源,也使学校办学面临着前所未有的挑战——相当一部分学生比较害羞和拘谨,而且学习水平参差不齐,差距很大。百川的命名是源于初心的。面对特定的学生群体,王文英想到的是教育者的初心,“有教无类”“全纳教育”“教育公平”,这些都是她高度认可的,她认为自己要做的就是把这些理念切切实实地践行。“海纳百川”,王文英联想到这样的意象,于是新区二小就被命名为“百川园”。百川是美好教育想象的表征,王文英是善于思考及反思的,她和同事们为百川进行过多次文化阐述,诸如自由、平等、开放、包容、和谐、执着等等,这使她逐步形成自己的价值立场。他们又对“百川归海”提出疑问,办学者需要百川归海的胸怀,但百川的归属不是消融自己,而是要尽情释放活泼自由、勇往直前、奋发向上的天性,绽放充满活力而又具有个性的美丽浪花。于是学校文化意象确定为“百川竞流,浪花朵朵”。“这种视觉化的隐喻修辞,以一种不太合乎逻辑的方式表达着准逻辑的真理。文化传达的真实仍是一种出自本源的真实,因而是一种虽不同于逻辑真实而又隐含逻辑真实的真实。”[①]诗、言、思的结合,创造了百川文化的诗意内核。于是,心中的光照亮了现实生活。

践行与创造:主体力量的激活

学校是一个组织机构。组织是由群体和个体组成的,一起达到某些一致目标的有结构的社会系统。“组织文化基本的功能是为其成员提供身份或激发其成员对组织目标的献身精神,澄清并强化组织成员的行为标准。”[②]一所学校的精神凝练,关键在于让组织成员激活全体力量,在形成共识的基础上开展实践活动。新区二小在这方面具有典范的意义。

先从管理者说起,王文英成功地扮演了三个角色。一是好老师。作为一名数学特级老师,2006年担任校长后,王文英一直坚持担任一个班的数学老师,外出活动,总是把课务提前安排,每次考试,她班上的数学成绩总在前列,高分学生更是多在她班上。二是研究者。王文英带领老师们深入系统地研究数学教材,提出的“核心问题统领”的教学主张闻名遐迩,承担百川文化的研究课题也是成果丰硕。三是领导者。王文英坚持人文主义教育观,更多地从需求激励方面制定学校制度,组织学校活动,每每参与讨论时,总看见她对同事的期待和鼓励。“一个好汉三个帮”,新区二小的三位副校长各有特点,崔怡红果断利索,陈洁周全细密,朱敏刚睿智沉

① 汪堂家:《哲学的追问》,复旦大学出版社2012年版,第182页。

② 杰拉尔·德格林伯格 罗伯特.A·巴伦:《组织行为学》,范庭卫等译,江苏教育出版社2005年版第4页,第560页。

稳,与王文英的坦诚直率、坚韧执着相辅相成。而他们在文化认同方面又高度一致,这成了学校蓬勃向上发展最关键的动力源。

再说教职工群体,“诗意的栖居”很大程度上来自成长的充实感。一是内涵式发展,把读书作为一种日常的生活方式,不断丰富自己的精神世界。改进课堂实践,围绕自己提炼的开放、灵动、融通的深度特质,进行深入研究。在这样的过程中,学生受益了,老师也进步了。二是在表现中成长,新区二小搭建了多个促进老师成长的平台,其中最有影响的是百川讲坛。在2007年创立后,迄今百川讲坛已累积了300多期,基本做法是每周二下午四点半,老师们抽签登场开讲,主题事先确定,每人做好准备,每期10个名额,还设计了“周冠军”“年度冠军”的评选,是百川园的重要活动。正如一位年轻老师所言:“一路走来,与百川讲坛相伴,一个个难忘的瞬间印证着我成长的足迹。”而这种在表现中成长的方式,是管理者的匠心所在。学校普遍推行分布式领导,采用项目驱动的方法,一是让老师们各显其长,培养潜在的专业领袖。二是创造性贡献,不仅活力迸射,学校也常常收获惊喜。比如“德育怎么能入脑入心?”,青年老师小冯用故事会的形式一改枯燥的说教,学校及时加以总结推广,“百川故事会”成为新区二小德育的品牌。钟长军老师撰写的文章发表后,王校长比自己发表文章还要高兴,立即组织学校老师学习揣摩,从而激发老师们教育写作的热情。朱敏刚副校长原为一名普通的体育老师,2013年主动向王文英校长提议,根据外来务工人员子女能吃苦耐劳的特点,开展足球运动,为百川园注入健雄之气。百川源源足球队因而诞生并快速崛起,从2014年起至今,连续6年进入苏州市“市长杯”冠亚军决赛,3次获得冠军。其中12名小球员毕业后进入专业青年训练梯队,今年更是有2名球员入选校园足球国家队。

这里还要说到新区二小的职工们,他们经历了从“不一样”到“一样”的身份转变。他们是职工,各司其职,又是老师、辅导员,本职工作之外各尽其能。“百川有你更璀璨”,这是师生对他们的颁奖词。“有些事不是钱的事”,这是他们以校为家的缘由所在。有情有义,是相互的,是共生共享的,这可能是百川园最大的奥秘。

说说家长,许多人对外来务工人员有一些刻板印象。王文英不这样认为,她看到这些家长远离家乡外出打工,表现出一种不肯安于现状的开拓精神、闯荡精神、创业精神,展现了较强的求变应变能力,这是最真实、最珍贵的教育资源。她和同事们多线联系,让家长关注学校,成立学校、年级、班级三级家委会,定期召开例会,共商学校事务。班主任和每一位家长单线联系,以互通不宜在公共群里交流的信息。彻底告别“告状式”家访,家访以交流鼓励为主。学校会邀请家长参与学校活动,让他们成为百川园的常客。还会推荐家长上讲台,担任兼职老师。此外,学校组织“家长读书会”,在自读基础上,每月集中一次,十位家长为一组,每次交流一本书的阅读体会。家长的视野越来越开阔,对学校越来越关心,学校一有什么事,家长立马忙碌起来。

当然更重要的是学生。校长、老师、家长们共同努力,用心,用情,所以百川园的学生可以诗意栖居,快乐成长。百川园的学生,一是心灵有归属感。新区二小建成寻根廊、百耕园,让学生的思乡情得到慰藉。百川园创设让水娃们终身难忘的三大典礼,以汇水为形式的入学礼,每位新生的家长带来一瓶水汇入百川楼大厅的水缸;以饮水为形式的成长礼,三年级学生都从这口缸里取水饮用,饮水思源;以取水为形式的毕业礼,六年级学生毕业时从这口缸里各取一瓶水带回,寓意满载而归。这样的文化设计,使学生的心灵有了妥帖的安放之处。二是才情有张扬处。"天高任鸟飞,海阔凭鱼跃"一直是王文英的教育理念。学校开设了63门校本课程,创设了初中高三级舞台,鼓励学生参与组织"百川节",成立手工制作坊、种植兴趣组等20多个社团,招募"水娃志愿者"参与学校管理,给学生提供个性发展、才情张扬的各种机会。在新区二小,我听到老师们动情地讲学生成长的故事,"就像换了一个人",这是老师们常用的赞语。有次碰到一位家长,说到他的孩子,他咧着嘴说道:"有时感到这些娃不仅在长,而且在疯长呢!"孩子这种正向的改变,根据苏霍姆林斯基的解释,最根本的原因是孩子自己内在的优胜之处被发现,被肯定。苏霍姆林斯基说,教育学的人道主义精神,就在于珍惜孩子享受欢乐和幸福的权利,就是要在每个孩子身上发现和找到能给他"创造欢乐的那一条矿脉"。在今天的百川园里,学生的表情成了学校教育的晴雨表。学生的脸上的笑容和自信的神情,让人们感觉这个园子的一切都是活泼泼的。

潜在与敞开:美丽环境的营造

诗意的栖居,总是连接着特定的居所。"大地、世界、人生,本来就是诗意的。""这个诗意是被隐匿在自然中的,语言把诗意敞开。"[①]教育是在特定环境里进行的,校园,在一定意义上是第二自然,既有第一自然潜在的诗意,又有人在创造过程中,将之激活,使之敞开。如果能体现"天人合一,群己互渗的生命本体观"[②],赋予自然物灵性,自然生命与人的生命相拥相融,居者当然可以称得上诗意栖居。百川园的建设显然是朝着这个方向努力的。

百川园里到处呈现着它的美。绿树成荫,碧草连天,春华秋实,鸡鸣鸟叫,"山""水"相间,每一座建筑,每一面墙壁,都有令人赏心悦目的美感。发展性是百川园环境营造的核心追求。王文英和她的团队努力让墙壁"说话"。怎样说话呢?他们认为要"说自己学校的话""说儿童自己的话"。学校的地图墙、寻根廊,把孩子与家乡牵连起来。即使劝诫学生的标识,也是用学生接受的方式呈现。他们让环境成为学生的天然课堂,百耕园、百果园自然就成了课程基地。总之,一草一木总关

---

① 于坚:《还乡的可能性》,商务印书馆,2013年版,第39页。

② 陈伯海:《中国诗学之现代观》,上海古籍出版社,2006年版,第18页。

情，都是指向儿童的成长。参与性是百川园建造的策略选择。百川园的环境布置尽量让师生特别是学生参与创作。王文英们经常说的一句话是："自己的学校自己造！"环境布置大都是由师生自己动手的。学校的"梦想墙"则是学生的"随心所欲"。校园里果和蔬的种植，羊和鸡的放养都是学生亲力亲为，学生在播洒汗水的过程中享受劳动的快乐。相融性是百川园文化效应的重要体现。在百川园里，物是有生命的，比如一口缸，因为记录着入学礼、成长礼、毕业礼，于是有了生命。比如阅览室，以惬意、便捷为追求，于是有了爱的暖意、家的味道。这里的田园风光常常让人留恋，这里的文化景点常常引人驻足。师生居于其中，人、物相融，诗意盎然。连我们这些"朋友圈"的人们，每每目睹，都有陶醉其中的感觉了。

杨九俊　孙孔懿

2020.10

目录 CONTENTS

第一章　百川园的由来

2006年8月，通过公开竞聘，我顺利走上校长岗位。这是一所处于城乡接合部的小学，正值异地新建。得知上任消息之后，我一个人开车悄悄来到学校的施工现场，没来由地喜欢上了这个地方。不曾想，此后在办学的过程中发生了许多令人难忘的故事，让我对这里的一草一木、一事一物产生了深深的眷恋，逐渐在这里扎下了根。

一、"百川"的诞生

"百川"是什么？是地名，人名，还是赞助办学的企业？还是……

"百川"，不是地名，不是人名，也不是企业名称，它是我们学校文化的品牌名称。

学校文化因何以"百川"为名？

(一) 学校的硬件条件与内部发展的矛盾

搬迁后，学校占地45 288平方米，校舍建筑面积15 828平方米，体育运动场(馆)面积10 124平方米，校园绿化按园林标准设计，面积达22 000平方米。从外观上看，学校面貌焕然一新，迈入了现代化学校的行列。

然而，学校内部发展令人担忧。学校地理位置特殊，很少有对外交流的机会，长期处于半封闭的状态。

在11月4日，也就是搬入新校区两个多月后，学校接到承办苏州市小学数学学科带头人展示活动的任务。听到这个消息时，大家忧心忡忡，因为学校从未承办过任何市级的教学观摩活动。学生从未经历公开课的场面，课堂会不会太沉闷以至于让执教者陷入尴尬境地？学校没有任何接待经验，会不会把活动搞砸？

学校承办活动少，经验不足，活动前多讨论、把方案做细就能解决这个问题。但如果整体工作的氛围、态度出了问题，那就更令人头疼了。

开学一个月后，教科室组织教学案例反思的评比，在评选时发现有抄袭现象，而且抄袭者不止一个。我找到其中一名老师，跟他谈话时他还振振有词："我之前交的论文、反思都是抄的，从来没有人跟我说这样不行，所以我才会继续抄！如果之前就制止了，那我就不会再抄袭啊！"这名老师很明显在强词夺理，但也从侧面反映出之前某些工作做得并不深入，只是走走形式而让老师们钻了空子。

显然，学校整体工作氛围与拥有一流设备的硬件环境不相匹配。

(二)老师的现实状况和素养提升的矛盾

上任后,我发现学校专职老师数量严重不足。全校 24 个教学班,只有一个英语专业毕业的英语老师,一个美术老师,而音乐专职老师一个都没有。

更令人头疼的是,老师们安于现状,并不想发展。

人事秘书张老师向我反映,每年职称评审时,老师们都不愿意申报。怎么有这样的事?正好我有一位同学也在其中,就私下找他问问情况。他告诉我:“评审职称要上公开课,还要写论文。这几年懒散惯了,不思考文章就写不出,也不可能上出优质的公开课,材料没有,而且觉得距离很远,就干脆不想评了。”

当老师们对前途看不到任何希望,他们的工作激情自然就会消磨。当一两个老师有了这样的想法和行动之后,就会影响到三个、四个……乃至于全部。

紧接着的一次评优课申报事件,让我对学校老师有了更深的了解。

太仓市老师发展中心组织优质课评比,要求各校老师申报参赛,我校迟迟没有动静。于是,我找来教导主任了解情况。教导主任丧气地说:“校长,我们是乡下学校,老师们出去参赛往往是充当绿叶的。”

“什么意思?”

“我们出去跟城里老师没法比的,获奖很难。如果获奖,最多是二等奖。所以老师们积极性不高。”

“为什么就不可能获一等奖呢?”

“我们是乡下学校啊!”

由此可见,老师们对自己很没有信心。

(三)学生生存状态与未来发展的矛盾

老师队伍发展状况不理想,那么学生呢?

9 月 1 日,开学第一天,我站在校门口迎接学生。无意间,我的目光聚焦在学生的脚上。那是怎样的一番情景啊?不止一人穿着拖鞋上学。我俯下身,拉住他们,说:“小朋友,不可以穿拖鞋上学,要穿凉鞋或者是球鞋,记得明天要换啊!”

第二天,我想看看穿拖鞋的现象是否有改善,我又站在校门口。显然,情况好了许多,学生能按照要求穿凉鞋或是球鞋了。正想回办公室,不料,一双穿棉鞋的脚映入眼帘。大热天,这个男孩竟然穿了一双棉鞋!“怎么穿棉鞋啊?”我惊讶地问。“老师,妈妈上班去了,我就找到这双鞋,不是说不能穿拖鞋吗?那我只能穿这双鞋啊!”他委屈地说。

学生的家里当然不可能贫困到买不起一双鞋,但他父母忙于打工,无暇顾及他的学习、生活也是事实。之前一直在城区学校工作的我被眼前的这一幕惊到了。

开学不久,老师发展中心来校调研,体育教研员听完课后跟我讲:“王校长,你们学校这些学生的习惯、常规你要下功夫抓抓啊！你知道今天体育课上我看到了什么？”

“看到了什么啊？您请讲！”不由得，我的心突突地跳起来。

“有一个学生上体育课时，就直接在操场上小便了！”我听完，脸“唰”的红了。

搬入新校后，我已经发现校园里有随地乱扔果皮纸屑、随地小便的现象，但没有料到在上课时学生也这么随意。

政府投入大量经费新建学校，相应地也给学校办学提出了新的要求。我们不仅要接纳来自全国各地的务工人员子女，让他们有学上，更要为他们提供好的教育服务，使务工者安心工作。

如何打破学校相对闭塞的局面，拓宽学校发展的途径，让这所老校焕发新姿？

如何给老师队伍注入发展的动力，让他们摒弃自卑心理，唤起他们积极进取的勇气？

如何将来自不同区域，拥有不同文化背景和风俗习惯的学生纳入统一的学校管理，帮助他们培养良好的行为习惯？

这些亟待解决的问题摆在了初任校长的我的面前。

我想，我们首先要做的，必须是打开校门，以海纳百川的办学胸怀去接纳和包容，并从中筛选、整合，让不同的文化在这里相融相生，凝聚成一种崭新的文化形态，营造和谐生动、积极向上的学校氛围，为师生的发展提供适宜的文化环境。

打开校门，也是为了打开老师的视野，开阔他们的眼界，提高他们的学科素养。我们需要请进走出，博采众长，拓宽信息获取的渠道，让新的理念武装头脑，让好的方法为我所用。

打开校门，还是为学生的发展创设良好的氛围，帮助他们消除不安和胆怯。我们要为他们设计各类活动，帮助他们学会合作，懂得自律。我们还要给他们搭建各类平台，鼓励他们培养兴趣，发展特长。

学校发展、生源吸纳、老师发展以及文化融合都需要海纳百川的气度和胸怀，需要开放的思路、创新的举措。大家不约而同地想到了“百川”这个词。

二、“百川”是什么

“百川”的本义是江河湖泽的总称。作为文化品牌的“百川”，有着更加丰富的意蕴。

（一）“百川”是五湖四海的学生

学生从全国 24 个省、市、自治区来到我校，犹如百川汇海。因此，我们首先将百川比作来自全国各地的学生。不同文化孕育出的学生，必然是一个个独特的个体。

至今我还清晰地记得小梅同学——一个胖乎乎的小男孩，说话有点结巴，上课的时候常常走神，一不留神口水流了一串。每逢考试，他总会找借口躲在厕所。他几乎每天都会闯祸,让班主任头痛不已。

小熊同学,一个性格极其内向的女孩。在新生登记时,任凭老师问各种问题,家长在旁“威逼利诱”,她的牙关总是咬得紧紧的,闭口不答。负责报名的老师怀疑她患有自闭症,不肯接收,后来禁不住家长的软磨硬泡,收了下来。一年级第一学期期末考试,班主任拿来了小熊的试卷。语文试卷上所有的题目都歪歪扭扭写了“a”,数学试卷上所有的空格都写上了“1”。而她,总是顶着一头乱糟糟的头发茫然地看着四周。

小占同学,脾气火暴不已,几乎天天要跟同学起冲突,尤为可怕的是上学的时候经常偷偷地藏一把刀在书包里。老师批评他,他振振有词:“我爸爸让我带的,如果有人欺负我,就可以把刀拿出来。”

虽说每所学校都有一些个性比较特别的学生,但在这里,这样的学生似乎多了些。“这些学生太难教了!”老师们不知所措,失望、抱怨、泄气……甚至还有老师为了逃避这种状况而选择申请调离学校。

抱怨不能解决问题,失望累积只能产生更多负面情绪。

每一条溪流都有各自独特的形态,每一条溪流也自有不同的风景。这些在大家看来行为乖张、个性特别的学生,难道就一无是处了吗?

小梅同学,在水娃梦想舞台上高歌一曲之后,老师们发现他身上潜在的艺术细胞;小熊同学,成功竞聘开放式书吧管理员,将书吧管理得井井有条,大家对她刮目相看;小占同学,听取老师劝说之后,成为班级体育委员,工作认真负责……

图1 水娃梦想舞台

苏霍姆林斯基在他的重要著作《要相信学生》里写道："教育的最大不幸在于不相信学生，看不到学生的优点而专门盯着学生的缺点。"他大声疾呼：要立足"扬长"和"长善"；要"善于发现，并不断巩固和发展儿童身上的一切好的东西。……如果我们能让儿童的各种优点像幼苗分蘖似的迅速分枝，那么，他们身上的缺点就会自然而然的被连根除掉。"①

一个个学生的改变，让老师们渐渐转变观念，他们意识到：包容学生的缺点，从内心真正接纳学生，才有可能引导他们走上自我发展之路。

老师接纳了，但学生呢？如果学生排斥那些表现特殊的学生，那学生的生存空间依然不容乐观。

学校曾有一个现实版的"小豆豆"，每天上课都不能安安静静地坐在凳子上。窗外有鸟飞过，有人走过，都逃不过她的眼睛。更吸引她的，是窗外的各种声音。远远传来的广告车的声音，她会不由自主地跑出教室看个究竟；食堂里飘来的饭菜香味，她会眨巴着眼睛猜测"今天烧了什么菜"；就连小朋友的学习用品不小心掉落在地上，也会让她悄悄地爬过去看看到底掉的是什么……如此有好奇心的学生，常常打断老师的上课，也自然会影响到学生的学习。我特别留意了其他学生的状态，欣慰的是，学生似乎习以为常，见怪不怪。

虽有不协调的现象，但整体又显得和谐。我想，这恐怕就是老师的作用，如果老师看到这样的学生一惊一乍，其他学生也必然会对她嗤之以鼻。学校的包容，需要有老师的包容，同样也需要学生之间的相互包容。后者需要前者去影响和引导。有些学校因为班级有些特别的学生，最后演变成家长们集体施压，要将这些学生"清理"出班。我认为解决这些问题的关键在于老师，在于老师内心真正地接纳学生，在于他们能够认可每个生命都是独特的。

有一年，我接手一个班，班上有一个男孩，特别好动，经医院诊断，他患有多动症。更令人头疼的是，他不时会发出类似打嗝的声音，而且特别响。尤其在大家看书或做练习时，这样的声音就显得特别刺耳。然而，让我奇怪的是，没有一个学生受这种声音的干扰，也没有一个学生用嫌弃的眼光看他。课堂上他实在忍不住，东扭扭、西晃晃，其他学生视而不见；课间当他在走廊里打个滚发泄一下的时候，同学们看了相视一笑，没有人嘲弄他。学生是怎么做到的啊？当我询问大家时，学生这样回答我："刘翔生病已经很难受、很可怜了，我们不能去笑话他。否则，他就更难受了！"多么善良的学生啊！原来，在新生入学时，班主任及时关注到这个学生的特别之处，用了一次班会课，向学生介绍"多动症"，让大家了解多动症患者的痛苦。老师是有心的，正是在她的影响下，学生能推己及人，宽容待人。

① ［苏］苏霍姆林斯基著，汪彭庚译：《要相信学生》，天津人民出版社1981年版，第3页。

世界之所以如此精彩,就在于万事万物各不相同。校园之所以鲜活,就在于有各具特点的学生。百川园的精彩就在于那一个个独特的生命个体。每一个学生入学之后,我们都不抛弃、不放弃,尽可能给他们提供优质服务,使他们在原有基础上不断发展。

(二)"百川"是多元的文化形态

学生来自全国各地,来自不同的民族,不同的民族都有其各自的风俗习惯。

当时学校里好多男孩在后脑勺那里留了一撮头发,用红头绳扎了一根细细的小辫子。这些留辫的学生在人群中显得格格不入。据说,这是他们老家的一种习俗,这根小辫称为"命辫儿",留辫可以避灾。

学校有一些回族的学生,他们的饮食习惯跟其他学生有很大的不同,无法在学校餐厅跟其他学生一起用餐,需要学校另作安排。

这种情况给学校管理带来各种问题,怎么办?是置之不理,还是找他们家长聊聊,让他们尽可能"随大流"?我们觉得不合适,尽管这种情况会给学校管理带来一些麻烦,但我们必须理解和尊重这些差异。

有一段时间,总务主任很头疼,因为学生每天中午用餐后,剩饭剩菜特别多。怎么回事?食堂的饭菜质量不差,口味也很好,只要来过我们学校食堂用餐的客人都会竖起大拇指。那究竟是什么原因呢?于是,我们组织了一次关于饭菜口味的座谈会,每班都派出代表参加。原来,各地的学生口味相差太多。重庆、安徽、湖北、湖南等地的学生口味相对较重,觉得食堂的饭菜太清淡。食堂地方不大,人手也紧,没有条件为不同口味的学生分别做菜。于是,我们给学生买来"老干妈"辣酱以及各类拌饭的酱,可以按需自取。

我们尊重各地文化、尊重不同习俗、尊重每个生命个体。于是,学校慢慢发生了改变!

因为独特,所以多样。因为尊重,所以多元。

在学校,多元文化使得校园形态悄然发生了变化。学生带来了地方传统游戏,抖空竹、竹竿舞、竹蜻蜓……每天的晨会课上,学生轮流讲述民间传说。班级联欢会上,学生唱起了各地的民歌戏曲。过年后,学生从老家带来了各地的小吃。这些成为学校办学的宝贵资源,学校开设的63门兴趣小组课程便源自于此。更值得一提的是我们的特色节日"百川节",其灵感也萌发于此。

每年11月11日,学校都将庆祝"百川节"。学生穿着各自民族的传统服饰,家长们带来了各地的风味小吃,爸爸团陪着学生一起玩特色的游戏……当"五十六个民族五十六枝花,五十六族兄弟姐妹是一家"的歌声响彻校园时,呈现在大家面前的是其乐融融的和谐景象。

图 2　百川节

（三）“百川”是生动活泼的校园生活

在百川园，学生的生活可谓丰富多彩。清晨来到校园，可以看到足球队的学生在操场上奔跑，他们练球技，练配合，享受足球带来的快乐；篮球队的学生在室内体育馆运球、对抗；武术队的学生则在压腿、劈叉、练习基本功。同时，万象馆内飘来古筝、竹笛、葫芦丝等乐器的声音，是校乐队的学生在晨练。来到教学区，听中华经典故事，练习英语口语……一年之计在于春，一日之计在于晨。百川园的课程有序开展，学生的校园生活十分充实。

每周三下午两点半至四点半，“浪花朵朵课程”向全校所有学生开放，六十六个不同的社团由学生自由选择：点心坊、玩具坊、手工制作、十字绣、童话创作、爵士舞、街舞、合唱……我们尽可能给学生提供多种选择，满足他们的需求。

图 3　学生在点心坊学做点心

图 4　学生在练习吹笛子

每半月,水娃大讲堂总是如约为学生开放,帮助学生了解急救知识、纺织的奥秘、城市管理的内容、公交路线的规划、如何更好度过青春期……各行各业的精英们走进百川园为学生授课。

每一个月,“浪花朵朵大奖赛”如约开赛,分学科类、书画类、器乐类、体育类、艺术类等开设擂台,学生可以根据自己的特长报名参赛。

每一个学期,学校都会分年级组织学生开展各类综合实践活动。在百耕园里耕种、在百果园里采摘、百川园半日游,都是学生期待的有趣活动。

一年一度的百川大舞台、百川节更是让学生盼望不已。百川大舞台,是社团活动的汇报演出,学生可以尽情表演和欣赏节目。百川节,是百川园的狂欢节,各地美食应有尽有,各种好玩的游戏尽情体验,还有好看的电影——“校长杯”足球总决赛。

除了这些百川园特有的活动之外,还有科技节、心理节、数学节、英语节、阅读节……每一个活动都将招募一批志愿者,为大家服务、为学校出力是每个学生的自发行为。

一天,小钱同学懊恼地来找我:“王老师,学校的好多社团活动我都很喜欢,葫芦丝、古筝我都想学,可是同一个时间段开始上课,学了葫芦丝我就没办法再报古筝了!”“你同时学两种乐器,能学好吗?”“行的,我能分配好时间,先完成作业,再练习曲子。”听完小钱同学的话,我跟古筝老师商量,创办两个古筝社团,其中一个安排在其他时间上课,这样就可以满足类似小钱同学这样的需求了。第二年的百川大舞台上,小钱同学不仅出现在葫芦丝表演队伍中,也参加了古筝表演。

丰富的校园生活给学生带来了无限乐趣,也让学生对百川园产生了深深的依恋。

小邓同学已经毕业,上了中学。一次因初三年级中考,他们得以放假回母校,她就跟几个同学回到了百川园。进了学校,看到之前教他们的老师,她竟然抱着老师哭了起来。小邓同学说:“百川园的一草一木让我有了很多的美好回忆,我太想回母校看看,可惜一直没时间,今天终于如愿,控制不住情绪了。”2019 年暑假,她得知学校要接待日本东村山市足球访问团,请求再回校当一回小小讲解员,再回校做一回志愿者。

在百川园,每个学生都有培养兴趣特长的平台,每个学生都有志愿服务的机会,每个学生都有展示自我的舞台。

因爸爸工作变动,小刘同学搬了家。父母帮他办理转学,当他知道后,闷闷不乐了好长时间,坚持了一个学期后,终因接送不便而转学了。但是他一直不肯退出班级群,他想知道百川园的一些信息,知道同学们在参加哪些活动。即使他不能参加,看到信息,他也觉得很满足。

童年生活应该是丰富多彩的。然而一些学校受应试的影响,把学生课余休息、活动的时间用于补习语文、数学、英语等科目。学生疲于应付各门学科的作业,无暇发展兴趣特长。百川园犹如“半亩方塘”,给学生创设了良好的学习生活环境,用丰富的校园活动润泽学生的童年,给他们留下了难以忘怀的童年记忆。

图 5　小邓同学为日本东村山市足球访问团解说

(四)"百川"是百舸争流的校园生态

每一条溪流奔流向前,每一条溪流你追我赶,"百川"给我们描绘了一幅朝气蓬勃、奋勇向前的生动画面。学校就应该拥有这样的活力与生机。

我们发现竞争氛围的形成是相对容易的。然而在相互竞争的过程中是否能够呈现和谐友好的场面呢?

小季同学是老师的好助手,做事能力特别强,学习成绩也很不错。因此,老师经常请她协助做一些事情。一次期末考试结束,老师请她将大家的成绩汇总并记录下来。然而在对照各科成绩进行评优评先时,老师总觉得不对劲,她印象中是"A"的同学怎么汇总表上是"B"? 当几个学生的成绩都有问题时,她翻出了试卷查看,发现班上几个平时成绩优秀的学生,实际的成绩跟记录表上的等第有很大出入。那几个学生的成绩在记录表上一律都降了一个等级。这是怎么回事? 只有成绩优秀的学生在记录表上的等第出了问题。于是,老师找来小季同学,在多番引导之后,小季终于说出了实话,她想在竞争的过程中保持领先,所以借手中的这个"权力",故意压低几个竞争者的成绩。

事情水落石出,我们的心情却久久不能平静。踩低别人,抬高自己,这绝不是我们希望看到的竞争场面啊! 竞争的前提是合作,竞争的目的是共赢。在竞争的过程中,我们需要相互欣赏,相互激励,共同进步。

慢慢地,开始有了转变。一次活动后,时任大队辅导员的金芝老师给我们讲了一个故事:

四(6)班是一个非常团结的集体,班上有一批学生表现特别突出,学校的各项活动都有他们班同学活跃的身影。一次,班长邓婕参选大队委,在回答评委老师问题时谈道:“这次我们班的王子阳没有和我一起来参加大队委竞选,我很伤心,这样我就少了一个竞争对手。”评委老师很诧异:“竞争对手越是多,自己成功的概率就越小,你为什么还这么伤心呢?”“我们是很要好的朋友,我多么希望她能和我一起竞选,这样我们能共同进步。”

这个故事让我们很欣慰。百川园里的学生应该拥有这样的胸怀:看到同学的优点,并以此鞭笞自己,使自己变得更为优秀。

共同发展、共同进步的例子逐渐增多,百川园在大家的共同努力下形成了一起奋勇向前的理想状态。

三年级刚转入我校的一个男学生很想加入足球队,他们班的几个足球队队员陪着他去见教练。教练说,如果在一个星期内颠球数达到30个,就允许他进入足球队。为了让他顺利过关,他们班的足球队队员小毕同学一有空就陪他练习,教他颠球的技巧,鼓励他坚持下去。我问小毕:“万一他加入足球队,到时候超过了你,他成了主力,你成了替补,你会不会后悔今天所做的啊?”小毕笑着说:“不会啊,如果我们都很努力,最后我成不了主力,那我也会祝贺他的!”

学生的一番话让我震惊。小小年纪的学生居然有如此宽广的胸襟!这深深地打动了我!分享机会,为同伴鼓掌,这是作为成年人的我们也未必能做到的啊!是的,我们希望看到学生之间良性竞争,互相欣赏、共同成长。

每年九月下旬,“校长杯”足球联赛拉开帷幕。一天中午,走廊里非常热闹。我过去一看,原来是有女生在长廊里练啦啦操。学生告诉我,足球比赛中场休息的时候,女生要出场斗舞,这是展示女生实力的重要时刻。这个班的女生在排练,那个班的女生见了急得不行,学生充分利用在校的空余时间排练。

学生是这样,老师亦是这样。

“我今天做好了这个单元的课件,发在备课组群里,大家有需要的自行下载哦!”

“这周的周周练我已经出好,麻烦大家看看,是不是要补充?”

“恭喜钟老师在《小学数学老师》上发表了论文,我也要努力哦!”

“去年张老师上这个内容是这样的思路,我们想想能否在原有的基础上有突破。”

……

当同伴获得了荣誉,大家由衷地送上掌声,并下决心向他学习;当同伴有了困难,大家一起帮忙;当大家“磨”课的时候,想着如何在原有的基础上突破,能否用另一种思路帮助学生更好地理解和掌握……追求卓越、坚持不懈的精神渐渐形成。

百川是五湖四海的学生,

百川是多元的文化形态,

百川是生动活泼的校园生活，
百川是百舸争流的校园生态，
百川是……

三、“百川”的教育意蕴

“百川”的内涵是丰富的，不同的人对“百川”的理解也不同。我们认为，丰富、多元、独特是描述百川的关键词。

现在，我们将“百川”作为学校文化的关键词，它的教育意蕴是什么？经过无数次的追问和讨论，最终我们形成共识：

（一）“百川”意味着开放

百川汇流，意味着开放的姿态，不拒任何一条溪流，接纳所有奔向大海的江河。新区二小是政府定点吸纳务工子女的小学，父母一方只要在太仓交了一年社保，就可以让学生申请入学。有些学生在入学前，从未上过幼儿园；有些学生因父母忙于打工，很少与同龄人交流，入学时几乎连一句完整的话都说不好；有些学生乡音太重，说的话老师都听不懂……很多现实的问题摆在我们面前。怎么办？收下他们，我们慢慢教……

一次，开学初，有一位男士带着一个女孩找到学校，要求让女孩转学至我校读四年级。那学生怯生生地看着我，被问叫什么名字，她低头不语，后经多次鼓励，终于轻声说了自己的名字。我让她读一篇课文试试，她拿着书不吭声。我出了两道应用题让她练习，她摇着头不做。那位男士说了实情，原来他是学生的叔叔，女孩的父母都已经去世，她在老家跟着奶奶生活。叔叔过年回老家，于心不忍，就把学生带了出来。失去父母的学生，我们要给予更多的关爱。我们把情况跟年级组长说了之后，年级组长当场表态：这学生我们收下，成绩差点没关系，我们慢慢教。

在学校，老师们说得最多的一句话就是“没关系，我们慢慢教！”在上级部门对学校考核的过程中，分数是很重要的指标，但老师们坚守初心，从未言弃。

很多学生从小处于“放养”状态，来到学校，每天要上那么多节课，总是坐不住。课上到一半，有些学生就开始躁动起来，尤其是低年级学生。刚开学那会儿，到各班教室外走一圈，颇有一番“风景”：这个班有几个学生伏在地上，那个班有个学生在教室后面爬。很多学生没有读过幼儿园，一下子让他们在教室里坐四十分钟有点难，而且还有可能让他们对学校产生排斥心理。所以第一周，为了让学生适应小学生活，老师们灵活安排上课时间，根据本班学生的情况，缩短每节课的时间，把这些时间用于开展游戏项目。果然，这个适应期非常必要，哭着闹着不肯上学校的情况逐渐消失了。在解决各种问题的过程中，我们不局限于固定的框架，打开思维，应时而变。老师们经常说：“我们的学生跟其他学校的不一样，所以教育方式也应该不同。”

我们应该培养怎样的人？学生需要怎样的教育？我们不断地追问，也不断地思考。老师们认为我们需要跳出传统教育的框架来思考这个问题。我们走进企业，跟企业高层对话，听听企业管理者对人才培养的意见；我们走进高中，问问高中老师对学生培养的建议；我们找来在校大学生，让他们结合自己的求学经历谈谈小学生应该掌握的知识和能力……我们把校门打开，不断调研，渐渐明确了我们的办学目标和办学宗旨。我们的学生需要具备的基本素质是友善、专注、快乐。通过六年的培养，我们希望学生学会学习、学会交流、学会生存。

（二）“百川”意味着自由

我们常常想象这样的一幅画面，千万条溪流欢快地向前奔流，或急或缓。它时而从地下岩石蹿出来，蹦蹦跳跳；时而从两山夹缝中咆哮而下，激起千朵浪花；时而静静流淌，闪着粼粼水光……它是那么快乐、那么自由。因此，自由应该是“百川”的寓意之一。

班主任曾经围绕“尊重”的话题展开讨论。因为过于强调“尊重学生”，所以老师们在教育学生时变得束手束脚。有老师反映，他们班有个学生上课特别活跃，每次老师提问，他总是抢着回答。如果老师没有请他发言，他就用胳膊肘在课桌上敲得梆梆响。老师觉得很为难，如果请他回答，那其他学生就少了发言的机会；如果不请他回答，他就表现出无精打采的样子，产生消极情绪。还有老师提出，班上有个女生特别胆小，每次请她回答问题都听不清她究竟在说什么，只有走到她面前，才能听清。每次要求她声音大些，总是要费一番周折。那么，是顺应她的本性，允许她小声地说话，还是要求她改变自己，像其他学生那样大声回答问题？

听着老师们的讨论，我陷入了思考：教育是为了什么？教育是为了帮助学生更好地适应未来社会，是为了让他们能够更好地生活。爱插嘴的学生，到哪里都不会受欢迎，不敢表达想法的学生可能会因为不善沟通而错过宝贵的机会。尊重不等于纵容，尊重也不等于放任。插嘴行为影响到了其他学生的正常学习，需要被约束；而对于胆小的那个学生，我们要不断鼓励她挑战自己，让她变得大方自信。就如溪流是自由的，但它同时也是受限制的，因为无论它怎样闹腾，始终脱离不了河床的约束。正如“川”字，它是一个象形字：左右是岸，中间是流水，流水始终在两岸中间，在河床中间自由流动。所以，“百川”的自由是规则下的自由。

（三）“百川”意味着平等

每一条溪流流向江河，每一条江河最后都将汇入大海。这意味着每一条溪流都是平等的，无论它的源头，无论它的大小。这带给我们的启示是，每个生命生而平等。学生与学生是平等的，不能因为学生资质的不同而厚此薄彼，也不能因为学生家境的不同而区别相待。我很庆幸，学校拥有一支非常有爱心的老师队伍。

英语老师姜老师是学生特别喜欢的一位老师。只要她去教室，学生就喜欢围在她身边。一次，保安师傅打我电话，说足球队一名家长执意要见我。我以为家长要向我提意见。没想到，家长特意到学校，在我面前夸姜老师。这位家长说她儿子英语成绩不好，经常不及格。姜老师在接手这个班之后，不仅一点都没有嫌弃她儿子“拖后腿”，还常常鼓励他。外出比赛回来，姜老师总要给他开小灶，还安慰他。在姜老师的鼓励下，她儿子的英语终于及格了。为此，她一定要过来告诉我，要我表扬这位老师。

小马老师班里有一个特殊儿童。先天发育不良，两条腿细得像麻秆，五岁时才刚刚学会走路，走路时一摇一摆，走一小段就得停下休息。因为生活的不便，这个学生需要奶奶每天到校陪读。入学两个月后，他奶奶跟年级组长反映，要求学校给她安排点活，因为老师们对她孙子太好了，她想回报学校。崔怡红副校长无意间得知，每个老师都没有因为她孙子身体残疾而歧视他，反而给予了更多的爱。尤其是马老师，下课的时候经常拉着她孙子的手去教室外面跟其他学生一起玩。本来她担心孙子会被欺负，没想到不仅没有被欺负，反而得到了很多关心和帮助。她觉得太过意不去了，一定要干点活为学校出出力。

不歧视、不放弃，尊重每一个学生，在我们学校这不是挂在嘴上的口号，而是切实履行的行动准则。平等，不仅仅是老师之于学生，学生与学生之间、家长与老师之间也是如此。然而，这是困难的。

三(2)班两个男孩在课间玩耍时发生了意外事故，其中一个家在本地，另一个家在外地。两人玩耍的时候，家在本地的学生不小心撞到了另一个学生，导致那学生跌破了额头。本是意外，“肇事者”在父母的陪同下上门赔礼道歉。然而跌破头的学生的家长还是不肯和解，他担心班主任偏袒本地的学生。后来在年级家委会的介入下，这件事才得以顺利解决。

类似的事情还有很多，老师们很苦恼，明明是公平公正地对待每个学生，但有些家长总是以为自己的学生受到不平等的待遇。老师的顾虑让老师与家长的关系变得微妙起来。

学生之间是平等的，老师与学生之间也是平等的，同样，家长和老师之间也应该是平等的。老师不必迎合家长，家长也不必讨好老师。在百川园，我们在各种不同的场合，利用各种机会宣传我们的平等理念。“每个人生而平等”的思想渐渐为师生、家长们所认可。

(四)“百川”意味着执着

小溪总是流向远方，即使静止不动，也不会逆向流动。无论前方是荆棘密布，还是一马平川，溪流总是向着大海，执着向前，永不退缩。因此，“百川”意味着勇往直前。在百川园，一旦做了决定我们就会坚定向前。

2007 年，大量青年老师毕业分配至我校，我们成立百川讲坛，以培养老师们的表达能力。从 2007 年 9 月 11 日首次开讲至今，每周一次，无论风雨，无论工作有多繁忙，我们总是如期举办百川讲坛。至今已整整 12 年,共计 317 期。

图 6　百川讲坛开班

每年 5 月和 12 月,我校都会举办“五月百川”和“岁末百川”,每次一个主题,每年认真研究一个话题。2008 年至今,我们总是如期举办,从无间断。每到 5 月和 12 月,如果没有及时向太仓各兄弟学校发出邀请函,校长们见面就会问:“咦!今年你们的百川活动什么时候举办呢?”是啊,十多年的坚持,“五月百川”与“岁末百川”成为学校的两大特色活动,是百川文化对外交流的两扇窗!

图 7　五月百川

图8　岁末百川

姚老师，一名没有任何头衔的班主任，为了提高晨会课的效率，让学生在十分钟内掌握更多的知识，开始自编《历史上的今天》班本晨会课，每天寻找“历史上的今天”的资料，从中选出需要的内容，并找到一些相关的动画片，激发学生了解历史的兴趣。为了找相关动画片，将筛选的资料做成PPT供课上用，姚老师每天都要加班至晚上十点钟，坚持了整整两年。

执着是一种态度，做事认真，持之以恒；执着也是一种品质，坚定不移，不轻言放弃；执着还是一种精神，向着目标，持续前进。

百川意味着开放，
百川意味着自由，
百川意味着平等，
百川意味着执着，
当然，百川还意味着……

四、百川文化的内涵解读

“百川”是学校文化关键词，我们对它进行了教育层面上的解读。那么，经过多年探索与实践渐渐形成的百川文化又有哪些丰富的内涵呢？

（一）百川文化的理解

1. 百川文化是自然生长的学校文化

百川文化是为了解决学校面临的生源问题而逐渐形成的学校文化。2007年，学校成为定点吸纳学校。不同省份的学生、不同地域的文化、不同风俗导致的矛盾，给学校管理带来了很多困难。是用统一的要求管束他们,让他们按照我们的规范严格去执行?还是通过活动、课程引导,让他们意识到只有相互约束自己的言行,形成统一的认识,才能满足自身的发展需要?显然,后者可以让学生产生自发向上的动力。于是,在学校生活中,我们渐渐形成了统一的价值观,形成了特有的话语体系,形成了特定的行为方式。这一切都是自然形成,不断成长的。

2. 百川文化是融合共生的学校文化

差异性与统一性是世界的两个根本属性。世界上没有两片绝对相同的树叶,世界上没有两条绝对相同的河流。湘江北去,黄河东流。每条河流的源头、流向、流速、流量各不相同,每条河流都以不同的声音诉说自己的与众不同,每条河流都是一道不可重复的奇特景观。每个学生都有着各不相同的个性特征。我们能做的是因人而异,顺势而为,引导每一条河流以自己的路径和状态奔向大海。

因此,百川文化的前提是包容各地学生、包容多元文化,将不同生活习惯、文化背景的师生凝聚在一起,形成发展共同体。百川文化助力师生发现自身的优势和不足,从而扬长避短,努力让每一个成员成为最好的自己。百川文化因多样而丰富,因凝聚而融合,因强调个性而凸显差异。因此,百川文化是融合的学校文化,也是因融合而共生的学校文化。

3. 百川文化是动态发展的学校文化

"黄河之水天上来,奔流到海不复回。"河流的生命特征是"流",是"流动"。河流永不停息,一旦断流便失去了生命活力,便不再是河流,成了相对静止的湖泊甚至是池塘。而学生生动活泼,是动态发展的,每天都有可能出现新的面貌。今日之他已非昨日之他,明日之他必非今日之他。从这一角度而言,动态发展是百川文化的特征之一。

同时,文化建设也是不断发展的过程。从最初的汇聚各地学生,实现融合,到如今的各美其美,和而不同;从一开始解决学生有书读的问题,到如今的读好书、好读书;从当初的规范办学,到如今的文化兴学,百川文化在不断发展。随着"百川"教育意蕴的认识趋向统一,文化建设思路渐渐清晰,百川文化内涵的理解不断加深,百川文化从停留在嘴上的"文化"变成表现在行为并扎根在心底的"文化",从老师的、学生的"文化"变成家长认同、社会认可的"文化"。百川文化的发展有目共睹。

4. 百川文化是和谐统一的学校文化

每条河流均有其长,亦有其短,以大地为自己的河床,纵横交错地分布在大地上,滋润着各方大地,构成大地不可缺失的血脉,呈现的画面是和谐美好的。

刚刚入学的学生,来自不同的家庭、不同的地区、不同的文化背景,有着不同的风俗习惯、不同的思维方式。自然,学生的个性、兴趣皆不同,这是原始状态下文化多样性的呈现。然而,在一起学习生活,必须要有共同遵守的规则,共同发展的目标,共同参与的活动以及和谐融洽的环境,这是文化融合的前提。然而,融合是为了最终走向费孝通先生憧憬的"各美其美,美人之美,美美与共,世界大同"的明天。这是另一境界的丰富和多样，是学生和谐发展的最佳状态！

百川文化的建设，必然需要经历“异、合、异”的发展过程。前后两个“异”，是文化发展的起点与终点。

综上所述，自由、开放、活力、和谐是百川文化的重要元素。多样性、统一性和差异性是百川文化的重要特征。

（二）百川文化的愿景

提出“百川文化引领学校发展”的办学思路之后，我们一直在思考，百川文化要将学校带向何处？通过建设百川文化，学生将得到怎样的发展？我们认为，融合是百川文化建设的一大目标，但融合不是为了求同，而是为了更好地求异。“百川”需要“汇海”，但最终应该“和而不同”。于是，我们将“百川汇海和而不同”作为百川文化建设的美好愿景，作为我们的核心理念。“百川汇海”的恢弘，“和而不同”的美好。我们认为这是最好的办学愿景。

然而，在研究过程中，有老师质疑，“百川”一旦归海或入海，还能有百川的踪影吗？百川汇海之后完全融合在了一起，不可能“不同”。从这个角度理解，“百川归海”与“和而不同”似乎相悖。

百川归海是一个结果，但我们应该更为关注其归海的过程。百川奔流赴大海，其奋发向前的勇气及永不停息的毅力是我们在办学过程中最应拥有的品质。取“百川”这个意象，就应该凸显其激励人、鞭策人的精神意蕴。于是，“百川竞流，浪花朵朵”就成为百川文化的建设愿景。

百川竞流，是活力与朝气的体现。百川奔流不息、竞流不止、催人向前，体现了勇往直前、奋发向上的气势；浪花朵朵，是每个生命自由绽放的美好景象。百川竞流，撞击成朵朵浪花，这是何等壮观、美丽的画面。这是办学的理想状态，也是我们的美好愿景。

（三）百川精神的启示

1. 百川精神是善于思考、追求真理的独立精神

百川异源（《淮南子・汜论训》）。每一条溪流都不同，河床或宽或窄，水流或缓或急，水质或清或浊。每一个学生都来自不同的家庭，每个学生都有不同的个性。“让每个学生成为最好的自己！”“让每个老师得到最好的发展！”做校长十三年，我从未改变初心。不为分数做违背教育发展规律的事，不为迎合某项改革放弃学校已有的探索和实践。我们坚持“做符合规律的事，做能做的事，做想做的事”。在我校，带着思考讨论、有所准备再做交流已成常态。不人云亦云，不亦步亦趋，是我们对师生的要求。在一次升旗仪式后，因为连续几周升旗手介绍自己时都用了“我是同学们的好伙伴，是老师的好助手，是父母的小棉袄”这样的说法，我们开展了关于“如何介绍自己”的大讨论！我们希望每位师生都能成为独立思考、充满自信的生命个体。正是具有

了这样的一种独立精神,我们才成就了百川讲坛百川源源百川文化……因此,只有独立,才能独特!

2. 百川精神是执着向前、勇于开拓的进取精神

百川竞流,每一条溪流都奔流向前,不会因为外界的干扰而改变流动的方向。它能冲破山谷勇往直前,它能在沟壑间盘绕最终奔向远方。这意味着百川精神是一种执着向前、勇于开拓的进取精神。

成功从来不会随随便便地降临在某个人头上。这个道理也适用于学校发展。只有认定目标,执着向前,面对挑战,勇于开拓,方能成就一番事业。百川讲坛十二年的坚守,为突破瓶颈经历了十个不同阶段,从而助推了一批老师的专业发展;对问题意识、问题解决、问题教学历时十五年的研究,形成"核心问题统领教学"的教学主张,让我从一名普通的老师成长为特级老师、正高级老师;学校以"百川竞流,浪花朵朵"为目标,不断完善课程体系,改进管理措施,搭建各类平台,从而建成充满活力的百川学堂。因此,只有进取,才能成功!

3. 百川精神是相互尊重、彼此包容的团队精神

百川汇流,一条溪流的力量微不足道,但千万条溪流汇在一起终成大河、大江甚至大海,且溪流汇聚,不分你我,融合一体。这意味着百川精神是一种相互尊重、彼此包容的团队精神。

要想凝聚成团队,胸怀很重要。每个人都不同,每个人都有缺点。作为管理者,如果你的眼中只有对方的缺点,那么只会制造更多的矛盾,使人心涣散。管理者既要帮助老师找到归属感,融入团队,也要让老师们的优势得以充分发挥,使他们在团队中有存在感。同时,还要竭力扩大团队规模,充分挖掘资源,以平等的态度对待团队中的每一个人,让各人发挥所长,增强团队凝聚力。

团队的力量是无穷的。即使是基础相对薄弱的我们,因为团队,我们也可以创造奇迹。原苏州市教育局局长顾月华女士在和青年老师对话之后,对我们的青年老师团队赞不绝口;杨九俊会长亲临"岁末百川"之后,用"不容易、不简单、不得了"作出评价。尤为让我们骄傲的是,在全体百川人的努力下,我们收获了至高荣誉——"全国教育系统先进集体"!因此,只有团队共同协作,才能持续发展!

第二章　百川园的环境

我理想中的学校，窗明几净，道路整洁，处处井然有序，让人备感舒适。我理想中的学校，绿树成荫，绿草成片，四季皆有花开。我理想中的学校，有客厅，有游乐场，有小山，有果园，有各种动物，鸡鸣鸟叫，春华秋实。我理想中的学校，每一面墙，每一条长廊，每一座楼梯，每一个园子皆有故事，每一处都是“课堂”……

然而，现实是残酷的。

2006年9月，学校刚完成整体搬迁。新校园里除了原中学留下的几棵树之外，几乎没有其他的绿色植物。房子是毛坯的，空地是荒芜的。我不由得担心起来：我理想的校园能在这片土地上成为现实吗？

一、自己的学校自己建

（一）“可以不花钱就装饰校园”

2006年9月中旬，我接到教育局的通知，陶西平副会长要来太仓视导几所学校，教育局推荐了我校。任务接了下来，可我心里忐忑不安。当时开发区政府规划了校园绿化，已在施工中。可是因为经费有限，政府不再下拨专门的经费用于布置校园。怎么办？我把陶会长要来学校的消息告诉了老师们，请大家一起想办法布置校园。

第二天，美术学科的罗老师来找我，拿着一幅雕塑感极强的装饰画，兴奋地说：“校长，我想到一个不花钱的布置校园的办法。”

“不花钱？”

“是的，你看这幅画怎样？”

“很漂亮，像雕塑！”

“是，你猜是用什么材料制成的？”

见我疑惑不语，罗老师兴致勃勃地介绍：“用废旧报纸和着糨糊打烂成纸浆，然后粘贴在事先画好的轮廓上，干透之后就成了这样的画！”

“用手剥会不会掉下？”

“你试试……”

我摸了一下这幅画的表面，发现材料黏合得很牢固，效果很不错。

布置墙面的方法有了，但墙面上的装饰画应该围绕什么主题来创作呢？我再一次把问题抛给了老师们。经过讨论，大家认为，可以把学校开展天文观测活动时拍摄的景象、学生必背的75首古诗、苏州市提出的“会休息、会健体、会学习”的三会要求等作为装饰画的主题。

于是，学校呈现出一片热火朝天的景象：师生一起将收集的报纸和着胶水捣烂，由美术老师在墙上、板子上勾出各种图案的轮廓，然后学生顺着轮廓将纸浆一点点粘上去。那时，一到中午休息的时间，学生总是急急忙忙地赶往“施工现场”轮流上阵。轮到的学生小心翼翼地粘着纸浆，没轮到的则在一旁充当技术指导，“这里再粘厚一点”“那里的线条应该细一些”……

“神秘的宇宙”“我们的吉祥物”“体育馆内的运动达人”……一幅幅作品在师生的共同努力下完成。

图1　星云图

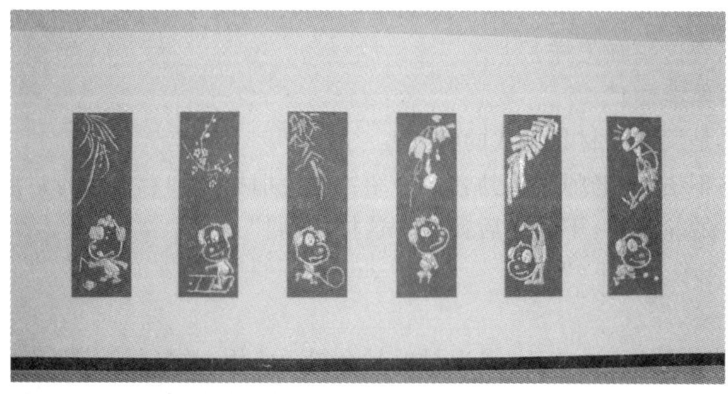

图2　吉祥物

图 3　运动达人雕塑

陶西平会长如期来到学校视导，对我们装饰墙壁的方法表示肯定。第二年他再一次来到学校，以向导的身份给其他客人讲述我们装饰墙壁的故事。不久之后，在《中小学管理》2008 年第 1 期上，我看到了他的文章《也谈让每一面墙都说话》，文中写道：

“墙壁应当怎样来‘说话’？我想，直白地讲出我们的政治理念和教育理念在有些情况下是必要的。但是，综观现在学校的墙壁文化，直白的太多，而发人深省和耐人寻味的较少。2006 年，我到江苏太仓的一所小学考察，这所小学以倡导科学教育特别是天文教育为特色，他们在迎面的墙壁上装饰了巨幅的星云图，非常壮观。校长告诉我，这幅图是老师们一起设计，然后用废报纸泡成纸浆，用胶水粘合而成，总共花了不到五元钱。2007 年我又来到这所学校，特意要看这幅星云图。它依然是那么美丽。我想，它的美丽不只是它创造了一种爱好天文、关注天体的氛围，更重要的是，它体现了可持续发展的教育理念，寓有养成勤俭节约的生产方式和生活方式的深刻含义……我希望学校的每一面墙都能向学生传达生动、深刻的信息，成为学生终身难忘的学校文化的重要组成部分。”

陶会长的肯定让我们明白了，布置校园的意义不仅仅在于追求美观，还在于育人，在于通过师生的共同努力，推进学校文化建设，凸显学校办学特色。

2009 年，学校确立了“建设百川文化”的办学目标，很多老师提议为学校设计一个百川文化徽标。这个提议非常好，但是由谁来设计呢？我们找到一家广告公司，说明了设计要求。一个多月后，他们拿来设计手稿，大家看了都不满意。老师们说：“这个徽标很漂亮，可是任何一所学校把它作为标识好像都可以，凸显不了百川园的个性。”的确，徽标应该体现出学校的特色，蕴含丰富的文化内涵。设计师没有深入了解学校的情况，就不可能体会到百川园的特别之处，当然不可能设计出令我们满意的徽标。当修改稿再次被否定后，我们决定由本校的老师来完成设计。果然，这个决定是明智的。当我们看到罗健康老师设计的水娃快步迈向“川”字的图案时，一致认定：这就是我们学校的徽标！

图 4　学校徽标图

只有了解学校、熟悉学校，才有可能设计出符合学校特点、具有学校风格的标识。这件事后，我们就下定决心，我们的学校，我们自己建。

（二）让学校有家的味道

在这之后，我们倡导用自己的双手建设校园，装饰教室。下面，是我至今印象深刻的几个镜头：

镜头一：美术老师罗健康是我们学校环境总设计师。大到校园雕塑，小到校报校刊，所有的设计任务全由他承包。有一次开学前，江苏教育电视台来太仓采访各校的开学情况，为了让学校以崭新的面貌迎接采访，他对学校环境做了整体设计，从新学期学校氛围营造、宣传栏更新、每个班级墙面的欢迎语到廊道内的窗花、廊道内的物件摆放，都作了精心布置。为了尽早完成，他和几位老师一起，整整忙活了一个通宵。第二天，当大家步入校园，感叹于焕然一新的氛围时，双眼布满血丝的他露出了笑容。

镜头二：第二届百川节前夕，德育处提出在品尝美食环节，学生取了美食没地方放，有的学生将食物放在地上蹲着吃，有的学生放在楼梯的台阶上站着吃。总之，画面很不雅观。于是我跟娄师傅商量，请他帮忙做一些圆桌，供学生放食物。娄师傅二话没说，一口答应了下来，当天就买回了材料。第二天，娄师傅请我们去木工坊，只见十张圆桌整齐地摆在了一块。“天啊，娄师傅，你是怎么变出来的？”在德育主任的惊叹声中，娄师傅笑道：“我昨晚没睡，就想早点做好，别耽误了百川节。”

镜头三：有一次，在学生新学期报名的前一天，正值周末，我去学校，看到校园门口停了好几辆汽车和电瓶车。“奇怪，老师们连续上了好几天班，今天周末正好歇一天，怎么还有这么多人来学校？”进校发现，教学楼里很热闹。陶老师拖家带口，女儿在剪一些图案，她先生往墙上贴画，一家人其乐融融；王老师的教室里，有好几位家长围在一起做手工，学生站在一旁打下手，他们有说有笑，场面非常温馨；小崔老师的班级里，有个小伙子满头大汗地在擦玻璃窗，原来是她的男朋友在帮忙搞卫生……

很多来校参观的客人都觉得我们学校不一样。我想，之所以不一样，是因为我们所有的布置都凝聚了老师、学生甚至家长的智慧。当大家用心、用情经营学校的时候，学校自然就会散发出不一样的气息，这就是“家的味道”，是广告公司的设计所无法体现的。一位参与布置的老师这样说：“当我们擦着汗，看着自己的作品被挂在墙上，学生、家长和领导们连连称赞时，自豪感、满足感油然而生。”学生说：“这是我们自己布置的，当然会格外珍惜哦！”

在共同经营学校的过程中，大家的心渐渐凝聚在了一起。学生也在不经意间养成了爱护公物、维护学校一草一木的习惯。

每到秋天，百果园内硕果累累，柿子、橘子、梨将枝头压得低低的，学生随手就可以摘到，可是从来没有一个学生去采摘。一次，广东教育代表团来校考察，看到枝头挂满了黄澄澄的橘子，很疑惑地问：“这么多果子，难道学生真的不来摘着吃？”当他们走进老师平时开会的会场，得知里面的装修、桌椅的使用都十多年后，更是大吃一惊：“我们还以为是刚装修不久呢，你们怎么能维护得这么好？”

其实，我们从未想过如何维护这些设备，也没有在这方面特意嘱咐大家。但大家已经自觉地养成了维护公物的习惯，因为校园是大家共同建设的。

在共同建设校园的过程中，我们也发现了不少人才。美术老师罗健康就是其中的一个代表，他包揽了学校所有的设计任务，大到景观设计、室内装修，小至校报校刊的设计、老师评优评审材料的封面。他从一个默默无闻的老师变成了大家依赖的“总设计师”，这是我们共建校园时的意外收获。

二、要让墙壁“说话”

《学会生存——教育世界的今天和明天》中明确指出：“教育是在环境中进行的。”良好的环境能润物无声地促进一个人知、情、意、行的内在转化。苏霍姆林斯基也曾说过，让每一面墙都说话。墙壁“开口说话”，环境就有了育人的价值。

(一)"说怎样的话"

究竟要让墙"说"什么"话"呢?如果对这一问题缺少思考,校园环境建设就会陷入主题模糊、缺少丰富内涵的困境。校园环境建设应该凝聚、培育、传播校园精神,营造蕴含校园特色的文化氛围,体现学校的使命、核心价值观及愿景。因此,每一面墙应该"说"自己学校的"话"。

当我们明确了百川文化的发展思路之后,在环境布置中就开始聚焦"百川"的文化内涵,努力凸显多样、尊重、开放、融合的文化特征,让校园的角角落落都印上"百川"的痕迹,让每一处景物都体现着"百川"的特点。

在学校的一面墙上,我们用有机玻璃制成了中国地图。只要哪个省份有学生在我们学校就读,就在那个省份版图上贴上我校的学生形象——"思思"和"源源"。渐渐的,34 个省、市、自治区的版图上出现了"思思"和"源源"的身影。我们告诉学生,大家从全国各个不同的地方汇聚在一起,组成了一个特殊的大家庭。在这里,我们就是相亲相爱的一家人。"华夏一家亲""学校就是家园"的理念就这样传递给了学生。

我们认为,让学生在学校有归属感还不够,还需要培养他们对家乡的感情。学生从小随父母四处漂泊,家乡对他们而言非常遥远。虽说他们已经来到太仓,正在慢慢融入太仓,但他们也需要了解家乡,热爱家乡。于是,我们特意将二楼和三楼的廊道设计为"寻根廊"。我们将廊道内的每一根柱子利用起来,一根柱子介绍一个省份的信息,将包含省份地图、著名景点、名人典故、风味小吃等信息的海报贴在上面。每年 9 月,学生都要在班主任的带领下来到这里,找找自己的家乡、秀秀家乡的景、讲讲家乡的故事。

图 5 学生在寻根廊内"寻根"

在“思思书吧”“源源书吧”里，我们将收集来的关于各地传说、历史名人等主题的书籍放置其中，供学生在课余时间阅读，了解各地文化。

图6　学生在“思思书吧”

像这样具有百川元素的特色景点还有很多。客人来到我们学校之后，都禁不住感叹：“你们学校太有特色了，来过就不会忘记！”“我能体会到你们对多元文化的尊重，对丰富多彩的校园生活的经营！”“我相信你们的学生一定非常幸福、快乐！”说学校自己的话，才会有学校文化的意蕴，才能让学生感受到学校文化的芬芳气息。

每一面墙还要说学生自己的话。布置环境的目的是让学生在潜移默化中受到启迪，接受教育。因此，在布置的过程中，需要考虑所布置的内容学生是否能理解，是否感兴趣，所布置的内容是否能被学生认同并接受等问题。

我们曾在一年级教学区的直饮水处张贴关于节约用水的标语，然而玩水的现象依然存在。有一次，几个学生被德育主任当场“抓住”。被问及标语上写了要节约用水，为什么还要浪费水时，学生委屈地表示：不认识上面的字，不知道标语是什么意思。

这件事给我们启示，只有学生理解布置的内容，环境布置才有可能发挥作用。因此，环境布置要针对学生的年龄特点和认知规律，根据认知差异作不同的处理。低年级学生所处的环境需要用形象直观的图例去布置，中年级学生所处的环境可以通过图文结合的方式去布置，高年级学生所处的环境则可以用说理式的文字标语来布置。

环境布置的内容还要以学生乐于接受的方式呈现。

有一次，我们发现校园里“禁止攀爬”“严禁触摸”等标识上被人划了很多的“×”。

通过摄像头,我们找到了“作案者”。那是一个看上去文文静静的男孩,与“调皮捣蛋”似乎不搭边。“为什么要在上面划‘×’?”他说:“这样鲜红鲜红的符号就是不准我们做什么。这也不准,那也不准,太没劲了!”我们没有想到,学生如此抵触这类禁令性的符号。

用学生乐于接受的方式劝诫是布置环境时不可忽略的内容。而我们常常忽视这点。而后,我们将所有命令式的标语——“禁止××”“严禁××”“请不要××”作了更换,通过卡通人物的形象来讲述道理。比如,将“禁止踩踏草坪”换成:“别踩我!别踩我!”“踩我的话我也会疼哦!”

“让每一面墙说什么话”的问题意味深长,需要我们细细推敲、深入研究。如果没能将它想明白,环境布置很可能只是浮于表面的装饰。

(二)“话”,从何而来

“让每一面墙说话”是每个教育者的夙愿。然而,我们常常忽视一个问题——它有话说吗?有人认为,墙上有字、有画、有形,就是在“说话”。的确,墙上的文字和画作能表达观点或者说明道理,然而,“让墙说话”,不应该是直白的说教,应该是娓娓道来的讲述。只有这样,才能走进学生的内心。那讲述什么呢?我们认为,应该讲述故事。因此,“让每一面墙有话说”就意味着“让每一面墙有故事”。那么,故事从哪里来呢?

1. 从环境布置的深刻用意中来

学校的环境布置,都有一定的用意。我们需要充分挖掘其背后的教育意蕴,需要对“为什么这样布置?”“为什么布置在这里?”这些问题进行探讨,对环境布置的内涵有更深入的理解。比如,进校门的北侧砌有一面三十多米长的文化墙,上面是一幅幅生动有趣、丰富多彩的校园生活景象群雕图:有的学生在劳动,有的在喂养小动物,有的在下棋,有的在看书、观测天象、画画……这是幸福的校园生活的写照,也是学生全面发展的美好愿景。如果学生进入校门就能看到这些快乐专注的形象,那么他们就可能受此熏陶,努力成为一个爱学习、爱劳动、有爱心、有特长的小学生。因此,我们将文化墙设计在校门的北侧,让学生一进校门就能看到它。

再如“三位楼”和“三省楼”中间的园子,我们取名为“百草园”,这个名字来源于鲁迅先生的文章《从百草园到三味书屋》。在这篇文章里,鲁迅先生写了童年生活中的美好回忆。以此命名,是希望在百川园生活的每一个学生都能拥有美好的童年生活,而学校愿意为他们创造这样的乐园。

景物本没有生命,但若是融入了教育者的智慧和情感,就会变得意义深远,从而“活”了起来。

2. 从共同参与布置的过程中来

师生参与环境布置，这本身就是一种难得的教育资源。在这个过程中，常常会发生一些故事，而这些故事往往能留在学生的记忆深处，发挥强大的育人力量。三省楼是学校里的一幢教学楼，我们将三省楼二楼东侧的一面墙称为“梦想墙”。我们希望每一个学生都拥有梦想，我们提出“用自己的梦想装扮校园”的口号。梦想墙，用蓝色打底，底部设计有浪花的图案，在浪花的上面有很多大小不等的凸出的白色圆盘。这些圆盘象征浪花，用来粘贴学生的梦想图。每个学期，美术老师会给各班班主任下发一些大小不等的圆形纸片。如果学生愿意将自己的梦想用图文结合的方式表示出来，就可以问班主任要一张纸片，画一画，再交给美术老师，贴在梦想墙的白色圆盘中。小曹同学的梦想是做一名老师。她告诉我，每次经过这面墙的时候，看见她的梦想图，就好像有个声音在提醒着她：好好努力，将来一定可以成为老师！所以，她平时很认真，为了成为老师而努力。小夏同学的梦想是做一个蛋糕师，所以她在梦想图上画了很多蛋糕。小夏同学特别喜欢吃蛋糕，但爸爸妈妈收入不高，不能经常给她买。于是，她就想着长大后自己做蛋糕，并送给喜欢吃蛋糕的学生。每一张梦想图背后都有一则美好的故事。

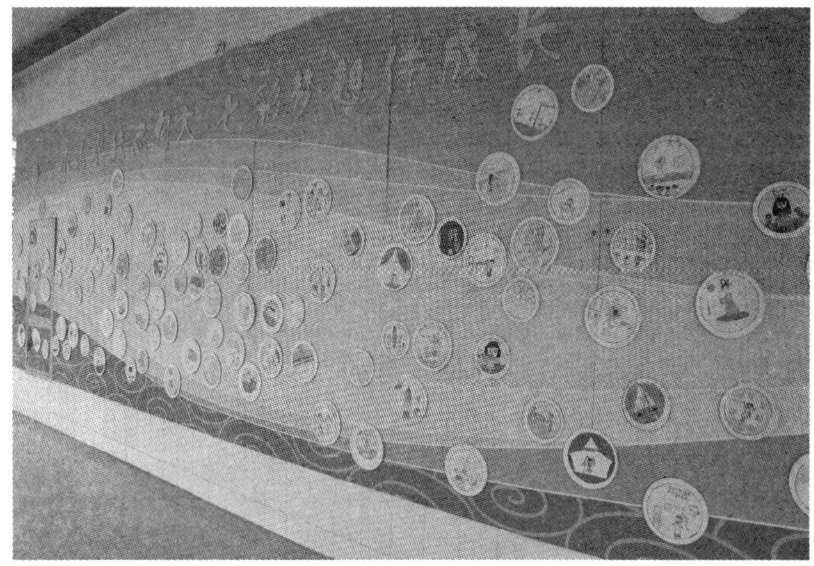

图7　梦想墙

3. 从共同经历的难忘事件中来

每一所学校在办学的过程中都会有一些难忘的事件，总会留下一些值得纪念的物件。这些物件是学校的亮丽风景，是存放着无数动听故事的校史书。我校是一所定点吸纳随迁子女的小学，以“海纳百川”的胸怀悦纳来自全国各地的学生，“百川”凝聚成我校的特色文化。我校的每个学生都会经历三个重要的仪式：入学礼、成长礼、毕业礼。在这三个仪式中，一口缸见证了他们的成长。入学礼上，每个学生将自带的一瓶水汇入这口缸。这意味着，要像水一样融入学校这个大家庭中，共同开启美好的小学生活。成长礼上，每个学生在缸内舀出一瓢水后饮水，边饮边思成长过程中的点滴，学会感恩。毕业礼上，学生从缸内取水，装满一瓶带回家。这意味着满载着知识、本领和为人处事的道理开始新阶段的学习。“汇水”“饮水”“取水”伴随着我校学生六年的学习生活，见证了他们生命成长的关键时刻。这口缸是学校重要的物件。于是，我们将它隆重地安置在行政楼的大厅中。如今，它已经成为我校的标志性景点。每年毕业季，总有学生在这口缸旁边留影纪念。

图 8　入学礼“汇水”

图 9　成长礼“饮水”

图 10　毕业礼“取水”

“让每一面墙有话说”，需要教育者的智慧。只要用心布置，就可能成就一处美丽的风景。

三、学生喜欢怎样的环境

在布置环境的过程中，我们往往根据自己的喜好去规划、设计，忽视了学生的想法。学校是属于学生的，我们应该听听他们的声音。

多年前的一天，正值放学时间，我看到几个学生在开放式阅览室的桌上写作业。怎么不回家写呢？我迎上前去问。学生告诉我，家里的房子很小，也没有专门的书桌，要等到吃完晚饭收拾完饭桌才有地方写作业，还不如在学校里写完再回家。话还没说完，又有几个学生过来。我知道学生的生存环境不够好，但没有想到他们甚至连一张书桌都没有。

学生没有属于自己的书桌，学校能不能给学生提供书桌，供学生课后写作业呢？开放式阅览室的面积不大，里面的桌子远远满足不了学生的需求。但是，学校已经没有多余的房子。环顾四周，我突然眼前一亮。教学楼连廊又宽又长，在其一侧摆上书桌，一定能解决学生放学后写作业的问题。于是，“特别书房”计划立即启动。

木工娄师傅第二天就去购买实木原料，给学生定制小方桌、小方凳。他早起完成后勤工作之后，就一头钻进木工坊里忙活起来，几乎每天都加班到晚上九十点。总务主任在网上定制了漂亮的桌布，崔怡红副校长买好了花瓶、养起了绿植，电工师傅将连廊里的吸顶灯全部更换成大功率的灯泡，增加照明亮度。两个多月后，三十套榫卯结构的桌椅顺利完工，搬到了连廊内，摆放整齐，并铺上了漂亮的桌布，放上了绿植。“这里太漂亮啦！”学生高兴坏了，一有空，就拿本书坐在书桌前。连廊外，高大的树木郁郁葱葱；连廊内，是读书、写字的学生。这里成了学校又一道美丽的风景！

图 11　寻根廊内书桌

(一) 学生喜欢的学校,是温暖的

我们的学生大多来自外来务工人员家庭,租住在学校周围的居民家中,往往一大家人挤在十几平方米的屋子里,光线昏暗、环境简陋。我们将校园的一处长廊装修成开放式的阅览室,取了好听的名字——成长屋。里面用藤条装饰了屋顶,用藤席包裹了柱子。长廊里摆了藤椅,安装了台式电脑和柜式电脑,学生可以随时进来查阅资料、练习打字、看电子书、读最新绘本,时间充足的话还可以看动画片。有一次家长会后,一位家长特意要看看成长屋,她经常听学生嚷着要去成长屋,很好奇,想来看看。到了成长屋,她立刻明白了学生如此喜欢这里的原因——成长屋太温馨了。能给人以温暖的,除了成长屋,还有辨识度极高、在校园内随处可取的红色“百川伞”,常年保持恒温的运动员淋浴中心,校园内随处都有的悠闲椅、阅览区……

班主任钱老师在教育故事中写道:有一次放学后,在学校书吧里碰到在看书的何睿婷同学,我问道:“怎么还不回家?”她认真地回答道:“因为我喜欢我们的校园,这里有好多的书,我可以在这里看书,我觉得特别有意思。还有这么多的老师,特别的温暖,就像家一样。”

尽可能给学生创造好的学习环境,尽可能给他们提供好的服务,让学生感到温暖,这是我们布置环境的重要目标。

图12　学生喜欢的成长屋

（二）学生喜欢的学校，是生动的

一次，一只小鸟飞进了教室，学生嚷着把门窗关起来，想把小鸟抓了养起来。在老师的劝说下，学生很不情愿地放飞了小鸟。这件事对我触动很大。是学生不爱护小动物吗？我觉得不是。学生在学校看到的都是书本和植物。如果没有小动物，可能他们会觉得少了些生气。“给学生养些小动物吧？”当我将想法跟总务主任讲了之后，大家立

图13　午后逗鸡

刻达成共识。后勤的阿姨们抽空织了网,在学校西侧的竹园里围了一个鸡圈。娄师傅在北侧的树林里用木栅栏围了羊圈,并建了一间小木屋。家长们送来了小鸡,老师们带来了小羊。从此,学校变得热闹起来。午饭时间,学生总要在竹园里驻足,数数小鸡,看看小鸡有没有长大一些。放学时,还要特意跑到羊圈旁,看看小羊。数小鸡、看小羊几乎成了学生每天必做的功课。

有一天,两个学生找到我,着急地问:"校长,马上就要放暑假了,小鸡小羊怎么办啊?"他们的担心不无道理。平时配菜公司给学校食堂送菜时,总会特意捎来几筐菜叶。到了暑假,配菜公司也就不会再送菜了。"这倒是个大问题。怎么办呢?"我把问题抛给了学生。"要不,我们轮流给它们送吧!"在学生的提议下,每到节假日,各班都会自发地轮流给鸡和羊送吃食。大人搬,小孩喂,这也是百川园里独有的风景。

有了小动物似乎还不够。如果有果园、菜园,那校园就更有活力了。我们在学校西南侧辟了三分地,种了桃树、梨树、枣树、柿子树、枇杷树等果树。有了这些,学生忙碌起来。春天,他们在老师的带领下赏花,观察花的形状、颜色等特征。之后,在学生的期盼中,花慢慢凋谢,果实逐渐成熟,百川园的采摘节随之而来。每年6月1日,六年级的学生负责采摘水蜜桃。然后会举行隆重的"授桃"仪式——老师将桃子发放给即将毕业的六年级学生,祝愿他们圆满地完成小学学习任务。11月初,四、五年级的学生负责采摘橘子。他们唱着歌,收着果子,将果子分发给低年级的学生一起品尝。

图14 百果园摘桃

(三)学生喜欢的学校,是有趣的

在学校的西南角,有学生喜欢的"小山"。阳光灿烂的午后,一些学生常常跑到那里，从山顶骨碌碌往下滚。校园里怎么会有山？其实是建造学校时留下的建筑垃圾。我们运来了几车土，覆盖在上面，植了草皮，就成了学生口中的“小山”了。到山上走一走、滚一滚是学生的一大乐趣。

在学校，除了“小山”，还有很多让学生留恋的地方：象棋活动室，中午跟小伙伴们下一局，博弈一番；数学活动室，去那里拨拨钟面，认识时分，玩玩七巧板，拼出各种不同的图形；英语活动室，认认世界地图，看看英语绘本；开放式书法教室，蘸着水在金砖上涂涂鸦，练练字……百川园里有趣的地方实在太多了。学生们最喜欢的应该是去百耕园内拔青菜、萝卜，然后在校门口叫卖。

进了校门，左手边是一片绿化带。因学校宣传栏太少，我们决定在这片绿化带中建几个防腐木制的宣传栏。既能装点稍显单调的草坪，又能更多地展示学生的作品。宣传栏安好之后，需要在宣传栏前设计一条小路。这样学生可以沿着小路，看看宣传栏上的作品。在设计小路的时候，大家的观点发生了分歧。有老师认为，宣传栏大致处于一条直线，那小路也应该是直直的；还有老师认为，小路应该是弯弯的，否则就太过呆板。我们决定将两种设计图纸公示在校园的显眼处，让学生自己选择。果然，大多数学生选择了弯弯曲曲的设计。蜿蜒曲折的小路带给学生无限的乐趣。每天清晨，很多学生放着大路不走，偏爱在小路上蹦跳着。

一幅幅生动的景象，见证了百川园的不同之处。周末，很多老师带着学生到学校来游玩。很多来访的客人们赞叹：“这哪里是学校啊，分明是公园、是乐园啊！”

教育史家回顾，“学校”一词在古罗马时代意为“游玩”。文艺复兴时期的意大利教育家维多力诺(1378～1446)由此获得启发，将自己创办的学校称为“快乐之家”。遗憾的是很多办学者不了解“学校”的本义，将学校办成了夸美纽斯批评的“心灵屠宰场”，使许多学生望而生畏。[①]

四、环境是学生学习生活的重要资源

如何帮助学生理解环境的育人因素？如何让学生体会景点的丰富内涵？将文字说明写在牌子上竖在景点旁不失为一种方法，然而这样的方法可能会导致这样的问题：文字太多，学生没有耐心仔细看完；文字太少，内涵表达则不够清晰。如何解决这一矛盾？如何让这些丰富的教育资源发挥其应有的作用？我们是这样做的：

(一) 让环境成为一本厚厚的教科书

我们认为要把环境布置的理念、布置环境过程中发生的故事告诉学生，并将这些故事代代相传。我们组织相关人员用图文结合的方式，将每一处景点布置的背景、理念、

① 林玉体：《西方教育思想史》，九州出版社，2006年版，第404页。

布置过程中发生的故事梳理成文,并结集印成小册子,将此作为班会课的教材之一。

七录园的故事

在"三省"与"三元"楼之间有个园子——七录园,它的名字取自太仓历史名人张溥"七焚七录"的读书典故。

太仓在明代末年有个大学问家叫张溥。他的读书方法很奇特,读书时先抄一遍,再读一遍,然后把书稿烧掉。接着,他再抄再读再焚,这样反复七次,直到烂熟于心,这时候他觉得文章自在心中,且能融会贯通。

同学们,读书不是为了背书,而是通过读书感悟道理,并且能把道理运用到生活中去。

以"七录"命名园子,是想说明学校是一个读书的地方,希望每一个小水娃能掌握好的学习方法,并且通过读书明事理,成为一个有德有才的人。

图 15　七录园

美丽的紫藤架

行政楼与教学楼间的紫藤架是小伙伴们最喜欢的地方。每天,都有一些小朋友坐在里面看书、游戏。尤其是紫藤花开的时候,那一地如雪一般厚厚的花毯,引得很多同学忍不住去模仿"仙女散花"呢!

这座紫藤架上的紫藤共有三株,在 2007 年 4 月份的时候种下。刚开始,还是三株小苗,不足 1 米。14 年过去,现在已经爬满整个架子。2013 年,在紫藤花开的时候,时任教育部督导办主任的何秀超来到了百川园。他在百川园走了一走,为水娃们拥有这样的学习环境感到非常欣慰。

串串紫藤花不仅给了我们视觉上的美感，紫藤花百折不挠的精神也无时无刻不在激励着我们。大家有没有留意，紫藤架往东侧倾斜了，那么粗埋得那么深的柱子，怎么就能被细细的藤枝给拉得往一边斜了呢？请大家好好想想，从中你能得到怎样的启示呢？

图16 落英缤纷（紫藤架）

百川徽标

在百川楼的南侧墙面上，我们可以看到一个不锈钢制成的长方形平面雕塑，上面有我们的校训、小水娃，还有大大的“川”字，这些元素组成了百川徽标图。这个徽标是学校美术老师罗健康设计的。这个徽标给了我们无限的想象，让我们联想起很多美好的画面：百川园敞开胸怀，悦纳了来自全国各地的小水娃。小水娃们快乐地走进“百川”，共同建设美丽温馨的大家庭。在这里，水娃们学会感恩，学会学习，学会健体，学会休息，成为有德有才，对社会有用的人！

作为一个小水娃，你想从哪里开始做起呢？

我们不仅制作了《美丽的百川园》的纸质小册子，还制作了电子教材。学生在老师的带领下边读边看，体会每一处设计蕴含的丰富内涵。百川文化的种子就在不经意间种下了。

百川园的环境是不断变化的。在学校发展的过程中，景点的布置会发生变化，学生与景点之间的故事也在不断发生。因此，这本书的内容会不断调整。

“思思”“源源”是我们学校的学生形象。“思思”是女娃，“源源”是男娃。取名“思思”“源源”有三个意思：一是饮水思源，要学会感恩；二是追根溯源，指学习要“知其然知其所以然”；三是寻根问源，指无论走到哪里，不能忘本，要有一颗爱家、爱校、爱国的心。我们在校园里布置了两间开放式书吧，分别取名为“思思书吧”和“源源书吧”。每一间书吧门口，都将介绍这三层含义的海报挂在墙上，学生抬头即见。

建这两个书吧，中间颇费周折。书吧门口的柱子隔断总是不能很好地固定，这带来了安全隐患。懂建筑的徐老师指出：必须用厚的钢板垫在柱子下方，用膨胀螺丝固定才能解决这个问题。可是去哪里找钻好孔的厚钢板呢？娄师傅在建筑材料市场里转了半天，还是没买到。无精打采回到学校后，想起一个亲戚做智能蔬菜大棚，可能他们就有相关的材料。于是朱敏刚副校长开车,我们一起来到厂里,说明了我们的问题。老板一听,马上就停下其他工作,让工人按照要求先帮我们加工。一共有四十八块钢板,要两个人才抬得动。这样,柱子固定的问题就解决了。接着娄师傅用一个双休日,加班加点铺好了地板;一名家长主动地给两间书吧涂上了环保油漆,坚决不收酬劳。两间简易的书吧凝聚了很多人的心血。学生听了这两间书吧的故事之后,非常感动,纷纷表示:"我们要在书吧内多看书,回报关心我们的人。"还有学生说:"书吧来之不易,我们要好好维护它们。"

图 17　思思书吧的柱子

学校足球运动发展迅速。我们成立了百川源源足球俱乐部,提出了"让百川源源成为流动"的学校文化符号,并赋予了百川源源新的含义:饮水思源,懂得感恩;源头活水,永争第一;源源不断,人才辈出。在百川源源足球俱乐部不断发展的过程中,也发生了很多感人的故事。

环境是一本书,是一本耐读的书,读了可以生发爱校之情,常读可以感受学校的发展变化。

阅读环境这本书需要讲究一些策略。每年 10 月底、11 月初,学校都会举行"校园知识知多少"的答题大赛。我们围绕校园内的景点的名称、意蕴、故事等内容进行命题,让学生随机抽取后答题,答对一题盖一个章。百川节上,学生凭章换券,用券兑换美食、学习用品等。

此外,我们还鼓励学生进行个性化解读。学校有一面墙叫"百川墙",上面有关于"思思""源源"的品质介绍。最初,我们将"专注""快乐"定为水娃的品质。随着百川文化研究的深入,我们发现:要实现融合,学校要悦纳来自四面八方的学生,学生需要友善待人。于是,"友善""专注""快乐"被确定为水娃的品质。

三(2)班的李佳萱在给低年级学生介绍这面墙的时候说:"原来,专注、快乐是我们水娃的品质,现在我们增加了一个词——友善。增加这个词是很有必要的。拿我自己来说,如果我能够友善待人,我就能拥有很多朋友,有了朋友,我就不会再孤单,这样我做起事情来就能够专注。同时,有了朋友,我就能更快乐地生活。"

小小年纪的她从自己的逻辑出发谈了对三个词的理解。显然,通过个性化解读,学生对水娃的品质是什么、为什么是这样就有了深刻的理解。环境是本书。用好这本书,环境育人就能实现增值。

（二）让环境成为学生的天然课堂

五年级数学有一节课——《认识公顷》，对学生来说难度很大。这部分内容难学，是因为生活中没有现成的这样大小的地供学生参考和体验，仅仅借助从小到大的推理，对于五年级学生而言过于抽象。一次偶然的机会，我发现围绕学校三幢教学楼和办公楼的四周的路，差不多是一个边长一百米的正方形，面积大约就是一公顷。何不将这节课搬到教室外面呢？学生围着四条路走一走，看一看里面的建筑，或许就能很好地建立“一公顷”的概念。当我宣布在室外上这节课后，教室里顿时响起了掌声。结果表明，将教室搬到室外取得了很好的教学效果。

我们常常受固定思维模式的禁锢，认为上课应该在教室进行。其实走出教室，走向大自然，可能会取得意料之外的效果。《认识公顷》这节课的成功，引起我们的思考——还有哪些课可以在室外进行？学校景点还可以为哪些知识的学习提供服务？

科学老师说，我们学校的百耕园和百果园是两大宝。如果带学生去现场观察、研究，不仅可以激起他们的学习兴趣，还能帮助他们更好地掌握相关内容。

陈老师介绍，四年级《科学》教材有一个内容是“各种各样的花”，要求学生通过观察花的构造，比较各种花的相同与不同之处，然后完成“花的观察”报告表。教学的时候，她给学生布置了任务——分小组去百果园和百耕园现场观察。最后，没有一个学生迟交观察报告。大家对花的观察细致入微，将表格填得十分详细。

有人说，大自然是最好的课堂，它能够唤醒学生的感知，激发学生的想象力，让学生充满了期待。也有人说，让学生身临其境地学习，可以增强学生的“在场感”，吸引他们全身心地投入。如今，除了科学课，其他学科老师也根据教学内容，选择在校园的一些专用场所进行授课。

在研究性学习中，我们特意做了安排——三年级研究大自然的树叶，四年级研究水养植物，五年级研究劳动工具的演变。研究这些主题往往需要呆在室外，尤其是在百耕园内。

而寻根廊是老师上班队课的好去处，为此我们特意开发了《寻根课程》。一、二年级学生认识自己的家乡，三至六年级学生了解小伙伴的家乡。这些都可以通过了解寻根廊内每根柱子上的内容以及观看成长屋内大屏电脑中存的 200 多个各地宣传片来完成。

在校园内，学生在观察、在研究、在交流，百川园真正成了学生的学园！

（三）让环境成为师生的交流平台

环境除了营造美感，为学生提供服务之外，还可以成为交流平台。

在一次关于“你最喜欢的学校景点”调研中，我们意外地发现，很多学生最喜欢的景点是“蘑菇亭”。“蘑菇亭”位于学校正中央，周围都是大树和花草。通往“蘑菇亭”的是几条鹅卵石铺成的小路。因为建的时间比较长，油漆斑驳，在我们看来蘑菇亭并没有美感。为什么学生会喜欢呢?经过追问,我们才明白,因为那个地方相对隐秘,是好朋友间说悄悄话的好去处。的确,学生需要交流,环境建设需要考虑设计交流平台。

图18 蘑菇亭

于是,在校门内的南侧绿化带中,我们设计了水娃风采秀。那里既是展示区,展示学生写的故事、做的小报、写的读后感以及手工作品,也是评论区。在这里,大家分享优秀习作、交流切磋技能技巧、发表自己的感受。

我们把万象馆底楼的大柱子改造成一棵“大树”,“大树”下的楼梯间被装修成淘气屋。淘气屋的门为葫芦状,屋内铺好了地毯。学生吃过饭后,常常三三两两爬到淘气屋内说悄悄话。

校园内还有很多像这样融交流平台于景观的设计,它们都成了受学生喜欢的景点。

学生有了特殊的交流平台,老师亦是如此。比如,百川故事栏展示的是老师的作品。作品的主角有老师、职工还有学生。在这里,老师们分享发生在校园的感人故事,抒发自己真实的情感,有的表达对同事的感谢和欣赏,有的抒发对调离同事的思念之情。

那盏灯,那个人

保安师傅告诉我,校园里有一盏灯总是最后一个熄灭。这盏灯的主人,就是人事助理——陈晓丹。

陈晓丹是去年八月上岗的。她对这个领域完全不熟悉,前任人事秘书又请了长病假,她面临着巨大的挑战。令人意想不到的是,外表柔弱的她,硬是通过自己摸索和向同行请教，一点一点熟悉了业务，取得了出色的工作成果。

2013年年底，正处在继续教育从纸质向网络验证的过渡期。复杂的程序、纷乱的内容，让很多有经验的人事工作者一筹莫展。然而，她没有抱怨，每天利用下班后的时间进行整理和录入。肚子饿了，啃几口饼干；水凉了，也顾不上喝一口；天黑透了，才关上灯，在寒风中骑车离去。

今年6月，我申报了高级职称。由于时间紧、任务重，上周五行政会后，我留在办公室整理评审材料，她也来帮我。不知不觉间，夜深了。我一遍遍地催她先走，她却笑着说："不行，还是弄完了心里踏实。"灯光下，她一次次地往返于办公室与档案室，一页页地翻看材料进行校对，一下又一下敲打着键盘，我的心里有说不出的感激。第二天上午，她又陪着我到教育局上交材料。

繁琐的人事工作，一年到头不见空。接下来中级职称的申报材料、各条线资料的归档、输入、复印、扫描……那盏灯又要久久亮着！

那盏灯，那个人，如今已经成为百川学堂的一道风景，很美、很美……

崔怡红

2014年6月22日

最美的"绿叶"

他，是学生眼中的"爸爸"。"舅妈，陆老师就像我们的爸爸。"外甥女曾经在他的班级里就读，聊天的时候这样跟我说。小姑娘的成绩并不好，也不善言辞，一句简单的话却让我感受到了老师对她的真心付出。

他，是同行眼中的"澎湃哥"。每次出去活动，一听说我是高新区二小的，英语老师们总是会问："你们'澎湃哥'来了吗？"他的教学风格已经在大家的脑海中留下了深刻的印象。可能有人会质疑他的幽默风趣，但是，质疑他的人能有几个像他那样为了学生、为了课堂如此忘我？七年来，我们都能看到他的笑容和进步，可是却不一定知道他比别人多付出了多少努力。

他，是我们英语组唯一的一片"绿叶"。红花没有绿叶相伴会显得庸俗，他早已成为了我们心中那一片最美的"绿叶"。教研组活动的时候，他会早早搬好凳子；和他一个年级组的时候，他会妥妥地印好每份练习；老师们要上公开课的时候，他会主动帮着"磨"课……一个个看似简单的小细节坚持了七年多，足以让我们深深感动。

"我没啥大的能力，但只要你们开口，我一定尽力！"这是他常跟我们说的话。他一直坚守自己的原则，用他的进取和豁达感染着我们。用他的细心和真诚温暖着我们。他就是我们的Lu Sir，我们心中那一片不可或缺的"绿叶"。

王洁

2014年10月8日

她，永远的百川人

她调离学校已有一个多月，但时间并没有冲淡她在我们心中的印象，我们仍然在不断适应没有“菊长”的学校生活。

如果她在,百川教科室的力量就会更强大:《百川文集》的组稿、编辑、校对,估计早已完成,现在可以交付印刷了;《百川人》的约稿估计也在进行中,内容也收集得差不多了;《燃荻》的稿件一定也早早投出。

如果她在,肯定已经为百川讲坛初级班想了很多讨论主题,也提前准备着她精彩的主持稿。

如果她在,学校心理咨询室也会时时出现她的身影。

她像一粒珍珠,藏在蚌壳中,不张扬,不炫目,可只要机会合适,她的光泽就会夺壳而出。在与苏州教育局局长对话时,她对课程颇有见地的提问和阐述让大家一下子记住了她;每次需要添置新书时,一个电话或是一句留言,她就把事情办得妥妥帖帖;每次老师上公开课,只要叫上她,她一定挤出时间,参与听课“磨”课,给了备课老师很多灵感。

她从事繁琐的行政工作,教两个毕业班数学,拿的只有每月300的津贴。她不但没有一丝怨言,还说这样好,心安。

她积极、上进、豁达、尽责,教学风格逐渐由青涩走向成熟,对课程的理解也逐渐深入,对科研工作也慢慢驾轻就熟。她为我们诠释了百川人的朴素品质。

她就是刘菊,永远的百川人!

陈洁
2015年10月19日

每到周一上午,故事栏就会更新一期。许多老师、学生都会驻足阅读。故事传递了校园正能量,增进了彼此之间的友谊。我们的美术老师还非常有心,为每一期故事配上精美的插图。每满五十个故事,就结集出版一本《百川故事会》,赠给故事的作者以及故事中的主人公。已经调离的老师收到这份特殊的礼物常常激动不已,称之为“最珍贵的礼物”。

我们用心装扮着校园,而校园里的一景一物也在回报着我们。“自己的学校自己建”让我们拥有了有情有味的校园;“让墙壁说话”使我们有了环境布置的创造性实践;而在“建儿童喜欢的校园”的过程中,我们对学生有了更多的了解……我们齐心协力,共同创建了一个美丽的、温暖的家园。

第三章　百川园的老师

2006年8月，我来到这所学校时，学校没有一个市级骨干老师，没有承办过一次公开教学活动，老师们没有评职称的热情。

老师们在闲暇之余谈论更多的是家长里短、麻将下棋。一次，教研员来校，听课之后与老师们交流。一名数学老师提出疑问："老师上课，学生能听懂就行了。花那么多时间研究有什么意义？"

老师团队缺乏进取之心，甚至出现了价值观方面的问题。

如何建设一支优秀的老师队伍？如何唤醒老师的工作热情？如何使学校呈现出蓬勃向上的发展态势？

一、没有爱就没有教育

（一）爱是走近学生的最好方法

有一次，我经过老师办公室，听到老师在讨论某学校某位老师经常不批改作业的问题。原来，这位老师去参加儿子的家长会，随手翻了翻班上的作业本，发现有些作业没有被批改。为此她有些担心，故而在办公室里说起这件事。

的确，每个家长都希望学生能遇到一位认真负责、积极向上的老师。于是，我突发奇想，让每个老师以"我想把学生交给怎样的老师"为题谈谈想法。老师们的回答不尽相同，但都提到了希望学生遇到的老师首先要有"爱心"。陶行知先生说过："爱是一种伟大的力量，没有爱就没有教育。""真教育是心心相印的活动，唯独从心里发出来的，才能打动心灵的深处"。

每个学生都需要爱，而我们学校的学生相对而言缺少关爱。德育处曾做过一次调查，全校学生中几乎30%的学生来自单亲家庭，学生的原生家庭存在很多问题。有的学生的妈妈不能忍受贫穷而选择离开，有的学生的父母因为长期两地分居而离婚，有的学生因为父母在外打工从小就跟爷爷奶奶一起生活……最普遍的情况是父母忙于生计，工作经常加班加点而无暇顾及学生。

因此，让学生感受到老师的关爱是打动他们、走进他们内心的最好方法。

教育就从爱学生做起，我们达成共识。大家也一直在用自己的方式去践行这个理念。

小孙老师常常提着一个袋子,起初我没在意,但见多了就觉得奇怪,于是我问她:“袋子里放了什么?怎么一直带在身边?”她打开袋子,里面有两把梳子,一把指甲剪。她说:“我看一些学生早上到校的时候头发乱糟糟,我就顺便给他们梳梳头;见学生的指甲长了,我就给他们剪剪指甲。身边备好这些东西,用时就方便了。”这让我想起了德育处办公室里一直备着的针线包。如果学生衣服纽扣掉了,脱线了,他们就可以给学生缝上。

爱学生,从留意学生的生活细节开始。孙老师的梳子、指甲钳,德育处的针线包,这都是爱的表现啊!

说起三(6)班的班主任杨老师,同事们都觉得不可思议。因为在同事们眼里,她对自己的学生没有耐心,可是跟学生在一起时,却似乎从未有生气的时候。杨老师班上有几个学生在足球队。一次比赛间隙,我跟这些小球员聊天时,问他们:“杨老师支持你们踢球吗?你们经常外出比赛耽误学习,杨老师会不会有意见啊!”“不会不会,我们外出比赛,杨老师会给我们补课,她让我们认真训练好好比赛。”“我最喜欢杨老师了,她一直笑眯眯的,从不对我们发火!”

支持学生发展特长,宁愿牺牲自己的休息时间给学生补课也要学生坚持自己的梦想。杨老师是这样爱学生的!

百川楼外墙施工期间,工人在移动脚手架时碰断了路旁的树枝,小树枝横七竖八“躺”在了路中央。而此时,大课间活动马上开始,那些树枝显然会影响学生做操。正巧,沈老师路过,立马弯腰将它们一一捡起。这不由得让我联想到多年前的一幕:一天中午,万象馆底楼体育器材室旁围了一圈人,我走上前去,看到一个男孩倒在地上,手、脚抽搐,小便失禁,大家一下子都愣住了,不知该怎么办。这时,有个人冲进人群,立刻弯腰将那个男孩抱在怀里,送去医务室。她就是沈老师。

弯腰将路上的树枝捡起,及时清除路上的障碍;抱起发病的男孩送去就医,毫不介意男孩裤子上的污渍。沈老师是这样爱学生的!

足球队的小朱教练,看到球队的一个学生总是穿着不合脚的球鞋训练,他忍不住问学生为什么妈妈不给买一双合脚的鞋。当得知学生家境不好,父母买鞋总要买大两号以便穿的时间长一些之后,他一下子给学生买了两双球鞋,说:“鞋子不合脚容易受伤,我不想看到学生因为鞋不合脚而受伤!”

三(4)班的孙老师发现班上的一个学生总是要等到很晚才能回家,有时饿得直哭,就干脆把学生带回她家吃晚饭,做好作业,再由父母接回。当学生的父母表示要付饭钱时,孙老师说:“学生吃不了多少,我们只要多煮一点饭就行,你们多关心学生就好,不用付钱!”据说,孙老师一带就是半年,就连订婚那天,也把学生带到了订婚宴上。

爱是会传递的,人与人之间的爱与关怀让校园变得更加美好。与此同时,学校的所有工作也渐渐走上了正轨。

(二) 爱学生，就要给予他们更专业的指导

学校里有一位老师特别喜欢学生。用其他老师的话说，他的喜欢到了“护短”的程度。其他老师批评他班上的学生，他会跟老师们急。这位老师觉得学生调皮捣蛋很正常，不能跟学生较真。在他的庇护下，他班级的学生有恃无恐，常常违反纪律。其他老师“敢怒不敢言”。

显然，这位老师的“护短”行为对于学生来说，有百害而无一利。爱学生，不是一味地迁就学生，而是要帮助学生养成良好的习惯，根除坏的习惯，让他们养成规则意识。因此，爱学生，要讲究方法。老师们需要不断修炼，为学生提供专业的帮助，让他们更好地发展。

(三) 爱学生，就要着眼于学生的未来发展

学校有位老师，为了让学生考出高分，常常利用一切能利用的时间督促学生学习。中午，学生刚吃完饭，他就进教室布置作业；下课时间，他在黑板上还要留几道题；放学后，他迟迟不下课，为了多讲几道题。学生产生了畏惧心理，为了逃避做练习，甚至会躲在厕所里。题海战术，让学生丧失了学习兴趣，家长们也非常有意见。为此，他感到很委屈——明明是为了学生好，为什么学生抵触、家长们反对、学校不满意？

为学生好，就要为学生的未来发展考虑。靠题海战术提高的分数并不一定代表能力的提升。老师应该让学生充满学习的热情，吸引他们去探究未知的世界，警惕所有让学生丧失兴趣的、机械模仿的做法。

(四) 爱学生，就要给学生留下美好的童年回忆

六(2)班的班主任陈老师在学生一年级时统计生日，每个月给当月出生的学生过一次集体生日，遇寒暑假则提前到临近放假的月份。每一次集体生日，她都给学生拍好照片，写上祝福的话，并一一存好。六年下来，陈老师积累了厚厚的资料，待毕业礼的时候作为礼物一一送给学生。学生翻开相册，看到自己一年级到六年级，每一年过生日时与同学们的合影，都感动地哭了。

给学生记录成长的瞬间，组织丰富的校园活动，提供可选择的课程，高质量地上好每一堂课，与学生倾心交谈……这些都能给学生的童年留下美好的回忆。

为了做好这些工作，老师应该不断提高自身的专业水平。老师队伍的建设是办好教育的关键。

二、让老师鼓起成长的勇气

学校的发展与老师的成长密切相关。然而，对于一所办学基础薄弱、师资力量匮乏的学校而言，发展谈何容易啊！如何改变现状？如何提升教学水平，促进老师成长？这些问题让我头疼不已。此时，学校应形势所求扩大办学规模，这为学校带来了发展的契机。一个年级由四个班级增加到六个班级，二十一名新老师分配至我校。这些新老师

为学校带来了朝气与活力,也带来了学校发展的希望。

(一) 成立百川讲坛

新老师初上讲坛,跃跃欲试。第一次召开见面会,他们意气风发。信息技术专业的马璇老师表示,她从小非常喜欢理科,如果学校缺数学老师,她可以兼任一个班的数学老师。冯丽花老师拿出自己大学期间发表的文章说:"我非常喜欢文学,喜欢写文章,以后一定要成为一名出色的语文老师,教出一批批作文写得顶呱呱的学生。"跨出大学的校门,成为一名小学老师,新老师们信心满满。然而,现实是残酷的。一个星期后,新老师们的脸上没有初上讲坛时的那份淡定与从容了。

"校长,学生都不听我的,课堂乱糟糟的。我大声训斥,尺子都敲断了还是不顶用。"

"校长,一节数学课的新授内容我十分钟就讲完了,太简单了,可是学生作业中错误百出,好像都没学会!"

"学生样样都要来报告,上厕所,没带铅笔,谁拿了他的橡皮,同学不小心推了他一下……我耳朵边一天到晚都是告状的声音,头整天都是晕乎乎的。"

"今天我们班一个家长跑来质问我,说她学生要坐第一排。这个学生个子很高,坐第一排会影响其他学生。可是她强词夺理,觉得吃亏了,甚至还说我得了别的家长什么好处!"

新入职的老师们在第一周内遇到了很多问题,纷纷过来向我反映。

万事开头难。新老师要学的东西太多了——如何管理班集体?如何与家长沟通?如何钻研教材?如何进行教学研究?然而时间与精力是有限的,工作难以面面俱到,总得先找一个切入点。

作为老师,最基本的素养是什么?我反复追问自己,一遍遍去征求其他校长和中层干部的意见。大家的意见非常一致,认为表达能力是一名老师应该具备的最基本的能力。新老师们来自全国各地,口音各不相同。崔怡红副校长(当时的教导主任)也表示:"他们上课时与学生交流非常生硬,一点语言感染力都没有,学生不喜欢听是正常的。"的确,如果他们的表达很有感染力,学生的注意力就会更加集中,听课效果也会更好。

于是,我们下定决心,以表达能力为切入点开始培训老师。确定了培训主题后,我们还需要落实培训形式、培训频率、培训名称等具体事项。

我联想起自己的经历。原先在公共场合羞于表达的我经过晓庄师范大专班两年的即兴演讲的练习,表达能力有了脱胎换骨般的进步。于是,我提议以演讲的方式进行培训。崔怡红副校长建议,先从读课文开始,慢慢过渡到即兴演讲。提高表达能力是个漫长的过程,如果一开始就使他们望而生畏,那么培训的效果可能会打折扣。

大家建议,培训周期短一些为好,最终确定每周二下午 4:30 至 5:30 为固定的培训时间。

培训形式、培训时间都定了下来,那给这项培训取什么名呢?

老师们来自五湖四海，如百川汇海。本培训致力于培养老师的表达能力，帮助老师站稳讲坛，培养自信心。于是，取名百川讲坛。

2007 年 9 月 11 日下午 4:30，百川讲坛首次开讲，42 名青年老师成为首批学员。此后每周二下午 4:30 至 5:30，是百川讲坛的专属时间，风雨无阻。

（二）百川讲坛的一路发展

从百川讲坛首次开讲至今已有 12 年。百川讲坛一共经历了十个发展阶段，共计 317 期。

第一阶段："读文章，练口齿"。刚起步时，我们每次抽签选出 10 名老师，用绕口令来练发音，用生僻的文言文提高认读能力，用语文书上的课文练感情朗读。一段时间之后，大多数老师已经能够清晰、准确、流利、甚至有感情地用普通话朗读课文。这时我们认识到，老师不仅要讲标准的普通话，更需要有感染力的表达。

于是，百川讲坛进入第二个阶段——"讲故事，练表达"。从读到讲，这是一个质的飞跃。为了帮助老师顺利跨过这个关卡，我们提前公布话题，如"我的童年趣事""我爱我家""难忘的高中生活""最喜欢的一本书"等。这样命题是为了让老师有话可谈。没想到，通过讲自己的故事，大家相互间多了一份了解，老师们由陌生变为熟悉，由同事慢慢变成了好友。

小牛老师谈到，因为兄弟姐妹多，从小父母就把她放在外婆家，连名字都迟迟未给她取。为此，她一直觉得自己被父母忽视，始终耿耿于怀。直到她准备离家读大学，妈妈忙碌着给她准备生活用品时，她才明白，原来父母从来没有忽视她。

小陆老师的父亲在他很小时就过世了，母亲一个人含辛茹苦将他带大，在他读大学期间，他母亲也因生病离他而去。从此，他变得内向自卑，不愿意跟人交往。这时，同班同学、现在的同事小姜老师给予了他很多关心和照顾。他说，在他遇到困难的时候，总有很多人向他伸出援助之手。现在他想做一名好老师，帮助他人。

小李老师是艺考生，在海边长大。为了支付昂贵的艺考费用，父亲起早贪黑，捕鱼捉虾供她学唱歌。然而当年的她，因为不懂事，学习没那么刻苦，让父母为她受了不少累。做了老师之后，她更能感受到父母的一片苦心。

在这个活动中，老师们敞开心扉，真诚交流，分享了很多感人的故事。

由于紧张，老师们的表达不够流畅，但流露的真情让大家感动不已。很多老师说，他们在这个阶段掉了很多眼泪。可能因为远离家乡，刚刚走上陌生的工作岗位，老师们感到孤独无助，所以更容易感受到共鸣。百川讲坛让他们走到一起，难过的时候一起掉泪，开心的时候一起分享，老师们不再无助，不再孤独。因为在这里，他们有了新的"家人"："钟哥""华哥""老胡""小钱"……

十年后，当我们回想百川讲坛的经历，小戴老师充满深情地说："有了百川讲坛，我就不再孤独。"小黄老师表示："百川讲坛是一个充满家的味道的学习平台。"

图1　潘艳老师介绍“我喜欢的一本书”

我们渐渐意识到，作为一名优秀老师，不仅需要具备良好的表达能力，还需要有很强的思辨能力。于是，百川讲坛进入第三个阶段——“议时事，谈想法”。我们把社会上的热点话题作为演讲主题，如“我看毒牛奶事件”“面对干旱，我们该做些什么”“汶川同胞，一路走好”等。为了让老师们有较为充分的准备，这个阶段的活动流程为：事先告知主题——老师查阅资料准备——现场抽题演讲。在这个阶段中，老师们逐渐养成了关注时事新闻、聆听外界声音的习惯，同时也有了分析思考、讨论交流的意识。

随着老师们思辨能力的提高、演讲水平的提升和教学经验的积累，百川讲坛进入第四个阶段——“论教育，表观点”。这时，百川讲坛在不知不觉中已走过了五年半的时间。在这个阶段，每次活动围绕一个主题开展，学期初将所有的主题确定并公布。每次活动都围绕计划好的主题设计五个题目，十名老师分别抽签决定演讲的题目。从这个阶段开始，老师们正式开始即兴演讲训练。我们聊“班级文化建设之我见”“怎样的课是一堂好课”“我看学校民主管理”“一个优秀班主任的特质”等话题。老师们说，为了在讲坛上有话可说，他们必须事先进行大量的阅读和深入的思考。大家一有空就在一起讨论看了哪些书，有什么启发，围绕这个主题可以提出哪些问题，围绕这个问题你准备提炼什么观点，用哪些事例来证实自己的观点……渐渐的，非百川讲坛的学员也加入了讨论，学校的氛围彻底发生了变化。

后来，百川讲坛又经历了“分班讲，互点评”“分层要求，梯队发展”“导师引领，科研助推”“项目引领，聚焦课堂”等阶段。

到第八个阶段“项目引领，聚焦课堂”，百川讲坛已经走过了整整十年。“小菜鸟”们取得了太仓市师德标兵、学科带头人、苏州市优秀教育工作者、苏州市青年老师双十佳、苏州市学科带头人等荣誉。当初人心涣散的老师队伍成长为爱生模范团队教学科研先进集体、太仓市十佳老师团队。

我们并没有满足于已取得的成就而停止前进的步伐。为了满足老师们的发展需要，在 2018 年 2 月，百川讲坛进入了第九个阶段“即兴演讲，专家点评”。此即兴演讲已非十年前的即兴演讲。我们每月确定一个主题，由信息收集小组在知网上整合相关材料，分发给老师们学习。每次活动，主持人当场公布演讲题目，并从初级、中级、高级班中分别随机抽取 2 人作即兴演讲，并外聘专家做现场点评。一次演讲，就是一次主题式学习，一次理论与实践融合的深度思考，一次专家做主题式专业引领的活动。在这个阶段，我们围绕“儿童文化”“跨学科整合”“基于问题的学习”“学科德育”“家校深度合作”“一体化德育生活构建”“新时代的老师基本功”等主题进行了深入的学习、思考和交流。

然而，因为时间有限，每次演讲仅限 6 个人上台，互动交流还不够。为了让每一次活动引发更多的观点碰撞，我们再一次进行改革，百川讲坛进入第十个阶段——“主题演讲，互补观点”。

我们将学员先按高级班、中级班、初级班分成三个班，每个班分为 A、B 两组。每次活动，如果 A 组负责主题演讲，那 B 组则需补充观点，主题演讲和补充观点各在三个班中抽取 2 名，每次 6 名学员演讲、6 名学员补充发言。这样的方式大大扩大了参与范围。另外，演讲的主题一学年公布一次，围绕学校课题研究以及发展过程中遇到的问题进行选题。如 2019 至 2020 学年，我们的主题主要包括四个方面——“德育生活一体化”“基于问题的研究”“智能时代的教育变革”“新时代的劳动教育”。因为主题提前公布，老师们准备得更充分，思考得更深入。在补充发言环节，学员需要补充与主题演讲不同的观点。因此，B 组学员必须专注地听，快速提炼观点。这对老师来说是很大的挑战，同时也是进步的机会。

渐渐的，百川讲坛成为老师们的精神家园。“走，百川去”成为周二下午老师见面时的问候语。牛老师已经调离了学校，多年后我们偶遇，她充满感情地说:“没有百川的日子，好像找不到努力的方向了。尽管有时候怕怕的，但真的离开了，心里总觉得少了点什么。现在每到周二，我还是会想起百川讲坛，会猜一猜讲的主题，也总是情不自禁地去网上看看每次活动的新闻。”

百川讲坛培养了老师们坚毅、执着的品质。无论校内的事务多么繁杂，验收检查多么频繁，每周二下午的活动，总是照常举行。在前行的道路上，百川讲坛顺应形势的发展，不断变化，与时俱进。在百川讲坛，每个人真诚交流，尊重彼此观点，自由、平等在这里得以充分体现。在与百川讲坛结伴前行的过程中，老师们的身上刻上了“执着”“平等”“包容”等印记。

百川讲坛搭设了有效的沟通渠道。在每周二的百川讲坛，学校主要负责人和条线负责人总是出现在活动现场。八年的陪伴，让行政人员和老师们的心渐渐连在一起。因为交流,行政人员了解老师的所思所想;因为参与,行政人员帮助老师理解政策出台的背景,明确今后努力的方向,了解学校发展的愿景。在活动中,校行政人员感觉老师们有所懈怠,就适时提醒;发现老师们情绪低落,就及时安慰;感到老师疲惫时,就给予鼓励。百川讲坛为行政人员和老师之间架设了一座桥梁,和谐的学校氛围让来校参观的客人印象深刻。

在百川讲坛不断发展的历程中,执着与进取是我们的办事风格,学习与研究是我们的工作习惯,平等与包容是我们的待人之道。

(三) 岁末百川和五月百川

老师的发展需要针对性的培训,也需要合适的展示平台。随着老师们在百川讲坛上越来越自信,我们计划创设一个新的平台,让老师们在更大的舞台上展示。于是,我们推出“五月百川”与“岁末百川”两大对外展示交流活动。五月百川是德育专场,展示的是德育研究成果,每次都有校本德育课程的展示、班主任沙龙;岁末百川是教学科研专场,有课堂展示、学术沙龙以及百川总冠军决赛。每一次我们都邀请省市专家学者、教育行政部门领导和兄弟学校老师参加活动。为了取得更好的成绩,每个百川学员需要投入更多的时间去阅读、思考,需要用更多的精力去磨课、研究。从确定主题到正式展示,一个多月的时间,老师们上完课,就聚在一起读书、思考、讨论、交流。

程转老师说:“尽管准备五月百川和岁末百川很辛苦,很有压力,但每次参加过后就感觉自己的水平高了一截。”

参加五月百川活动之后,郑渊老师由衷地表示:“之前看大家在台上谈笑风生,觉得挺简单,自己经历了才知道,我就是一只‘菜鸟’,得多经历几次才跟得上大家啊!”

杨九俊会长参加活动后,用“三个不”来点评:“百川讲坛不容易、不简单、不得了!”

图 2　杨九俊会长在 2014 年岁末百川做精彩点评

历届五月百川及岁末百川主题一览表

年　份	五月百川主题	岁末百川主题
2009		树百川品牌　扬二小风范
2010	飞扬二小活力　共谱百川精彩	挖掘百川内涵 打造品牌文化
2011	育人无痕　花开有声	集百家言　寻智慧路
2012	汇百川流　圆七彩梦	聚团队力　走智慧路
2013	童心怀远　梦想起航	心怀百川　成就梦想
2014	构半亩方塘　育七彩个性	孕育“活”的教育
2015	活泼泼的教育　活泼泼的水娃	百川路　科研行
2016	解童心密码　活百川本源	行耕百川　拔节向上
2017	百川竞流　浪花朵朵	百川，不忘初心再出发
2018	德善相伴　朵朵浪花更可爱	站稳儿童立场，深化百川内涵
2019	聚焦一体化　共育七彩娃	勇立潮头　浪花朵朵

2008 年的岁末百川活动中，当时的太仓教育局局长孔春明带领教育局领导班子成员出席活动，并为参加百川总冠军决赛的选手打分。潘艳老师的演讲《感动 2008》打动了在场的所有人，孔局长给潘艳老师打了满分，她获得了那年的总冠军。这件事给了潘艳老师极大的鼓励。在之后的工作中，她越来越自信，成为学校里第一位太仓市语文学科带头人。

2014 年的五月百川活动中，沈聪聪老师执教了百川故事会《自己的颜色》。课堂上，她带领学生阅读绘本、一起游戏，让学生深深体会到每个人都很重要、每个人都独一无二的道理。师生间的自然互动、沈老师对游戏深意的巧妙点拨，让前来参加采访的《人民教育》编辑部记者任国平深深感动。任记者说：“我走过全国那么多学校，听了很多的课，这是我至今为止听到的最好一节关于德育方面的课。”

全国著名苏霍姆林斯基研究专家孙孔懿多次出席五月百川和岁末百川活动。他对学校师生呈现出的活泼泼的样子，对全校上下凝心聚力、奋勇争先的态势非常认可。他叫得出很多青年老师的名字，与青年老师们促膝交流，为老师们在沙龙中发表的观点连连点赞，这给了老师们很大的鼓励。

……

图 3　孙孔懿先生参加岁末百川活动

渐渐的,五月百川与岁末百川成为学校对外交流的两大品牌活动。有一年岁末,发给太仓市内兄弟学校的邀请函迟了几天,几位校长碰到我就问:“你们今年的岁末百川怎么还没消息啊?”这两大活动也吸引了上海、北京、河南、陕西等地的兄弟学校的领导和老师前来观摩。

老师们参加完市级教研活动回来说,其他学校的青年老师都很佩服他们,只要有评课环节,都推选他们发言。大家一致认为:新区二小的青年老师就是不一样,个个能说会道!班主任基本功竞赛,我校连续五年获一等奖。班主任论坛,我校也屡获佳绩。“新区二小的青年老师了不得!”一时成为佳谈。

三、活力是发展的源泉

学校沉闷乏味、老师职业倦怠、学生厌学、管理僵化……出现这类问题是因为学校活力不足。激发办学活力,培养一支有活力的老师队伍是我走上校长岗位之后的首要任务。

(一) 打开校门,引入活水

学校活力不足,很大程度上是封闭所致。当时,在谈到教学研究、评选职称时,老师们说得最多的是这样的几句话:

“评个职称还要上公开课、写文章,动那么多脑筋能有多大回报?多活几年就行啦!”

“我们是乡下学校的老师,看好学生不出事就行啦!写文章、做研究那应该是城里学校老师的事情。”

……

要想打破不思考、不学习、不进取的工作局面，必须把校门打开，让老师们了解校外的世界，看看外面的变化。

一次开学初，综合学科老师按照惯例布置专用教室。完成之后，老师们让我去看看成果。一看，我不禁有些失望。墙面布置不仅缺乏美感，还乡土气十足，完全是上世纪八九十年代的样子。“这样的布置有点土！”“我们一直这样布置的啊！这次的图片还是我们精心挑选的呢，挺好看的啊！”显然，老师们不服气。这时，解释或是批评只会引起不必要的矛盾。如果学校组织外出参观，或许老师们能够从中找到差距。于是，我联系了在专用教室布置及艺术教育方面有特色的两所学校，组织了参观活动。参观回校，老师们来到我办公室，激动地说：“校长，我们现在也觉得当初的布置很土气！您说得对，我们马上重新设计！”

故步自封，就会停滞不前；墨守成规，就容易陷入僵化局面。学校如果脱离与外界的交流，那就成了一潭“死水”。作为培养人、发展人的场所，学校是特殊的。无论是管理者还是老师，都必须拓宽视野，走出校门，多接触社会，听听窗外的声音。

一次，我们选派四名青年老师赴上海一所学校挂职实习。回来后，他们告诉我，上海学校的德育工作做得“实”，他们不仅对学生提出了详细的要求，还给出了具体的标准。比如，在学生一年级入学后，要求学生掌握一些基本技能——扫地、拖地、排课桌、排队、中午取餐等。为了帮助学生掌握这些技能，学校准备了视频资料，班主任带着学生逐一观看。在视频中，扫地、拖地、排队的方法一目了然。小马老师兴奋地说：“我们之前只是给学生提要求，但学生并不知道应该怎么去做。现在我知道了，要把德育工作做‘实’，就一定要树标准，给方法。”

在参观学习的过程中，老师们自然就会作对比，思不足，然后想对策。

一次，班主任们来到苏州，聆听苏州振华中学德育主任温老师关于班主任工作的介绍。温老师做班主任十多年，他的工作切入点与众不同。每接手一届初一新生，他不从学生的学习习惯、学习态度入手，而是从班级卫生着手。他将班级的所有卫生打扫工作一一作了分配，自己每天与学生一起，将教室和包干区的所有角角落落打扫得一尘不染。他说，让人意外的是，自从教室始终能保持干净、整洁，班级的面貌也发生了彻底的变化，学生静得下心来学习了，而且学习的时候很专注。他解释道，表面上，他带领学生做的是卫生打扫工作，实际上，他帮助学生养成了良好的做事习惯：认真、专注。因此，不管他刚接手的班级有多让人头疼，一旦从班级卫生着手，改变班级风貌，到最后，这个班的成绩一定让全年级其他班望尘莫及。同时，温老师还用相机记录了学生在校生活的点点滴滴，完整地留下了学生的成长足迹。

温老师的工作经验让班主任们动容，也拓宽了他们的视野。

“原来，培养学生的良好学习习惯不是一定要从狠抓学习入手啊！”小陆老师感慨地说。

“带着学生从小事做起，认真地做好每一件小事，就能成就大事！”这是小潘老师的感想。

一次次的外出参观学习之后，老师们明显有了变化。他们谈论的话题变了，从家长里短到名校的创新举措、名师的成长方式；他们思考的视角变了，从“我……”到“我们……”他们关注的不再是自己，而是整个集体；他们的工作习惯变了，从经验导向的教育教学方式到科学的教育教学方式。外出参观学习给老师们带来了很多积极影响，后来我们又创办了“百川行”活动。通过访名校、拜名师，老师们打开视野，借鉴经验，加强自省，拓宽思路，从而推动自身和学校的发展。

图 4　百川行

除了让老师们走出校门参加培训，我们还需要开放校园，承办教研活动，与兄弟学校进行互动交流，让老师时常处于学习的状态。

2006 年 11 月 4 日，我校承办苏州市学科带头人展示活动的数学专场，这是学校承办过的规模最大的教研活动。为了办好这次活动，老师们格外上心，从材料袋、会议签到、会场安排到学生的礼仪要求等方面一一安排妥当。11 月3 日下午，教导主任张秋霞跟几个老师一起，带了好几批学生进会场。他们告诉我：“学生从未见过大场面，如果在一个新环境上课，他们可能会更紧张，所以今天开始，分别安排他们在会场上一节课，让他们提前适应，在明天正式上课时有更好的发挥。”

参加活动时，老师们努力把最好的一面展示给大家。这份集体荣誉感让我看到了学校发展的希望。只要还有荣誉感，老师就一定能进步，学校就一定能发展。

2007 年 5 月，我们与镇江红旗小学、江阴临港新城实验小学共同举办教学联谊活动，以三所学校各派一名语文、数学老师开展同题异构活动的方式进行。老师们接到通知之后，担心起来，害怕上课的任务落到自己身上。当课题确定之后，我们将相应年级的老师找来，让他们自行商议。最后陶老师和潘老师勉为其难，硬着头皮接受了上课任务。这是老师们第一次参加异地的同题异构活动，两位老师忐忑不安，担心当众出丑。因为两次预演效果不如意，小潘老师急得直掉眼泪。大家见了，下班后自觉留下，为两位老师一起想办法，做课件，准备学具。经历了多次推翻重来的磨课，两位老师的课堂表现可圈可点。小陶老师激动地说："这个过程虽然很痛苦，但是很值得！"

这件事让我们意识到，老师们都有很大的潜力。作为校长，我需要给老师们搭设平台。之后，我们逐渐与省内昆山、常熟、苏州等地的学校结为联谊学校，定期举办同题异构活动；同时也与北京、上海、海南、河南等省外的学校不定期联系，创造同台亮相的机会。

为了引入"活水"，我们还邀请专家学者来校讲学，与老师开展交流，使校园充满学习、研究的氛围。

我清晰地记得，第一次走进百川园的专家是我的师傅——全国著名特级老师、时任苏教版数学教材主编的盛大启老师。2006 年 8 月，当我把走上管理岗位后遇到的困难

图 5　盛大启老师来校指导青年老师

告诉盛老师后,他把我儿子接到上海,让我腾出时间来熟悉学校。不仅如此,开学不久他就来到学校,走进教室听老师们上课。听完课,盛老师又亲切地跟老师们交流,指出解读教材时的注意点,并对老师们的教学方式提了中肯的意见。小邵老师说:“一开始听说教材主编来听课,非常担心!没想到盛老师那么和蔼。经盛老师一点拨,我明白了,原来此角非彼角!”(她上的课是二年级的“认识角”)小浦老师在得到盛老师的表扬后开心不已,因为盛老师评价他数学基本功扎实,课堂教学的逻辑性很强。盛老师第一次来校就听了五堂课,被听课的老师们纷纷表示收获很大,问道:“能不能多请盛老师来学校听课,给我们讲讲?这样我们就可以少走很多弯路。”

安于现状、得过且过并非是老师们想要的生活。只不过,环境使然,氛围影响,让他们融入了那一片“平静”。当这份“平静”被打破,老师们开始反思,开始行动,学校开始呈现蓬勃向上的新气象。

(二)尊重规律,建立源头

当老师们开始奋发向上、努力成长时,我想帮助他们取得一些成绩,以进一步激发他们拼搏的勇气。

小潘老师要执教市级的数学公开课。为了让她有好的表现,我手把手地帮她“磨”课。从教学目标确定到问题设计,我跟她反复推敲。然而,两次试教情况都不理想。于是,我干脆走上讲台上了一遍课。小潘老师非常认真,几乎把我在课堂上讲的每一句话都一一记录了下来。本来以为有了示范,结合自己的理解,小潘老师在正式上课时一定能上出好的效果。然而,最后的结果却令人失望。花费了那么多时间和精力,几乎逐字逐句地研究,怎么会上不好这堂课呢?一时,小潘老师情绪很低落,看到我就低着头。

之后,我才想明白,对教材的深刻理解是老师在课堂上游刃有余的基础,而这些源自平日点滴的思考和积累。如果缺少了这一过程,老师只能依葫芦画瓢,一旦课堂出现意外,就会手足无措。原因找了出来,但怎么去安抚小潘老师?失败往往会挫伤老师的积极性,小潘老师会不会因此受打击而萎靡不振呢?

在哪里跌倒就要在哪里爬起来,让小潘老师在课堂上找到自信才是治愈她的最好良药。

之后,我们没有特意找小潘,平时偶尔会去听她的随堂课,听后照常跟她交流听课后的想法,给她一些建议。一年后,在校内的教研活动中,小潘老师与另一名老师参加同题异构活动,执教六年级课本中的《放大和缩小》。这一次,小潘老师发挥得不错。在评课时,大家对她的课给予了肯定。小潘老师舒展的表情告诉我,她释怀了。

小钟老师,非常要求上进的一名男老师。平时,他喜欢看书,也喜欢记录课堂教学后的反思。和我聊天时,他苦恼地说起写文章的事。他说自己写了不少文章,但每次投稿都石沉大海，不知道如何提高文章质量，在有影响力的刊物上发表文章。我安慰他，写出好文章需要积淀。对教材的解读趋向深入，对教学的问题研究透彻之后，文章就能写得深刻。那时，文章质量自然就高了。我鼓励他写教学反思，记录课堂中的得失，并寻找一个切入点开展研究。经过整整两年的积累，小钟老师以“比较思维”为主题，写成文章《丰富教学材料，促进有序思维》，发表在《小学数学老师》上。经过不懈努力，小钟老师由一名普通的青年老师成长为苏州市青年老师双十佳。

事物的生长有其规律，任何拔苗助长的行为都无法促进生长。学校的发展、师生的发展也同样如此。

老师们上出高质量的课，是在对教材深入研究、对学生充分了解、对自己的设计了然于胸的前提之下实现的。而研究教材、了解学生需要时间，需要经过深入思考并在实践过程中反思才能有所收获。当下，对老师的培养往往急于求成。新老师站稳讲台、工作多年的老师成为骨干、骨干老师成为名师，都需要长时间的积累，任何速成行为只能应付当下，不利于长远的发展。同样，好文章也如好课一般，越是站得高、看得远、想得深，越是能成就好文章。

因此，认识规律、尊重规律，才能保持持续生长的势头，源源不断地产生活力。

（三）适时变化，持续发展

苏霍姆林斯基曾说：学校应当像一块磁石，以自己有趣而丰富的生活吸引学生。的确，好奇是人的天性。无论是成人还是儿童，如果每天面对的是一成不变的生活，那么势必会感到乏味。

学校教研活动，一般都以教研组选派老师上课，其他老师观课，结束后组织评课的方式进行。多年来，我们一直采用这样的教研方式。有一次，我们改变教研活动方式，在教研组集体备课之后，策划了执教老师说课，其他老师充当学生的模拟课堂。在模拟课堂现场，老师们非常活跃。当执教者提出问题后，他们根据经验，想象着学生可能的回答来回应执教者。执教者在“学生”的种种“刁难”下，满脸通红。结束后，执教老师直言：“这样的活动太锻炼人了！老师们从学生的角度提的问题非常具有挑战性，能够促进对教材的理解和课堂生成的预设。”扮演学生的老师们也纷纷表示，这样的活动参与面更广，互动性更强。在扮演学生时，总是以学生的角度想着怎么回答问题，有助于更好地研究学生。活动结束后，老师们还在热烈地讨论着这次教研活动。

显然，这次教研活动让老师们感到新奇，激发了他们参与活动的热情。由此，我们意识到应该与时俱进，适时变化，激发老师的工作热情，使他们以良好的状态投入到工作中去。

2008 年 9 月份开始，德育处组织班主任每月开展一次沙龙活动。第一个学期，德育处负责人担任主持人,将班主任分成四个小组,分批参加沙龙活动。第二个学期,我们改变方式,主题的确定由班主任参与决定,请每个班主任在学期初提交希望讨论的一些话题,再由德育处汇总后拟定。然后,班主任自己选择参加感兴趣的主题沙龙,自行推荐产生主持人。这样的改变增加了班主任的参与度,同时在学校也产生了一种讨论的氛围——选择同一主题的班主任在工作之余会主动讨论。而后,为了更好地发挥骨干班主任的作用,在每次沙龙后,增加了一名骨干班主任围绕主题进行10分钟微讲座的环节,增强了沙龙的学术性。再后来,微讲座被答疑环节取代,由新任班主任提问、资深班主任们解疑。

随着一次次的调整,沙龙逐渐成为探讨现实教育问题、解决班主任工作困惑的重要平台。同时,沙龙激起了班主任们的参与热情。小张老师说:"每学期的班主任沙龙,我们都有些小期待,期待这次又有什么新变化。"

小凌老师说:"每次参加沙龙,都能学到如何解决班级管理中出现的问题,所以很期待每一次的沙龙。"

学校生活需要有变化,在变化中实现创新,从而让师生充满期待,能让学校拥有源源不断的活力。在百川园,每做一件事,都需要大家应时而变,在变化中完善,在变化中创新,在变化中让每一个人发挥聪明才智。

四、发展团队就是成就个人

(一)团队是发展的强大力量

一个人的力量是有限的,但一个团队的力量是不容小觑的。虽然学校没有深厚的办学底蕴,但只要大家齐心协力,那就一定能取得进步。

办校初期,英语组一共10人,除了一名刚刚调入的老师年长一些之外,其余都是刚毕业不超过五年的老师,老师们的平均年龄只有27周岁。这么年轻的团队,没有领头羊,用老师们的话说,都是一只只"小菜鸟"。然而就是这样一支队伍,一次次让人刮目相看。四名新老师在工作第二年参加苏州市英语老师网络大赛,荣获二等奖;在没有任何帮助的情况下,一名青年老师参加太仓市评优活动获得一等奖;老师们共同打磨的一些课在太仓市公开展示活动中获得高度评价,其中小沈老师被公开推荐执教苏州市公开课。这个年轻的团队被大家一致认定是有思想、有活力、有实力的团队。为什么短短时间内老师们创造出了一片小天地?小沈老师给我们讲了"一张证书"的故事:

"当时,太仓要派一名英语老师去执教一节苏州市的公开课。教研员非常重视这个机会,想选派一名相对优秀的老师去亮相。于是,教研员策划了一个选拔活动。选拔是在各校报名的老师中进行的,要求这些参加选拔的老师在报名后的第二天在实验小学展示。我报名参加了选拔，但说实话，知道第二天要去实验小学上课的消息，我很忐忑。时间那么紧，很多报名选手是有着丰富教学经验的老师，我能行吗？正当我感到无助的时候，英语组老师放学后自发地留了下来。他们和我一起讨论教学过程，甚至细化到环节与环节之间的过渡语。时间不知不觉地过去了，可是他们没有表现出一丝疲惫。讨论结束后，大家正准备回家，突然发现板书还没有做。于是，大家不约而同地放下包，又忙碌起来。记得当时姜老师一个人骑着电瓶车帮我去板桥街上彩印。陆老师去家里拿来自己的硬纸板。其他老师一起剪的剪、贴的贴。很快，一份精美的板书在大家的共同努力下完成了。回家前，大家还一个劲儿地叮嘱我，明天不要忘记这忘记那！带着这份暖暖的爱，我在所有选手中脱颖而出，代表太仓参加苏州市英语公开课教学展示。听到这个消息，陪我一起去的姜老师兴奋得跳起来！她满含泪水，第一时间给同事们发短信，一起分享喜悦。”

为了去苏州执教时有更好的表现，小沈老师一共试上了 9 次。每一次，英语组的老师都会一起磨课。在大家的一路陪伴下，小沈老师在苏州市级的公开展示活动中取得成功，获得了一张宝贵的公开课证书。在回校的公交车上，大家小心翼翼地轮流传阅着那张证书，一字一句地念着上面的文字。这分明是一张证明团队力量的证书啊！

“一张证书”见证了团队的力量，“一张证书”也告诉我们凝心聚力就能创造无限的发展空间。一些校长常常抱怨，学校缺乏骨干老师，没有人在学科上引领老师发展。事实上，换一个角度思考，团队中没有“权威者”，团队中的每一个成员就能以平等的身份加入团队活动，就有可能更好地激发团队每个成员的智慧。我们英语组虽没有骨干引领发展，但作为教研组长的姜老师，在团队建设方面很有想法。她跟我说：英语组的备课组和教研组活动，我们每个人都会领任务。备课组活动时，每个老师轮流主讲；公开教学时，每个人都先备同一节课，集中时大家按环节比较各自的设计；学校评优活动，每个人都担任评委；每次外出学习，都必须回来给大家分享听课的感受。正是因为每个老师都参与，每个人都承担了团队发展的任务，英语组才实现了在没有骨干引领下的发展。英语组的发展告诉我们，当拥有了共同的发展目标，每个成员都有明确的工作任务，团队就可以取得进步。

（二）用沟通凝聚团队

沟通是维持和发展人际关系的基本手段。在学校管理方面，办学目标的实现、学校文化的凝练、学校氛围的营建、团队的凝聚等，都离不开沟通。

2009 年 12 月，我市全面实行绩效工资制，原先的年终奖变为考核发放的奖励性绩效工资，“多劳多得，优劳优酬”的分配机制彻底打破原先的“大锅饭”机制。

在反复研究教育局出台的《绩效工资发放指导意见》后，我分别召集老、中、青老师代表进行座谈。会上，我逐条解释文件内涵，并询问大家的想法。临近退休的老师表示，他们工作了大半辈子，但教学科研成果少，奖励性绩效就少。虽说优劳优酬不错，但教育局绩效考核指导意见中没有考虑工龄这个因素，他们觉得很不舒服。语数英老师表示，他们平时批改作业任务重，但是语数英老师和综合学科老师相比没有任何区别，他们觉得不公平。综合学科老师表示，他们虽然没有批改作业任务，但是每周的课时量大，另外还有带队参赛的任务，工作压力也是不轻的。一时间，各种矛盾接踵而至。显然，出现这样的局面，是因为每个人都只从自己的角度出发看问题。

要创造机会，让老师们相互了解。只有彼此了解，才有可能换位思考，才能相互体谅。

于是，我们策划了一系列活动，如“讲述过去的教育故事”，了解以前的老师在艰苦环境下办学的故事；组织“跨学科听课”，感受音、体、美等学科老师的日常工作。当老师们了解彼此的工作后，他们由衷地表示：“不同的学科都有各自的难处！”

那年，我校的绩效考核分配方案顺利通过。回想起来，就是因为老师之间的沟通促进了彼此的理解和认同。

沟通是人与人之间、人与群体之间传递和反馈思想与感情的过程，以求“和而不同”的关系。一所有着良好氛围的学校，必然是一个关系和谐，彼此协作的集体。而这样的氛围需要老师之间相互了解，达成默契才能实现。

沟通在学校管理中的作用不言而喻，然而真正沟通起来却不是那么容易。

曾经，我在巡视校园的过程中多次发现有一个班级卫生、早读情况都不理想，很大程度上与班主任总是晚进班，没能帮助学生养成早读习惯有关。有一次，我巡视校园的时候正好遇到这位班主任，就询问她是否因为家里有事导致上班较晚，她一个劲地道歉，连连表示以后会注意。没想到，这位班主任回到办公室后大哭一场。我感到很意外，聊的过程中我并没有责怪她，为何她的情绪如此激动？后来了解到，这位班主任上班迟到遇见我已经很担心，再加上我的询问，以为我对她很不满意，在批评她。

这件事告诉我，沟通的时机很重要。在这位班主任上班迟到的时候，我与她沟通，她肯定会心存警惕，不可能达到理想的沟通效果。沟通的合适时机指已经具备沟通的客观环境条件，且双方都愿意进行谈话的时候。如果是祝福，需要当场传达；如果是道歉，应该及时表达；而提醒或是批评时，应该要选双方都平心静气的时候。否则，效果往往适得其反。

除了要选择合适的时机，还需要注意沟通的方式和场合。

两年前的一天，我在外开会，突然收到德育主任发给我的一段聊天截屏。那是德育处主任和小何老师的聊天记录。德育处主任通知小何老师参加周末教育局组织的新上任班主任培训，小何老师很诧异，说自己没有申报参加这类培训。但德育处主任表示一定要参加培训，矛盾由此激化。德育处主任向我求助，我建议她当面与小何老师沟通。二十分钟之后，德育处主任发来信息，表示误会解除，小何老师已经欣然接受了培训任务。

的确，利用网络交流非常便捷。然而，利用文字来表情达意往往不够明确，同样的文字从不同的角度理解有不同的含义。因此，对于容易造成误会的事情，当面沟通为佳；如果要化解矛盾，不便当面表达的，也可借助网络甚至书信。

在团队建设的过程中，我们十分注重沟通，老师们能彼此体谅，相互理解。于是，团队的凝聚力越来越强，和谐的氛围也渐渐形成。

（三）通过分享实现共赢

“赠人玫瑰手有余香”，给予他人关心和帮助的同时，自己从中也能有所收获。

小汤老师是一名数学老师，她的课堂效率很高，教学水平名列前茅。她每一节课都精心制作课件，而且每一堂课都在教材的基础上作适当拓展。当同事问她要这些课件和拓展题时，她从不拒绝。有人问她：“汤老师，你花了那么多时间做的课件，就这样发给别人吗?”是啊，听过很多同事之间拒绝分享学习资料而闹得不愉快的事了，汤老师的做法在一般人看来是有点傻。可是她说：“这是应该的啊。如果大家在我的基础上再完善每节课的课件，再补充完整学习资料，那我们学校的数学教学资源库就更充实了。这样不是更方便老师，也更有利于学生吗?”

的确，在百川园里，大家只要有好的学习资料就会一起分享，对教材有独到的理解就会马上告诉大家。每一个学期结束，老师们都会自觉地将课件、练习卷、公开课教案一一整理打包上传 FTP。每个学期初，教导处的老师就会将老师们上传的资料分享给各个备课组，各备课组在原有的基础上修改完善，再一一整理最后打包再上传。如此几年后，学校教学资源库已经拥有了四五套资料。

袁老师是一名刚调入我校的数学老师。来校后，教导处就传给她几套教学材料，课件、周周练、口算纸等，应有尽有。她感到意外，同时表示，一开始担心之前没有教过高年级，会不适应教学工作，但看到这么多的教学资料，就不再担心了。

不知从什么时候开始，分享已经成为百川园里的一种习惯。只要同年级有老师上公开课，大家会一起帮忙找资料、做课件，试上之后围坐在一起提意见、说建议。老师们表示，这既是帮别人，也是帮自己。虽然不是自己授课，但参与了磨课，下次自己上这部分内容的时候也就知道怎么上了。

分享是付出，也是收获。只要学校有老师执教数学学科的公开课或者评优课，我都全程参与磨课。老师们每试上一次，我都要花一节课的时间跟他们分析。有时候一节课就要花我五六节课的时间去辅导。看似在浪费我的时间，但事实上，磨课的过程促进了我对小学数学教学的思考。我的很多文章素材都来源于老师们的课堂，我申报立项的省前瞻性项目也源自对老师们磨课的思考。

当然，在团队建设过程中我们还采取了很多有效的措施，新学年的破冰行动、工会组织的趣味团体运动会、期末的团队拓展、一年一度的最佳凝聚力团队评选等都有力助推了学校的团队建设。学校因团队协作而发展，实现了一个个突破。大家齐心协力，百川学园一直在前进。

五、引导老师走上研究之路

苏霍姆林斯基主张“使每个老师都成为善于思考、勤于钻研的研究者”[①]。他向青年校长分享心得：“如果你想使教育工作给老师带来欢乐，使每天的上课不致变成单调乏味的苦差，那就请你把每个老师引上进行研究的幸福之路吧。”[②]研究可以改变老师的思维方式，让老师们体验职业的幸福感。然而，一直以来，很多老师都觉得研究遥不可及。

（一）研究让老师们拥有前进的动力

2006 年 9 月，太仓市老师发展中心组织教科室主任培训班。经讨论，我校决定请时任教导处副主任的张老师去参加培训。让我意外的是，张老师拒绝参加培训。我找她询问理由，她告诉我：“教科研太空了，与其把时间花在务虚的事情上，不如实实在在地做些教学上的事。”原来，之前她参加过学校申报的一些课题研究，但除了开题和结题，平时几乎都没有什么具体工作。因此，在她的印象中，教科研就是务虚的。

当老师们觉得研究是务虚的事情时，他们自然就会抵触研究。看来，让老师们走上研究之路，需要让他们切切实实地感受研究的意义和价值。

2007 年，我向苏教版教材编辑部申请立项了《对苏教版国家课程标准小学数学实验教材的挖掘与开发研究》这个课题。每周三下午，我带领数学老师分领域、分单元解读教材，从例题解读、如何挖掘文本背后的数学思想方法到练习题的价值挖掘、变式设计，扎扎实实地进行。一年后，老师们理解教材、把握教材的能力明显提升。小邵老师参加太仓市级的评优活动第一次捧回一等奖的证书，还代表太仓参加了苏州市的评优活动。大家兴奋不已，原来自卑地认为乡下老师最多得二等奖，现在不仅将一等奖收入囊中，还走出了太仓。

陪同小邵老师参赛的小陶老师说：“我们的课对教材的阐释明显要优于其他学校的课。我同学跟我说，你们的课就是不一样！”说这话时，她自信满满。

虽然获奖的是小邵老师一个人，但受到激励的是一批老师。

紧接着，钟老师、张老师、浦老师、陶老师组队参加苏州市网络大赛，现场决定课题，然后分别承担说课、制作课件、上课、评课任务。四位老师对教材独到的理解以及精彩

---

① 蔡汀、王义高、祖晶主编：《苏霍姆林斯基选集》第 4 卷，教育科学出版社 2001 版，第 606 页。

② 蔡汀、王义高、祖晶主编：《苏霍姆林斯基选集》第 4 卷，教育科学出版社 2001 版，第 670 页。

的演绎得到评委们的一致好评，毫无争议地荣获苏州市第一名。

张老师由衷地感叹："多亏我们参加了课题活动啊，要不是平时对教材的研究，我们怎么可能获得苏州市的第一名啊！这是我们以前想都不敢想的事！"由最初的不情愿，到现在的激动、自信，老师们的态度发生了大转变。

因参与课题研究，数学老师们连连获奖。这让老师们看到了课题研究的价值。于是，越来越多的老师加入课题研究的队伍中。从教研组长到一般老师，从数学老师到其他学科的老师，纷纷加入课题研究的行列。

（二）过一种有研究的校园生活

研究并非遥不可及。老师们每天都在思考如何教，能让学生理解更深；如何做，能得到家长更多的支持；如何沟通，能让学生更加信任老师。这些都是研究。

小钱老师教体育，她发现学生特别不喜欢耐久跑，在学生看来，耐久跑又枯燥又累人，所以每次上这个内容的时候常有学生找借口请假。如何让耐久跑变得有趣，受学生喜欢呢？小钱老师一心要解决这个问题，与同事讨论，查阅资料，设计小游戏，并在课堂上尝试实践。终于，她想出了对策，改变长跑名称，以"50×8 折返"取代"400米"；用音乐辅助，让学生听音乐练呼吸；创设情境，以校园寻宝等方式，转移学生注意力，使学生在不知不觉中得到了锻炼。而后，她以《400 米耐久跑的"变身"——兼谈小学耐久跑的有效教学组织策略》为题，写成文章，在《苏州教育》发表。对于刚走上工作岗位不久的老师来说，发表文章是莫大的肯定。我们请小钱老师分享她这篇文章的创作过程。她把从发现问题、分析问题到解决问题、梳理成文的过程向大家一一做了介绍。

老师们听了，议论道："在教学中发现了问题，然后想着如何解决问题，这就是在研究啊！那我们每个人在平时教育教学中都能做到的！"

老师们不了解研究的内涵，才会觉得遥远；老师们没有参与研究的过程，就会觉得困难。当老师们有所了解，他们恍然大悟：原来我们可以过一种有研究的校园生活。

小冯老师爱好文学，作为语文老师的她对作文教学非常感兴趣。她认为，提高学生的写作水平，作文指导课固然重要，但作文讲评课也不容忽视。但她发现，很多老师重作文指导而轻作文讲评，一些讲评课草草了事，失去了引导、激励等作用。为此，她将"提高作文讲评课的质量"作为小课题，着力研究如何进行作文讲评。一年后，她对作文讲评课的研究意犹未尽，于是她就将此小课题申报苏州市规划办课题，并获得立项。得知立项获批的那天，小冯老师碰到我，高兴地说："我以为申报课题很遥远，原来就是我们日常的工作啊！"

渐渐地，学校发生了变化，读书、思考、讨论、交流成为老师们校园生活的常态。

郑老师告诉我，调入我校之后，她觉得最大的不同之处在于老师们在办公室谈论的话题。之前工作的学校,在闲暇之余老师们谈论更多的是买衣服、做头发,而这里讨论的则是怎么教学生,如何设计教学环节,怎样跟家长更好地沟通。

(三)小课题研究伴随我们成长

当老师们有了研究的需求和兴趣之后,我们决定推行“小课题研究”。教科室设计了小课题申报表。每一学年伊始,老师们根据自己工作的情况,将感兴趣的、困惑的、想要解决的一些问题作为小课题研究的内容。

小李老师是一名数学老师,同时也是一名解题高手。他在教学中十分关注变式练习的设计。于是他将“数学高年级变式练习的设计”作为小课题研究的内容。他跟备课组的老师们一起,根据教学进度,分单元设计变式练习,并作整理,建立了一整套题库。随着研究的持续深入,他由一名普通老师成长为太仓市教学能手。小李老师设计整理的题库成为大家备课时的重要参考资料。

从提到研究就内心排斥,到发现研究的乐趣,老师们的教学方法渐渐发生了变化。他们善于发现问题,并以问题为导向,积极思考,解决问题。这样的研究行为已经成为他们的工作常态。

王珏老师是一个聪明、善于接受新事物的青年老师。当我得知苏教版教材编辑部要在全省范围内选几个微课作为样本后,我为她争取了参加样本选拔的机会。王老师没有制作过微课,接到任务后就一头扎进研究。从软件使用,到微课讲稿撰写,她一步一步探索。经过两次修改之后,她制作的《二年级数学教材第 80 页思考题》是苏州市唯一成功入选的作品,作为五个样本之一为全省数学老师提供借鉴。首次微课制作的成功让她对开发微课产生浓厚兴趣。王老师带领教研组老师,以《小学数学微课制作的实践与研究》为小课题,每次参加苏州市微课大赛,总是稳稳地将一等奖收入囊中。由此,同事们称她为“微课制作大师”,年纪轻轻的她也被苏州教科院邀请,在苏州市暑期数学老师培训活动中,为数学老师作了题为《小学数学微课制作》的报告。

在研究中获得成长的例子数不胜数,如今百川学园的老师们已经成功地走上了研究之路!

(四)研究让团队熠熠生辉

老师们因小课题研究收获了职业的幸福。同时,我们团队也因研究走出了一条发展之路。

2009 年,我带着几名青年老师参加了在常熟举办的海峡两岸育人研讨活动。活动中,台湾的“故事妈妈”黄欣雯上了一堂故事课《石头汤》,给学生讲述“石头汤”的故事,引导学生品味其中的深意,并带领学生通过游戏再一次体验团结一心的重要性。新颖的教学方式、耐人寻味的故事、有趣的游戏,让我们眼前一亮。回校之后,我们组建了故事研发团队，并分低、中、高成立了百川故事教研组，教研组成员负责找故事、围绕故事内容确定教学目标并设计游戏。2010年3月11日下午，首次“百川故事会”开讲，冯长兰老师以《小蛇散步》的故事，“伸出你的手”“互帮互助，系好红领巾”“传递友爱之线”三个游戏，让学生体会到人与人之间需要互相帮助的道理。学生从未上过这样的课，故事打动了他们，游戏让他们深有感悟。首次开讲的成功坚定了大家研究故事会的决心和信心。之后，每学期我们都举办故事会展示周活动，老师们轮流上课，共同研讨。2014年5月，在大家的共同努力下，就“自我认知”“生命安全”“归属与爱”“人际交往”四个部分，我们分三个年段分别编著了《百川故事会》，并完成了《百川故事会老师用书》的编写，百川学园第一套自编校本德育课程教材正式诞生。苏州市教科院充分肯定了我们的成果，于2013年4月、2015年5月、2016年5月三次在我校举办了现场推广会。于是，百川学园故事会在苏州大市范围得以推广。此外，故事团队中走出了苏州市德育学科带头人马璇、太仓市德育学科带头人金芝、陆建华等一批德育骨干。

图6 孙老师执教《百川故事会》

让故事成为管理的一种方式，让故事成为师生成长的一种力量，让讲故事、编故事成为我们职业生活的一种习惯。如今，故事已经成为百川学园老师们特有的育人法宝，我们不仅带领学生品读绘本故事，还按主题每天为学生讲述晨会故事，开设故事栏发表师生撰写的故事。不知不觉中，百川学园以故事育人的方式受到大家的推崇。在苏州市义务教育阶段项目学校成果展示中，我校的《百川故事会》《365个晨会故事》《百川故事》被一抢而空。在海南省校长高级研修班上，应校长们的要求，我为他们寄去了故事课程资料。

故事团队的研究让故事育人的方式得到很好的传播,而数学团队的“核心问题统领”思想更是走出江苏,走向了全国。2017 年,数学组的《“核心问题统领”的小学数学教学》成功申报江苏省前瞻性项目。省前瞻性项目立意高、申报难,成功申报证明了学校老师的研究实力和研究视野。申报之后,数学团队深入研究,改变了备课思路以及备课书写格式,变革了传统的一问一答的教学方式,梳理了十二册教材的问题,并针对性地提炼了核心问题、搭建了问题结构。这样的研究让数学老师们受益匪浅,老师们教学起来目标更明确,更容易操作,学生的能力也快速提升。让老师们振奋的是,数学市级的各类评优活动中,一等奖的名单里总有我们学校老师的名字。随着“核心问题统领”的影响力越来越大,老师们受邀去各地讲课的机会也越来越多。

小钟老师说,第一次去北京是因为“核心问题统领”课题推广上课,第一次乘飞机是应海南省海口市龙华区的邀请执教示范课,第一次获苏州市基本功大赛一等奖是因为“核心问题统领”的课堂与众不同。他获奖无数,成为青年老师的榜样!

小孙老师是学校的代课老师。在“核心问题统领”研究团队中,她担任资料收集员,负责收集整理问题、问题教学方面的资料,筛选后印发给老师们学习。短短两年,她在课堂教学方面取得了很大的进步,参加太仓市评优课获一等奖,应邀赴昆山、海南执教示范课,在中央教科所“一体育人”调研活动中执教公开课。

因研究成效明显,“核心问题统领”团队出现在《小学数学老师》的封面,核心组成员受邀参加全国小学数学专业委员会年会并发言。教导主任张秋霞老师感慨地表示:“这是之前想都不敢想的事啊!”2019 年,“核心问题统领”研究团队被授予“太仓市十佳老师团队”的称号。这是研究带给老师们的荣耀!

六、为老师们寻找合适的位置

一些校长上任之后,为了尽快实施自己的管理策略,往往要求师生作出改变。然而,欲速则不达,这样容易与老师结下矛盾。强势改变他人不是管理的有效措施。管理大师德鲁克曾说过:“管理者的任务不是去改变人,是要让个人的才智和健康体魄以及工作热情得以发挥,从而使组织的整体效益成倍增长。”因此,作为校长,工作的重心是激发老师的工作热情。

(一)发现老师

这个故事对我启发很大,其内容大致如下:

一个穷困潦倒的青年,流浪到巴黎,期望父亲的朋友能帮自己找一份谋生的差事。

“精通数学吗?”父亲的朋友问他。

青年羞涩地摇头。

“历史、地理怎么样?”青年还是不好意思地摇头。“那法律呢?”

青年窘迫地垂下头。

“会计怎么样?”

父亲的朋友接连地发问,青年都只能摇头告诉对方——自己似乎一无所长,连丝毫的优点也找不出来。

“那你先把自己的住址写下来,我总得帮你找一份事做呀。”

青年羞愧地写下了自己的住址,急忙转身要走,却被父亲的朋友一把拉住了:“年轻人,你的名字写得很漂亮嘛!这就是你的优点啊,你不该只满足于找一份糊口的工作。”

把名字写好也算一个优点?青年在对方眼里看到了肯定的答案。

哦,我能把名字写得叫人称赞,那我就能把字写漂亮,能把字写漂亮,我就能把文章写得好看……受到鼓励的青年,一点点地放大着自己的优点,兴奋得他脚步立刻轻松起来。

数年后,青年果然写出享誉世界的经典作品。他就是家喻户晓的法国18世纪著名作家大仲马。

这则故事让我对老师队伍管理有了新的认识。每个人都不同,管理的目的是发现老师的优势,并提供机会放大他们的优势,让这些优势成为推动他们发展的强大力量。

罗健康老师,当时学校唯一的一名美术老师,不是业务骨干,也没有任何光环。我刚与他接触是因为学校整体搬迁设计校标的事。交给他设计任务后,第二天他就拿出了三份设计稿,设计构思、内涵深意,解释得头头是道。于是,我请他担任学校环境改造总设计师,并负责《百川文化主课题下的子课题:环境文化的研究与实践》这个课题。从此,他成为学校最忙碌的人,摄像、景点设计、封面设计、校报排版、雕塑设计、绿化布局……样样都需要他。“阿罗,班牌要重新设计一下!你赶快拿出方案!”“阿罗,俱乐部要设计徽章和队旗!”“罗老师,三楼长廊需重新设计,要体现百川文化元素!”“罗老师,百川节开幕式的背景图要设计,你赶快酝酿一下!”就这样,在大家的催促下,每天罗老师奔走在各个部门,整天乐呵呵的。因为他,学校省下不菲的设计费;因为他,学校环境既有格调又与众不同。他结合学校文化特点设计景点,让环境推动学校文化建设;他创造性地使用废弃材料装扮校园。他的景点设计代表作——文化墙、水娃雕塑、水娃分布图、百川徽标让来校参观的客人们赞不绝口,成为学校的标志性景物,给大家留下深深的印象。

校园设计激发了罗老师潜在的才能,他成为大家心目中的设计大师,被授予“太仓市师德标兵”的称号。同时又因为对美术教育颇有研究,他成为太仓新老师招录专家组成员。

朱敏刚,一名普通的体育老师,从小喜欢足球,主动申请负责足球队的日常训练。他从一支球队开始培养,逐步在各个年级建有队伍;他从兴趣为主的球队训练开始,慢慢带出了具有专业水准的球队;他潜心研究青训梯队建设,通过自学世界先进的足球训练教程,创编校园足球青训系列课程。在他的努力下,学校足球运动发展迅速,学校被评为全国首批足球特色学校、江苏省足球后备人才学校、江苏省品牌青训机构。他所带的队伍连续六年进入苏州市“市长杯”冠亚军决赛,三次获得冠军,向专业梯队输送了17名队员。他本人也成长为副校长,获得江苏省优秀教育工作者、太仓市劳动模范、太仓市学科带头人等荣誉称号。

罗老师、朱老师的发展让我明白,在管理中,与其抓住老师们的弱点不放,不如从优点入手,激发他们的工作热情,促使他们实现自我改变。无论办学基础多薄弱,老师整体素质有多不理想,总是能够找到老师们的长处。因此,发展老师要从发现老师的优点做起。

(二)搭建平台

放大优势,需要平台。平台有多大,往往决定了发展能有多快。清华大学校长近代教育家梅贻琦曾说:“我当清华大学校长很容易,只不过是给教授们泡泡茶、端端凳子罢了。”校长的工作重点就在于能为老师提供合适的发展平台,让每个老师成为管理者。

2014年开始,我们出台了一个管理策略——项目承包。我们将各个专用场所的管理承包给个人,最后由老师们自行报名竞选承包者。项目承包,让我们发现了一批多才多艺的老师,如:心思细腻的朱慧老师、文采斐然的陆建华老师、心灵手巧的王洁老师、点心大师郑彦丽老师、摄影大师顾静老师、擅长种植的徐福元老师……于是,朱慧老师承包了成长屋,陆建华老师成为“百川故事”编辑部主任,王洁老师承包了手工坊,郑彦丽老师成为点心坊大当家,顾静老师则承包了水娃电视台节目制作。

让我们意外的是,这一尝试为老师发展提供了新的机遇,激发了他们的潜能。

顾静老师,一名教授语文、数学的老师,因一个偶然的机会,展示了摄影及主持节目的特长。于是,在水娃电视台项目招聘过程中,我们鼓励她承包该项目。没想到,这帮她找到了兴趣点,她自己买来节目制作的工具书并研究相关软件的使用。每个周末,她都会来到学校,完成配音和节目的后期处理。承包该项目一年来,她不仅开发了系列校园电视心理剧,而且制作的校园电视剧参加全国校园电视大赛获得金奖。在学校工作多年,一直默默无闻的她在电视节目的制作中实现了她自身的价值。她变得越来越自信,参加学校少先队大队辅导员竞聘,成功后,以她自身的特长,成为学生喜欢的知心大姐姐。她带领学生摄影,用相机记录难忘的镜头以及亟待改进的行为;和学生分享主持心得,培养了一批小主持人。因为出色的工作表现,她获评有突出贡献的大队辅导员。

姚静煜老师是城区学校调入的老师,刚调入我校任教五年级语文。两年之后的毕业考试中,她所教班级的成绩让人大跌眼镜。尽管她很认真、也非常敬业,但因为缺乏班级管理经验,所以教学成绩不理想。如何帮助她找回自信?我们发现她擅长书法,精于画画。于是，我们鼓励她承包“水墨厅”——开放式书法教室，由她领衔打造书法特色班级。此外，她喜欢历史，多年关注历史上的今天，我们请她负责开发班本课程《历史上的今天》。她每天一大早来到学校，轮流带学生去水墨厅练习书法，一笔一画，从不马虎。一个以调皮捣蛋出名的班级在书法练习中，逐渐安静了下来，龙飞凤舞的“外星字”也逐渐写得方方正正、有模有样。三年后，她的班级参加太仓市整班钢笔字大赛，获得一等奖，创造了学校历史上的最好成绩。同时，她每天查阅资料，进行筛选，做好 PPT，找好相关的名人动画片，备好十分钟的《历史上的今天》晨会课教案。整整两年时间，即使在产假期间，她也没有落下。一整套适合学生阅读的《历史上的今天》班本晨会课程积累完成。晨会课成了最受学生欢迎和期盼的课程。姚老师也在这个过程中成长为学科骨干、年级组长、太仓市优秀教育工作者。

在项目承包过程中，让我们收获惊喜的故事数不胜数。受此启发，我们形成了“每一个老师都重要，每一个老师都能发展，每一个老师都能成就教育人生”的老师观。

（三）引领发展

实行扬长式的培养策略、搭建适合的平台固然重要，但以正确的方向引领老师更为重要。

任老师，从城区学校调入我校后一度情绪低落。当我们了解到她是一名出色的班主任，还担任过年级组长后，就鼓励她在班主任工作方面继续发展。她是语文老师，建设书香班级，打造特色班集体应该是她的强项。任老师欣然接受了我们的建议，她给新接手的一年级班级制定了一个长长的读书计划，从一年级开始就陪伴学生读书，用心培养他们的阅读习惯。两年下来，这个班的学生明显与其他班不同，他们随时都能静下来看书，全班每年的人均阅读量达 25 本。难能可贵的是，任老师关注到家庭阅读氛围对于培养学生阅读习惯的重要性，倡导家长与学生共读。在她的坚持下，班上很多学生的父母坚持陪伴学生看书。有家长感慨地表示：自己做学生的时候还没好好看过一本书，没想到受学生的影响，每年都要看上好几本书。良好的阅读氛围培养了一个个酷爱读书的“小书虫”。夏智鑫同学因阅读爱上写作，在全国“七彩语文杯”中小学作文赛中荣获小学组特等奖，多次获得苏州市蒲公英作文大赛的一等奖，文章还频频发表在各类刊物上。王子琦同学由阅读迷上了创造发明，在五年级时发明的“新型感应路障”获江苏省青少年创新大赛一等奖。因管理班级卓有成效，任老师被评为“太仓市十佳班主任”。

引领老师发展需要让老师们感到被重视、受关注，从而让老师们拥有发展的信心。

程老师，2006 年参加工作之后发展并不顺畅，从教语文改教数学。产假结束后，她更是十分迷茫。尽管她的教学业绩平平，但中文系毕业的她文学功底很好，而且做事非常利索，表达思路也特别清晰，不能让她失去进取的勇气。当时太仓市组织数学老师基本功大赛,我们鼓励她参赛,并给她开小灶辅导。第一次参赛的她获得第3名的好成绩,这次获奖给了她进取的信心。之后,她在太仓市公开课、评优课等活动中都有不错的表现。连续获奖,让程老师的自信心大增,整个人的精神面貌也全然不同。现在,她已经成为出色的德育干部和学科骨干。

人的发展有无限可能,关键是要激发其发展的内在动力。一旦老师们想发展、要发展,学校为其创造条件、提供机会,那必然会帮助老师实现自我价值。

让我感到欣慰的是,经过多年的经营,学校呈现出生机勃勃的发展态势。尽管老师教学任务很重,培训活动很多,但老师们乐此不疲,用老师们的话来说就是“我们苦并快乐着”。老师们乐观向上的精神状态和积极进取的勇气总是让来校参观的客人感慨万分。2016年6月,广东代表团参观我校后问了这样的问题:“王校长,老师们奉献进取的秘诀是什么?”我想了一想回答:“是因为老师们找到了属于他们的位置!”

第四章　百川园的学生

在百川园，学生拥有一个美丽的名字——水娃。老师们说："我们学校是百川，学生自然就是一个个可爱的水娃。"于是，"水娃"就这样叫开来。为了区别男生和女生，大家提出要给他们分别取名。在广泛征集后，大家的意见集中于"思思"和"源源"这两个名字。老师们认为，学生拥有良好的学习环境，享受与本地学生同等的教育资源，这体现了政府的重视、社会人士的关爱。饮水思源，用"思思""源源"作名最为合适。于是，女孩定名为"思思"，男孩定名为"源源"。

一、仪式教育让学生产生归属感

(一) 一口水缸：让学生感受尊重和被接纳

经了解，学生大多来自偏远的山区农村，他们从小随父母四处漂泊，形成了敏感、胆怯、自卑等心理特点，缺乏安全感和归属感。如果他们在学校依然找不到归属感，那教育的效果则会大打折扣。因此，我们认为，让学生拥有归属感是育人的前提。

据说，犹太人在他们的孩子刚刚懂事时，孩子的母亲就会将蜂蜜滴在书上，让孩子去尝一尝书上蜂蜜的味道。他们之所以将蜂蜜滴在孩子的书上，是想让孩子从小就明白：学习知识，就能获得"蜜"一样的营养和收获。

"尝一尝书上蜂蜜的味道"是生活的仪式，也是育人的仪式。它给了我们启发：学校应该设计具有学校文化特色的仪式教育，让学生的学校生活充满仪式感，通过仪式获得归属感。

什么样的仪式教育最能达到理想效果呢？"应该与百川文化的建设有关""应该让学生从第一天进入学校就能产生归属感""仪式教育还需要有象征性的物件"……老师们七嘴八舌地讨论着。

最后，大家认为：我们需要用"一口水缸"作为仪式教育的代表物象。

这口缸的缸口直径在一米左右，缸体呈深褐色并刻有《兰亭序》，它被放置在学校百川楼大厅里一个特制的古藤架子上，古朴又庄重。

同时，受"百川汇海"的启发，我们设计了包含"汇水"环节在内的新生入学礼。

2012 年新生招生结束后，在领取入学通知书的同时，每位家长还领到了一份入学注意单，上面写有这样一条内容：请家长督促学生在 9 月 1 日入学时，从家里自带

图 1 放置在百川楼大厅中的水缸

一瓶水。“这瓶水是自备饮用水吗?”“这瓶水有没有什么特别要求?”当得到否定的回答后,家长们好奇了,“水不拿来喝,那要干什么呢?”在好奇和期待中,大家迎来了开学第一天。

9 月 1 日,在学生熟悉了学校环境、领了新书、认识了新同伴之后,新生入学礼开始了。班主任老师告诉学生,我们学校就是百川园,每个小朋友都是一个小水娃。当小水娃们将水汇集到班级小水桶之后,就组成了一个个班集体,成为一家人。在班主任的指导下,学生将自带的水倒入一个小水桶,大家观察水桶内的水,发现不同瓶子里的水汇在一起,不分你我。班主任解释:“什么是班集体呢?就是大家在一起,不分你我,互相帮助,共同进步!”对于班集体,学生虽然似懂非懂,然而四十多瓶水融汇、不分你我的场景将深深烙在学生的记忆中。

每个班级的汇水环节结束后,就要进入年级各班的汇水环节。六个班的学生绕着一口水缸站立,每个班的学生代表和班主任一起,将班级的一桶水倒入象征“百川园”的这口缸内。主持人告诉学生:我们从四面八方来到了高新区二小这所美丽的学校,从此,大家就要一起学习、生活。在这里,我们要像水一样融入这个大家庭,共同开启美好的小学生活。

入学礼结束之后,全体师生一起在水缸前合影留念,记录幸福瞬间。

那天,我特意到校门口送学生离校,看到很多学生兴奋地跟父母描述“汇水”的过程。

“妈妈,老师说我们还有一个名字叫‘水娃’。”

“妈妈，刚才汇水你看到了吗？老师说水汇在一起就分不清哪些是自己的那瓶水。就表示以后要共同帮助、共同进步！”

“爸爸，我们学校那口水缸很厉害，我们都要跟水缸合影呢！”

……

显然，一口“水缸”、两次“汇水”给学生留下了深刻的印象。

一个多月后，在一年级任课老师座谈会上，老师们谈道：这届学生中没有出现一个哭闹不肯上学的事，也没有一位家长表达过“会不会因为是来自外地而受歧视”的顾虑，学生的集体荣誉感比以往各届都强。老师们认为：这些表现与入学礼有关系，具有百川育人元素、有利于培养凝聚力的仪式活动对学生的影响很大。

入学礼的成功设计，让我们坚定了仪式教育的信念。让一口水缸见证学生成长的重要阶段，让学生的生活拥有仪式感，这是我们应该给予学生的一种生活态度。

带着这样的思考，我们策划设计三年级的成长礼和六年级的毕业礼。

在三年级的成长礼上，这口缸被“请”到仪式现场，里面放入满满一缸清冽冽的矿泉水。伴随着老师精心制作的 PPT 的播放，学生们回顾三年的学习生活，体悟成长过程中老师、家长的辛苦付出，然后从缸内舀出一瓢水慢慢喝下，这一过程我们称之为“饮水”。“饮水思源”，是对学生进行感恩教育的一项措施，也是让学生感受成长快乐的途径。

在六年级的毕业礼上，这口缸再一次被“请”到活动现场。同样，里面盛有满满一缸水。在毕业汇演、师长祝福、互赠礼物等环节后，学生们排队从缸内取水、装满一瓶带回家，这一过程我们称之为“取水”，意味着学生满载着知识、本领、为人处事的道理结束了在高新区二小的六年学习生活。这是对学生学业有成的美好祝愿，也是对他们进入新学段学习的殷殷期盼。

“汇水”“饮水”“取水”，伴随着学生六年的校园生活，见证了他们生命成长的关键时刻。而随之，这普通的一口水缸成了非同寻常的一个物件。每当后勤工作人员抬着它到仪式教育的现场时，总有一群学生自发地为它保驾护航。

“慢点，慢点！”

“轻轻地放下，当心摔着！”

成长礼、毕业礼结束后，总有家长会带着学生在水缸旁留影。已经毕业的学生回到母校，也都要到百川楼的大厅看看这口缸。显然，这口缸已经成为学校的一个文化符号，成为学生对母校最为牵挂的回忆。

一些客人在参观校园后，常常会问我这样的问题：“你们是用什么方法将来自全国各地的学生凝聚在一起、纳入统一管理的呢？”我毫不犹豫地回答：“是仪式教育，是我们的那口水缸。”

为什么这口水缸会有如此大的魅力？我想，是因为这口水缸让学生感受到了爱，体会到了尊重和被接纳。

图 2 仪式教育后学生与水缸合影

(二)一个水瓶:让学生从小拥有目标意识

小学六年的三大仪式,可以给学生留下难忘的童年回忆,但老师们觉得具有仪式感的日子应该更多一些。从 2013 年开始,应大家的倡议,我们设计了开学礼和休业礼。如果说水缸是三大仪式中重要的物件,那水瓶就是开学礼和休业礼的另一个重要物件。

每个学期的开学第一天,各班同学都会在班主任的指导下,在学习、健体、卫生习惯、同学关系、志愿者服务、在家表现等方面选择一至两项,确定自己的学期小目标。

下面列举的是各年龄段学生自己确定的学期小目标:

在这学期我要把字练好,写工整。

我要上课积极举手发言,做勇敢的人。

我要改掉做小动作的坏习惯,上课专心。

我要多练习口算,争取 5 分钟能做对 80 道口算题。

每天阅读半小时,每天传一次阅读便签。

每周的作业都能得到 5 次 A 星。

每节课都能回答问题,至少一次。

我要学会跳双飞。

我要多与同学交流,主动举手回答问题。

我要勤洗澡洗头,身上不发出怪味。

我要在这学期写出好作文,争取发表 1 篇文章。

……

接着班主任老师组织学生交流各自制订的目标,并进行完善。然后全班同学将目标卡都集中放到一个玻璃瓶中,由班主任封瓶收好。

开学典礼上,每个班的学生代表将本班的玻璃瓶郑重地放入水缸内,称之为“种下希望”。待休业礼时,各班代表取出置于缸内的瓶子,由班主任掀开瓶盖,对照开学制订的目标,对达成目标者授予“目标小达人”的称号。此举称为“收获进步”。

从制订的目标不切实际到客观地确定目标,从目标空洞、无操作性到目标翔实、有针对性,学生的目标意识强了,更有了按照目标努力前行的动力。

六(1)班的高婷同学,是一名活泼开朗、擅长表达、品学兼优的学生,从三年级开始,每个学期都获得“目标小达人”的称号。班主任姚老师感慨地表示,高婷同学是随着一次次目标的实现而成长起来、不断进步的学生。聊起她,大家都觉得难以与她最初的样子建立起联系。在三年级时,她是个性格内向、上课很少举手发言、成绩平平的小女孩。当时她给自己制订目标是:认真完成作业,把字写好,作业本整洁!她说到做到,每次作业,字都写得工工整整,难能可贵的是,语文老师提出完成作业后有空的话写四个自认为满意的字给老师批阅,她每天都能做到。一年下来,她的字进步最快,被评为“目标小达人”。

四年级时,她给自己定的目标是:上课多举手回答问题,每节课至少一次。有一次数学课,马上要下课了,她还没有被点名回答问题。这下她急坏了,小脸通红,不住地示意我。直到回答问题后,她才舒了一口气。从不敢举手,到主动要求发言,她越来越积极,并且又一次被评为“目标小达人”。

五年级时,她的目标是:做一名称职的英语课代表,帮助同学提高英语成绩,共同进步。每天晨会课前,她都积极带领同学们默写单词、背诵课文,对于完成英语作业有困难的同学她都能尽其所能地去辅导。她的责任心和工作能力让老师们刮目相看。

六年级时,她的目标是:努力把语文、数学两门功课学好,争取三门功课都得 A。对她来说,英语得 A 并不是问题,数学和语文得 A 可有些困难。她学习更加积极主动,常常会找一些练习题请教老师,她还让妈妈多买了一套练习册,做完每天作业之后,她还要再做练习,遇到不会的,她都一一记下。这一次,她又实现了自己的目标,三门全 A。

小小水瓶,提醒学生从小要懂得规划、确立目标。一个人,如果从小拥有目标,那么他就有了行动的方向。正如美国无线电和电视事业的先驱萨尔洛夫所说:“成功的道路是由目标铺成的。”

原本普通的水缸、水瓶,在特殊的场合被赋予了特殊的意义,变得不再普通,它们成为学生的精神寄托。学校需要在仪式教育中为学生选定特殊的物象,让学生获得归属感,产生前行的动力。

图3　目标达人瓶

二、三个舞台带给学生自信

我校的学生有的从小被留在爷爷奶奶身边,有的即使被父母带在身边也总是被关在家里,缺乏与人的交流、沟通。因此很多学生胆小、不自信,尤其在语言表达与人际交往方面都存在一定的困难。

十年前,太仓电视台来校采访。记者来到当时的五(3)班,打算让一名学生说说在校学习生活的情况。一开始,学生看到记者,很好奇,围成圈,嬉笑着。可当记者拿着话筒让他们说几句时,学生居然一哄而散,推来推去谁也不愿意。当时,老师叫住了几名平时表现不错的学生,但是面对镜头,他们眼神躲闪,说话磕磕巴巴。

尴尬之余,这件事情引起我深深的思考:学生来到学校,难道仅仅是学书本知识吗?当然,学习是重要的,但让他们自信大方地与人交流、拥有积极向上的阳光心态也很重要。因为后者,是他们今后走入社会的生存条件。那么,如何让学生更加自信、学会交流呢?我们给学生搭设了三个舞台:水娃小讲坛、水娃梦想舞台、百川大舞台。

(一)水娃小讲坛:每个学生练习表达的舞台

水娃小讲坛是为了让学生学会表达、开阔视野、寻找自信而搭设的小舞台。每天的晨会上,班上的学生轮流走上讲台,讲故事、说读后感、讲家乡的民俗风情、旅途的见闻等。一开始,学生上台支支吾吾,连手脚都不知道放在哪里。在老师的鼓励和指导下,渐渐地,学生能比较自如地表达,从只说一两句到讲一个完整的故事,从低着头不敢看人到能够微笑着看着同学老师。学生越来越大方、越来越自信。

七年前,学校有一名姓向的四年级女孩。她来自四川,学习成绩很不理想,数学经常不及格。为此，这个女孩很自卑，觉得不如别人，不太合群。在一次水娃小讲坛上，她有着不错的表现，得到了班主任陆老师的表扬。从此，她迷上了小讲坛，经常练习讲故事，一有机会就讲给同学听，并且还主动去找老师辅导。慢慢地，她成为班级里的“故事大王”，性格变得开朗，和同学们相处也更融洽。第二年，她代表五年级参加学校的水娃小讲坛决赛，班上的同学纷纷给她加油鼓劲，最终获得了高年级组的第二名。获奖后，她更自信了，还当起了小老师，辅导低年级的小朋友讲故事。毕业前夕，她再一次走上水娃小讲坛为大家讲故事。讲到最后，小向动情地表示：是水娃小讲坛让她觉得自己不是一无是处，是水娃小讲坛让她享受到了成功的喜悦。

水娃小讲坛让本来自卑的学生收获了自信和微笑。这让我坚信，学校需要给学生创造各种展示自我的机会，以此激励学生，让他们发现自己的优点，变得自信，走上自我发展之路。

图4　走上水娃小讲坛的小水娃

(二) 水娃梦想舞台：学生发现自我的舞台

水娃梦想舞台是面向具有一技之长的学生的舞台。我校有不少多才多艺的学生，但他们很少有表现自己的机会。如果在校园里有这样一个舞台，让拥有特长的学生可以秀出自我、展示自己，其他学生或许也能更好地发掘自己的兴趣爱好 。出于这样的考虑，我们在校园里搭起了草根舞台，取名为“水娃梦想舞台”。一开始，学生有点拘束，只是观望，不敢踏上舞台去表演。在几个勇敢者的带领下，报名参赛的学生渐渐多了，形式也从单一的歌舞、朗诵、讲故事，到器乐、舞蹈、书法、绳毽、魔方，甚至学生家乡的闽南语歌曲、黄梅戏、山东快板也出现在了舞台上。

水娃梦想舞台的第2期,出现了一张大家熟悉的面孔——小梅。小梅也登上梦想舞台?这让大家感到意外。在大家的印象中,小梅除了吃,就是在校园里瞎晃悠。课堂上,他坐不住,常常课上到一半就忍不住站起来兜一圈;其他同学做作业,他就溜出去捉虫、看鸟飞。这学生会表演什么呢?音乐响起,原来是《童年》的曲子。小梅闭着双眼,很投入地唱着。他唱得很好听,音准、旋律都很好,整首歌词一字不差。这一期,小梅得了全场最高分。大家对他刮目相看,小梅也十分开心。

每个学生都有长处,关键在于有没有展示的机会。水娃梦想舞台为学生创造了一个平等的机会,使他们能够有机会发现所长、展示自我。

水娃梦想舞台带给人的惊喜还在继续。

在一次水娃梦想舞台的初选中,几个学生报名演唱《隐形的翅膀》,由于频频走调,他们没有通过海选。两个星期之后的又一次选拔赛,他们“卷土重来”了。这一次,他们的表演让大家眼前一亮,不但找准了节奏,而且还根据音乐编了一个舞蹈。利用两周时间,他们在歌唱表演上实现了“蜕变”,是怎么做到的呢?原来,在上次落选之后,他们主动找到音乐老师,缠着老师给他们辅导,而且,每天放学后他们留下来练习,周末也聚在一起练。在坚持和努力下,他们终于圆了舞台梦。

这几个学生参加梦想舞台的积极性让我感到意外,从未想过学生居然为了登台表演主动找老师辅导,还自行练习。这件事让我明白了:每个学生都有向上的进取心,关键在于老师有没有发现或是能不能找到触发学生积极向上的兴趣点。

水娃梦想舞台,给学生带来无限乐趣,也引领着他们快乐地做游戏。

一次,水娃梦想舞台举办魔方专场,五(5)班的小赵同学登上了舞台。小赵是个寡言少语的学生。当他用1分58秒时间完成了魔方六面还原,成为魔方专场冠军之后,他成了大家崇拜的“魔方老师”。一时间,玩魔方成了风靡全校的游戏。一下课,学生几乎人手一个魔方。也有很多老师找到小赵,向他求教。

梦想舞台引领着学生游戏风尚。在学校,只要观察学生在课间玩什么,就能猜到近期梦想舞台的内容是什么。大家都在玩呼啦圈,可能是梦想舞台刚举办呼啦圈的专场或者即将举办呼啦圈专场;大家在玩双飞,可能马上就要举行双飞大比拼了;大家在切磋抖空竹,一下课就会见满天飞舞的竹蜻蜓。就这样,梦想舞台教会了学生不少健康的游戏,让他们习得了不少新技能。

水娃梦想舞台深受学生的喜欢,是学生写日记、写作文的素材来源。一位语文老师给我看了班上一个学生写的作文《成为自己心目中最闪亮的星》,让我感动不已。

“同学们,学校最近将举办‘水娃梦想舞台’活动,欢迎大家自愿报名,我们期待每一位同学来这里秀出自己……”学校广播里传来高校长的声音。

“梦想舞台?是不是真的啊?”班里的男生最先嚷起来,接着教室里像炸开了锅似的。

图 5 欢快的舞蹈跳起来

“有那么好的事吗?”同桌回头看我,“以前要是有什么活动,都是老师亲自挑选的,参加来参加去就那几个成绩好的,难道这回像我们这样普通的学生也可以去?”

我微微一笑,不置可否。老实说,真的和同桌说的一样,以前学校里但凡有竞赛、展示等活动,老师都是挑选那些特别出色的同学参加,而平凡的我们只有默默支持的份儿。难道这次真的出现了二小版的“达人秀”?

中午一吃过午饭,我就拉上同桌直奔大队辅导员金老师的办公室试着去报名。还没到办公室,就看到走廊里已经挤满了报名的同学,那盛况就跟世博会似的。

“哎?王静,你怎么来这么迟啊!”人群中挤出班里的小胖,她冲我笑得可灿烂了。

“你也来报名?报上了?”我有些不敢相信地问,因为小胖的成绩不太好,人又胖乎乎的,所以就算是开班会,也从没有见她有过什么才艺表演。

“是啊,金老师说都可以报名啊。嘿嘿,这回让你们见识一下小韩红吧。”说着小胖做了个推墨镜的动作,把排队的同学都逗乐了。

看着小胖下楼的身影,我对同桌说:“看来,这个‘水娃梦想舞台’真的是‘二小达人秀’啊!”

等候的队伍真长,排着排着我就不禁做起了白日梦:我参加了“水娃梦想舞台”,在舞台上一展歌喉,台下评委听着我天籁一般的歌声如痴如醉,观众们都是掌声如雷,同桌带着我的啦啦队夸张地喊着:“王静!王静!最亮的星!”毫无疑问,我获得了比赛的冠军,校长还为我颁发了奖状和奖品……

为了让美梦变成现实,我每天回家都对着镜子练习微笑,练习唱歌,妈妈都说从来没见我对哪件事情这么认真过,我心想:这可是一次扬眉吐气的机会啊,怎么能不好好把握呢?

比赛那天终于到了,我选择的歌曲是校歌《共谱爱的乐章》。当我战战兢兢地站上水娃舞台的时候,我才第一次知道平时那些参加比赛的同学有多么的不容易,真的,不管怎样告诉自己不要紧张,但还是控制不住地两腿发软,直到看到台下的评委老师温和地看着我,才让我稍稍平静了一下。

"这里桃李芬芳,这里令人向往,这里是知识的海洋,这里是爱的天堂……"当我不算动听的歌声在二小宇宙广场上空飘荡时,我第一次被自己感动了……

虽然,最后我没有拿到校长颁发的奖状,但我还是品尝到了追逐梦想的快乐。"水娃梦想舞台",不仅给了我们展示自己的机会,更让我们懂得了追逐梦想的可贵。只要愿意努力,只要敢于尝试,任何平凡的人都有可能成为最闪亮的星。

原来,水娃梦想舞台之所以这样受学生欢迎,是因为它给每个学生提供了公平的机会,让每一个学生都有可能成为"最闪亮的星"。学校应该面向所有学生,创造更多登上舞台的机会,哪怕这是只有一个台阶的小舞台,但只要迈上一个台阶,学生就可能战胜心中的怯懦,收获成长的勇气。

图6　学生在观看水娃梦想舞台

(三) 百川大舞台:学生展示特长的舞台

一年一度的百川大舞台活动是学生期盼的节日,也是七彩雨少年宫学员们的汇报演出,它是给有能力的学生展现自我的舞台。能够登上百川大舞台,在全校师生面前表演,那是一种肯定,也是一种荣耀。

葫芦丝社团的一个学生为了出色地完成表演任务，每天做完作业到邻居家借电脑练习曲目。他说，明明知道这样打扰邻居很不好意思，但是为了争取在舞台上展示更好的自己，就厚着脸皮一次次敲开邻居家的门。

韵律操社团的小钱老师告诉我，学生非常向往一年一次的百川大舞台。有一年，韵律操社团的一个男孩下楼梯时脚踝受伤了，无缘登台演出，从不落泪的他在教室里伤心地哭了。

而韵律操社团的一名女孩，曾经因各科成绩差而自卑不已。在百川大舞台上表演时，她看到了同学们欣赏的眼神，从此找回了自信。

钱老师感慨地说："百川大舞台已经成了学生心目中的一片梦想圣地。"

向上、进取本是学生的天性，然而单一的评价方式挫伤了一些学生向上的积极性。而百川大舞台为学生打开了另一扇窗，透过这个窗口，可以了解学生平时不为人知的另一面，让他们的特长尽情展示，个性得以张扬。

原籍江西婺源的一个男孩，口才出众，每一年都会登上大舞台表演相声，他也因此成为大家佩服的"相声大师"。一次表演结束后，他十分沮丧。节目表演明明很精彩，为什么他还会不高兴呢？原来，他想到自己即将毕业，担心毕业之后，可能就没有这样的舞台，也就没有机会展示他的特长了。

学生对百川大舞台的留恋体现了他们在成长过程中对展示自我的需求，而这些需求恰恰是平时容易被忽视的。让我十分欣慰的是，新区二小的三个舞台满足了学生成长的需要，让他们的童年留有诸多美好的回忆。

图7 百川大舞台上师生同台表演《生活交响曲》

三、志愿服务增强学生的责任感

高尔基曾说道:“如果你在任何时候、任何地方,你一生中留给人们的都是些美好的东西——鲜花、思想,以及对你的非常美好的回忆,那你的生活将会轻松而愉快。那时你就会感到所有的人都需要你,这种感觉使你成为一个心灵丰富的人。你要知道,给永远比拿愉快。”我常常会想起高尔基的这段话,“给永远比拿愉快”更是引起了我的思考。在学校教育中,我们更多的是给予学生,而学生也常常理所当然地接受。长此以往,是否会对他们的成长不利?

(一)组建志愿者队伍:让责任意识萌芽

有一次,保洁阿姨向我诉苦:近日,一些学生故意将餐巾纸、食品包装袋塞入下水管道,甚至还将矿泉水瓶塞进去,导致盥洗室下水不畅,每次去除这些杂物都要费很大的劲儿。

保洁阿姨每天认真工作,给学生营造了整洁的学习环境。然而,洁净的黑色路面上有时会出现白色的餐巾纸,开放式书吧的书架上,书常常横七竖八地躺着,廊道里供学生课余看书、下棋的小桌上也会出现饼干包装袋。

校园里频频出现这些问题,既是因为部分学生没有好习惯,也有无视他人劳动成果的因素存在。

怎样做才能让学生学会尊重他人的劳动成果,主动维持学校的卫生、秩序呢?我们决定,从志愿者做起!

2016年9月,学校正式组建志愿者队伍,由大队部发出倡议,在班主任处报名,由班主任挑选后报大队部培训。首支队伍共有100名志愿者,他们被分到校门口执勤、维护学校卫生、午餐秩序维护三个岗位。其中难度最高的是午餐志愿服务。他们不仅要负责进食堂和回教室路队的纪律,还要维持取餐和吃饭时的秩序。

上岗一段时间后,大队辅导员反映,一些志愿者想退出活动。原来,学生上岗不久就遇到了困难:校门口执勤的志愿者一大早就要到学校,而且到校以后就要笔直站立,一次执勤下来,腰酸背痛。午餐维持秩序的志愿者们也叫苦不迭,上午第三节课一下课,就要赶到各个岗位,同班同学都吃完饭了,他们还饿着肚子。

学生想退出,是因为他们觉得累,可不能让学生半途而废!

我们采取志愿者每月例会制,既对志愿者进行相应的培训,指出工作中的一些问题,提出建议;同时也了解他们在工作中遇到的困难,帮助解决。慢慢地,那些要退出志愿者团队的声音没有了。

一天,大队辅导员顾静老师告诉我,两名志愿者随班上同学回教室的途中看到一个低年级的男孩蹲在路边。出于“职业”的敏感度,他们没有随其他同学回教室,而是蹲下细细询问。原来这个男孩与同学发生了口角,赌气不去吃饭。两名志愿者陪着这名男孩去食堂，帮他取了餐，看着他吃完，又“护送”他回教室，找到跟他发生口角的同学，化解了他们的矛盾之后才回到自己的教室。

当时一名老师恰巧路过，用相机拍下了两人蹲下询问的照片，又觉得好奇，一路“跟踪”，才得以知晓这其中的故事。

“带那个男孩去食堂用餐就已经很好了，怎么还想到送回教室，帮助他们化解矛盾呢？”当问到两名志愿者这个问题时，他们说：“我们担心他们的矛盾没解决，万一又发生其他的事情呢？我俩不放心！”

“我俩不放心！”学生的责任意识萌芽了！

图 8　水娃志愿者每月例会

(二) 成为志愿者：这是一种荣誉

我们的志愿者队伍除了原来负责校门口执勤、维持午餐秩序、维护学校卫生的三支稳定的队伍之外，还增加了在大活动中维持秩序的临时志愿者队伍。

越来越多的志愿者出现并活动在校园的各个场所，“当一回志愿者”逐渐成为学生的心愿。每一次招募志愿者时，招募现场都会热闹非凡。学生一吃过饭就围在招募现场，登记、报名、面试。有一些学生可能是因为好玩，觉得穿上代表志愿者身份的红马甲很神气，但更多的学生是想体验为他人服务的快乐。

顾静老师告诉我，一名姓高的女学生中途转学至我校，成绩平平。因为比较自卑，转学之后没能很好地融入班集体中。有一次，他们班上的志愿者生病，请了一个星期的假，她知道后找到顾老师，要求由她替班。见她十分恳切，顾老师同意了。在做志愿者期间，她十分珍惜这次机会，非常负责。小高同学的努力，顾老师看在眼里，并邀请她共同参加一个进社区联谊活动。得知这个消息后，她激动万分，连连追问："是不是真的？"这次志愿服务的经历对她影响很大。班主任老师说："在跟同学交往的过程中，她能推己及人，从他人的角度思考问题，开始有了朋友，性格也开朗很多。"后来，她弟弟参加了足球队。每周六球队训练的时候，她都会一同来校，在场外捡球，为球员准备茶水。

小高同学的转变让人欣喜，同时也让我们明白，教育需要给学生提供帮助别人的机会，这样的机会不仅可以让学生推己及人，也可以让学生在这个过程中实现自我价值。

类似的故事还有很多。百川节结束后，在收集整理百川节前后的故事时，我看到德育处程转老师写的《谢谢您，让我成为一名志愿者》。

第五届百川节开始了，各种准备有条不紊，各项工作有序进行。

今年由我负责百川节的志愿者招募和培训工作，因为志愿者的任务都比较重，所以有点担心，不知道他们能否做好。

然而志愿者们给了我大大的惊喜：百川节当天，答题志愿者耐心满满，连续一个小时的答题活动井然有序；换券志愿者公平公正，根据百川章仔细计算每位同学该得的美食券；摊位志愿者神采奕奕，站得笔直，为的就是给班级树立一个良好的形象；纪律志愿者铁面无私，遇到违反纪律的同学，赶紧上前制止；卫生志愿者任劳任怨，巡视了校园的每一个角落，确保自己负责的区域干干净净……感动于学生的辛苦，更感慨于学生的认真负责。

"老师。"百川节结束后，一个文静的、高年级的女学生叫住了我，"谢谢您！"

"嗯？谢我什么？"

"谢谢您，让我做志愿者。"说完，她转身赶紧跑掉了，我甚至都不知道她的名字，但我的心，像被什么东西猛地击中了。

从志愿者的招募、筛选到培训，我一直站在自己的角度，想着如何才能将这项工作圆满完成，但从没想到，一次志愿工作，能让学生有这么深刻的感受。看似简单的一次志愿服务，不仅让学生的能力得到了提高，价值得到了体现，更重要的是，学生感受到了自己肩上的沉甸甸的责任，这种体验，对学生来说，更为深刻和难忘，是他们成长道路上的宝贵财富，这个"谢谢"，包含的应该是这些吧。

谢谢你，我可爱的志愿者们！

谢谢你，让人难忘的百川节！

从想退出志愿者队伍，到以担任志愿者为荣，这其中的变化让人欣慰！在这个过程中，我们明显地看到校园更整洁了，学生知道了保洁阿姨们的辛苦，能自觉维护环境卫生，学生们在离开学校时，还会礼貌地与门卫叔叔道别。我可以肯定，这种种变化与志愿者服务有关。

图9　百川节上的志愿者

(三) 志愿者服务:让特殊的学生找到自信

志愿者服务受到学生的欢迎,我们打算让更多的学生有机会加入志愿者服务的行列。于是,在学期初分别我们又为学校的一些公共场所招募维护秩序的志愿者。

在一次开放式书吧志愿者的招募现场,我们看到了一个特殊的学生——小熊同学(第一章中有提到)。她是一个培智生,有读写障碍,害怕与外界交流,可是,她居然参加招聘,志愿者队伍真是太有吸引力了。

意外的事情还在继续,小熊同学不仅前往应聘,还上台作竞聘演讲,整个演讲过程,她居然说得很流利,虽然低着头表情不够自然,但平时在课堂上,她可是从来不发言的啊！原来,看到别人成为志愿者,她很羡慕,就怯怯地向班主任表示,想去参加竞聘。在班主任和同学的帮助下,她反复练习,终于记住了所有的演讲内容。出于对她的鼓励,教导处牛老师聘请她为书吧管理员。一有空,她就来到书吧,整理书本、修补破损的书籍,一丝不苟地完成书吧管理员工作。每天放学离校前,她还不放心,一定要到书吧看看,把窗帘拉好,凳子放整齐。小熊同学被公认为是最负责的书吧管理员。而且在管理书吧的过程中,她能跟书吧里来来往往的同学交流;回到教室,以前都是一个人玩的她开始和大家一起踢毽子、跳绳,偶尔有摩擦,也会一笑了之。课堂上,她偶尔会发表自己的观点,再也不封闭在自己的世界里。一次班会课,同学们还将选歌曲的任务交给了她。

志愿者服务让小熊同学实现了自己的价值,让她打开封闭的内心,学会接纳和交流。我们从未想过志愿者服务能有如此大的影响。在付出的过程中被认可、被需要,这是鼓励学生前进、帮助学生成长的强大力量!

(四) 人人都是志愿者:我们的美好愿景

如果每个学生都有志愿服务的经历,如果让志愿服务成为学生的一种习惯,那我们的学校将会更显生机、更加有序!

我想起在晓庄师范大专班学习的那段经历。当时在晓庄有个传统,每个学期每个班都会有一周的时间用于社会实践。社会实践是在学校里,班上的同学分成若干小组,有的负责学校保洁,有的担任校长助理,有的帮忙食堂盛饭打汤,有的协助门卫登记接听电话……总之,学生这一周不上课,负责协助处理校园的各项琐事。这是对陶行知先生"生活即教育""教学做合一""行是知之始"教育理念的具体实践。毕业多年,当年的同学碰在一起时,仍会聊起那段难忘的经历。

两者联系起来,我恍然大悟,原来百川园的志愿者服务计划,是我学生时代的记忆带来的灵感,是对陶先生理念的实践。无疑,这一尝试是成功的!虽然尚未实现"人人都是志愿者"的设想,但在后续的办学过程中,我们也想引入当年晓庄的"值日周"的模式,让学生做一周的"小主人",让他们在实践的过程中获得不一样的体验。

四、足球点燃希望

漫步在百川园,常会见到一个个身穿印有百川源源字样球衣的学生,这是我们为之骄傲的"足球小子"。百川源源,是足球队的象征。成为百川源源,是男孩们的梦想,也是一种荣耀。

多年前,教育局要求各所学校普及体艺"2+1"——每个学生掌握两项体育技能和一项器乐技能。正当我们头疼不已之时,当时的体育老师朱敏刚来找我,建议普及足球运动。他当时对我说:"足球是一项团队体育项目。通过足球训练,可以很好地培养学生的团队合作精神,而这正是我们的学生所缺乏的。另外,我们学校的学生大多来自山区农村,他们能吃苦,这也是练习足球所需要的。"朱老师的话很有道理,于是,我们决定将足球作为体艺"2+1"的一项体育技能在全校普及。谁也没有想到,这一决定,成就了学校的特色。

(一) 足球是育人的重要抓手

普及校园足球运动,我们必须清晰地认识足球运动开展的目的和意义。我们将球队取名百川源源,提出"让百川源源成为流动的学校文化符号"的理念,并赋予百川源源三层含义:饮水思源,懂得感恩;源头活水;源源不断,人才辈出。我们想借助足球运动的开展,让学生更专注、更快乐、更健康、更友善。我们站在育人的高度去认识和理解足球运动,尽管起步晚,但我校的足球运动发展却非常迅速。2013 年全面普及足球运动,组建队伍;2014 年球队进入苏州市"市长杯"决赛;2015 年夺得苏州市"市长杯"冠军。之后,男子甲组又连续四年进入苏州"市长杯"决赛。这傲人成绩的取得绝不是偶然！

2016年寒假，球队第一次来到泉州冬训，接待我们的是泉州东海湾实验小学。当学生第一天到达目的地并在食堂用餐后，他们手拉手，向食堂工作人员鞠躬致谢。面对学生的举动，那些工作人员惊呆了。随后，食堂内响起了掌声。食堂工作人员激动万分，他们接待过很多球队，但第一次有学生向他们道谢。一位负责盛菜的阿姨居然掉下了眼泪，连连说："学生太懂事了！太懂事了！"尊重教练，尊重裁判，尊重对手，尊重每一个为他们成长付出的人，这是每次训练课上必谈的话题。无论什么比赛，结束后百川源源的队员们总是自发牵手，向裁判、向对方球员、双方教练以及观众鞠躬表示感谢。

饮水思源，懂得感恩。百川源源做到了！

"队伍建设，是带好球队的关键！"朱敏刚副校长经常这样跟我说。我们的球队外出比赛，每天要开两个会：赛前是动员，是部署；赛后是总结，是反思。有一年，在苏州市"市长杯"决赛前，我去观赛，跟队员们一起参加了赛前动员，听了朱敏刚副校长的讲话后感动不已，当即拿笔记下。这段话如下：

孩子们，教练要感谢你们，你们通过努力，赢得了一场场的比赛。同时，你们也要感谢自己，你们出色的表现，让自己再一次站上了决赛的舞台。决赛很重要，因为冠军只有一个。我们不去想结果，做好过程，专注比赛，专注于每一个球的处理，不要受外界的干扰。我们要尽情享受比赛，展示你们的球技和才华。如果这样，即使最后没有取得胜利，也不会留下遗憾，一样也会受到别人的尊重！

图10　朱敏刚副校长赛前动员

"专注于每一个球的处理，展示最好的自己，享受每一次比赛"是我们的训练理念，是对每一个球员的要求。比赛时我们这样要求,平时更是如此;对足球运动是这样要求,对其他学科的学习也是如此。专注做事,快乐生活,做最好的自己,这是我们对学生的培养目标,我们是这样想的,也是这样做的。

有一个姓孙的男孩,曾经是个十分胆小、遇事就哭的学生。第一次参加球队比赛时,他满场跟在别人屁股后面跑,不敢对抗,赛中对方的球员不小心碰了他一下,他在场上哇哇大哭。这样的一个学生,经过三年的磨炼,成为队中的绝对主力,入选苏州市 2007 年市队。这种成长,离不开教练不厌其烦的指导。每次比赛前,教练都要单独跟他聊上一会儿,帮助他克服对抗的恐惧;每次观赛,教练都让他坐在旁边,为他分析,当球员赛中倒地又站起来的时候,教练就会对他说:“你看,倒了就起来,你也可以做到的。”比赛时,教练在场边总会喊:“孙贺,你可以的,突一个,突一个!”从爱哭到坚强,从怯懦到无所畏惧,从怕输到正确面对输赢,他的转变有目共睹。他和妈妈受邀赴江苏教育电视台参加现场采访,他妈妈动情地表示:“自从进了球队,他特别自律,即使冬天也是早早起来。上课特别专注,因为学习好了就能有更多时间去训练。是足球改变了他,让他成为一个真正的小男子汉。因此非常感谢教练,感谢学校!”

因足球而在性格、习惯、处事等方面有所改变的例子还有很多。我们的一位语文老师曾有感而发,向百川故事栏投了这样一篇稿子:

足球让他们蜕变得如此美丽

在五(5)班温暖的大家庭中有三个足球小将——毕一帆、李灿和陆文杰。

训练场上他们挥汗如雨,不屈不挠;竞技场上他们奋力拼搏,屡建奇功;课堂上他们专心致志,主动学习。

是什么让他们蜕变得如此美丽?——是足球!

一年前的今天,他们加入了校足球队,曾不止一次让老师担心:毕一帆,学习踏实,但性格内向,在课堂上一声不吭;李灿,学习态度不够端正,还经常欺负班中的小同学;陆文杰,基础较差,作业经常拖拉,令老师头疼。他们加入足球队,不是更分散了他们学习的时间吗?这样能行吗?

看着他们训练回来补习作业的身影,等着他们拖欠着的大量作业,想着他们每次不尽如人意的测验成绩,面对着家长一次又一次质疑“我的学生参加了足球队,会不会影响学习成绩?”“还是不要让我的学生参加足球队了?”,我依然坚信兴趣的发展和学业的进步是互补的。因为我欣喜地发现有了足球,他们远离了虚拟的网游世界;有了足球,他们锻炼了强健的体魄;有了足球,他们磨砺了坚强的意志力、耐挫力;足球给予他们体力、动力与活力……

你看!在足球的赛场上,他们学会了团结合作,学会了交流与分享。同时小小的足球也让他们悄然改变:平时沉默寡言的毕一帆逐渐自信开朗,课堂上也能看到他高举的小手;曾经欺负同学的李灿,在班级有了责任与担当;陆文杰同学的作业也能渐渐按时完成!更可喜的是,他们把赛场上学到的东西与学习融合在一起,三人互帮互助,共同进步，成绩显著提升。

快乐绽放在他们脸上，专注落实在他们行动中。

可爱的二小娃，足球因你而美丽，你因足球而精彩！

盛小刚写于 2014 年 11 月 9 日

也许有人说，足球是育人的抓手，这只是说说而已。然而，在我校，足球的确在育人的过程中发挥了重要作用。

（二）足球让学生的生活更精彩

学校曾对六年级毕业班学生做过一次调研，了解他们喜欢的学校活动。让我意外的是，得票最多的是“校长杯”班级足球联赛。为什么这样一个校级的体育赛事，会这么受学生欢迎？

一天中午，吃过饭后跟几位同事到操场散步，我发现几个女孩拖着移动音箱来到操场，原来她们在排练啦啦操。领队的女孩告诉我，她们跟年级其他班的女生约定了，男孩们足球比赛，女孩们要斗舞。为了在斗舞中取得胜利，她们不仅自编啦啦操，还统一了服装、发型。一会儿，男生也来了。校足球队的队员在辅导自己班级的参赛者踢球，练基本功，怎么守门，怎么防守，有模有样。

比赛开始，参赛班级的同学全体出动，学生围着操场就座，有的高举写有“加油”字样的小黑板，有的为自己班级的球员呐喊助威，有的现场写新闻报道。球员中场休息，啦啦操队员跳起了啦啦操。

我知道学生最喜欢“校长杯”班级足球联赛的原因了。虽说是足球赛，但并非是只属于参赛学生的赛事，而是属于每个学生的一项赛事。几乎每个学生都在为了足球赛而动脑子、想办法。很多班主任反映，在“校长杯”期间，班级的凝聚力空前强大。学生会自发地组建宣传队、啦啦操队、足球队，各司其职，有条不紊开展准备工作。足球丰富了学生们的校园生活。

2016 年 8 月，我校 15 名足球队队员在 3 名教练的带领下赴意大利马切拉塔市访问交流，经费由当地政府拨款。出国！这对务工子女来说是从来都没有想过的事啊！球员黄建雄的爸爸告诉我，他回福建老家办相关手续时，整个小城都沸腾了。整个小城从来没有一个人出过国，他儿子是第一个！那骄傲的神情我记忆犹新。

在意大利，每天活动都安排得很满。白天训练、比赛，晚上用餐后，学生已经很疲劳，但每个人都在房间里静悄悄地自觉写日记，他们说要把所看到的都记下来，回去给爸爸妈妈、弟弟妹妹和班上的同学看。意方负责接待我们的官员为我们的球员竖起了大拇指。

继意大利之后，足球队还去了日本、葡萄牙、宝岛台湾、云南、广东等地，从来没有乘过飞机的学生体验到乘飞机的滋味，从来没有吃过西餐的学生尝到了“洋荤”……学生的眼界开阔了。他们在用自己的眼睛观察世界的同时，潜移默化地感受到了什么是文

图 11　百川源源访问意大利马切拉塔

明,什么是细节。

学生在日本访学时记录了以下几个场景:

镜头一:

访问久米川东小学的当天下着大雨,车辆停靠的地方与体育馆有一小段距离。为避免我们淋雨,学校的老师们在大雨中撑着雨伞,一个挨着一个搭出了一条通道让我们进入体育馆,这让我们感到非常温暖。

镜头二:

参观东村山市秋水园返程时,工作人员拉出一条横幅“有机会的话,下次再见”。原以为只是门口有,没想到大巴车开出一段到拐角处,我们又看到了这样的标语。他们真是热情啊!

镜头三:

我发现在日本下榻的宾馆,所有给客人使用的东西都是一眼就可以看见的,即使放在抽屉,也会拉开一点空间让客人看到。浴室一角的镜子,一定是涂了防雾剂的,因此洗完澡也不用拿毛巾去擦拭镜子上的水汽。

2019 年 8 月 1 日,我们又接待了来校交流的日本东村山市足球代表团。正值高温天气,学生候在学校门口夹道欢迎,一会儿就汗流浃背。可是,没有一个人表现出不耐烦,他们说:“我们去日本,受到他们的热情款待。他们来,我们也要以最热情的方式欢迎。”

足球为学生架起了认识世界的桥梁。通过这座桥梁,他们的见识广了,变得更自信

图 12　百川源源访问日本东村山市

了，对未来也有了更美好的期待。

（三）足球让家校合作由疏远走向密切

足球运动的蓬勃开展除了学校的重视之外，也离不开家长的支持。2013 年球队刚建立时，也有家长提出退出球队的要求。他们认为，踢足球就是玩，玩就容易影响学习。每周一节的足球课他们没有意见，但如果放学后还需要进行练习就无法接受。慢慢地，看到学生因踢球而有了变化后，他们不仅开始支持足球运动的开展，还自发成立了足球队家委会。很难想象当初非常坚定地反对学生踢球的家长们态度会发生这样的逆转。

这个民间组织的家委会特别有意思，负责组建家长后援团为学生加油助威，负责节假日为学生准备水果饮料，负责组织家长随队外出给学生洗衣做后勤。

一次暑假，我看到几个家长提着西瓜、扛着运动饮料到学校。足球训练一结束，就切好西瓜、准备好毛巾等着学生。一聊才知道这是足球队家委会安排的，家长们排好队轮流送。不仅有水果饮料，家长们还给学生准备好了防晒霜、脖套等用品。用他们的话说，我们足球队是一个队伍，我们家长也是一个队伍。我们做好后勤服务，教练就可以一心一意地给学生训练了。

如今的家长，早已不是当初一天到晚阻止学生踢球的家长了。

在筹备日本代表团来校交流的活动时，家长们听到消息找到我，“校长，需要我们做什么吗？学生说他们在国外见到了很多家长志愿者。”是的，做志愿者对于足球队员的家长们来说已经成为生活的一部分。

足球队的家长不仅关心着球队的发展,同时也对学校的其他事情非常支持。

每年端午节前夕,学校都要组织"妈妈团"到学校给学生包粽子。可是,随着妈妈的年龄越来越小,会包粽子的妈妈也越来越少。去年端午节前,我们正发愁包粽子的人手不足时,足球队的一位家长表示,她愿意帮忙找一些志愿者给学生包粽子。第二天,她带了"亲友团"到学校,跟其他家长们一起完成了包粽子的任务。"你们是请假来包粽子的吧?实在是不好意思,真是太感谢了!"我由衷地向家长表示感谢,她说:"哪里的话啊,学校给我们学生提供了那么多的机会,教练那么辛苦训练,我们能够为学校、为学生出点力,高兴都来不及呢!"朴实的话语道出了家长的感激之情。

在足球队家长们对学校认可并支持学校工作之后,家委会也逐渐形成了代代相传的传统。

2019 年 6 月,六年级足球队员即将毕业离校,一位足球队家委会的妈妈跟我说:"我在想接下来谁担任足球队家委会负责人比较合适。×××妈妈,热心是挺热心的,但协调能力可能差了点;×××爸爸能力是可以,但可能太关注自己家的学生,大局意识不够强……"

听了她的这席话,我不由得肃然起敬!为这位妈妈,也为我们足球队的家长们!

一位了解我们足球队的张家港籍的爸爸曾感慨地表示:"百川源源的成绩突飞猛进是有道理的,他们有百川文化!"

百川源源是流动的学校文化符号,而这些可爱的足球队的家长们也是一样的啊!

五、劳动带来的快乐

我校 90%以上的学生是外来务工人员子女。原本以为,他们在劳动技能、自理能力方面要比城里的学生强一些,然而情况并不乐观:一年级新生不会系鞋带、不会使用卷笔器的比比皆是,新生班主任常常扮演老师、"保姆"双重角色;五六年级的学生使用扫帚、拖把时还显得笨手笨脚。与家长谈及这样的现象,家长感慨地表示:自己没有文化,只能四处打工,干又苦又累的活。他们希望学生专心读书,通过读书改变命运。于是,劳动被摆在了次要的位置。

家长的忽视、升学的压力,以及当前社会普遍存在的"唯分数为上"的思想使得学生的劳动能力的培养被轻视。难道我们培养的人才将"四体不勤,五谷不分"?答案显然是:不。2004 年 3 月 25 日发布的《中小学生守则》第六条这样规定:积极参加劳动,勤俭朴素,自己能做的事自己做。可见,培养正确的劳动观念,养成良好的劳动习惯,习得一定的劳动技能对于儿童的健康成长十分重要。

著名教育家苏霍姆林斯基指出:"脱离劳动,没有劳动,就没有也不可能有教育。"教育与劳动相辅相成,怎样将我们的学校教育与劳动紧密结合,让劳动在促进学生健康发展的过程中发挥其应有的作用?

（一）在特殊的"作业"完成中形成习惯

正确的劳动观念，应从一年级新生开始培养。如何帮助一年级新生建立劳动观念，学会一些基本的劳动技能呢？我们给学生设计了一份特殊的入学作业。

在学生入学前，学校都会提前召开新生家长会，会议的一项重要内容是解读《给新生家长的建议十八条》，里面除了对学习用品的准备、仪容仪表的要求、安全接送的建议之外，还会要求家长帮助学生完成这样的一份入学作业：

1. 建议准备木制铅笔，型号为HB，学会使用卷笔器。2. 学习正确使用橡皮，做到既擦得干净又不会破洞。3. 建议准备三个文件袋，分别装入语文书、数学书、英语书及相应的一些学习资料，能熟练地进行整理收纳。4. 学会使用扫把、簸箕、抹布，能完成简单的打扫任务。5.学会系鞋带、穿衣服。

检查这份作业的完成情况，班主任是毫不含糊的。开学第一周，每个班主任都要认真检查这份作业的完成情况，按照要求掌握技能的学生都会获得一张劳动奖励卡。而没有完成"作业"的学生，则被要求在家长的陪同下，一项一项过关。

为了确保这项作业的高质量完成，学校开展由少先队大队部组织举办的比赛，如整理书包小能手、卷笔大比拼、折衣服小能手、系鞋带大王、翻书小快手等，要求每个学生必须参加其中的一项比赛，班主任统筹安排各个赛事的参赛学生数，这样的规定确保了人人参与。比赛的场面非常隆重，除了所有一年级学生观看比赛外，还邀请了家长、任课老师一同观摩。在加油声和赞许声中，学生涨红了小脸，使出浑身的力气投入到比赛中。

一开始，有些家长并没有重视。在现场观摩的时候，看见自己的学生笨手笨脚落在后面，面子也挂不住了。

一(5)班的班主任告诉我，他们班上一个学生不会系鞋带。他父母觉得没什么，不穿有鞋带的就行啊！当在学校看到其他学生能娴熟地系鞋带，这个学生回去也开始练习，在妈妈连续几个晚上的陪同练习下，终于也学会了系鞋带。

布置"作业"，组织比赛，这些措施让劳动的观念慢慢植入了学生的心田，"自己的事情自己做"的目标慢慢得以实现。

一次，我去观摩二年级足球队的比赛，去时学生已经在做准备活动，一些人围着半边场地在议论着什么。"难道出了什么事?"我拨开人群，原来他们看的是学生留在场边、折叠得整整齐齐的外套。这些外套摆成一条直线，和水杯一起，非常神气！"你们的学生习惯真好!""他们叠衣服叠得还真不错!"赞美之声不绝于耳。"我们学校的学生都会啊，叠衣服是他们一年级入学时需要完成的一项作业!"家长们自豪地介绍。

每次球队外出比赛，学生的自理能力都受到其他教练和家长的啧啧称赞。其实，自理能力是在老师、教练、家长的指导下逐渐养成的。而一旦养成，即进入良性循环，受了表扬，学生的积极性更高。在这个过程中，劳动渐渐成为他们的习惯。

(二) 在特别的爱校行动中体验价值

什么是爱校的表现? 不随地乱扔果皮纸屑,自觉维护学校环境是爱校;不在桌椅上乱涂乱画,爱护学校设施设备是爱校;不与同学吵闹,形成文明友善的校园风气是爱校……爱校的表现有很多。

我们曾经做过一次实验:在学校人流量比较多的一个路口丢了一张餐巾纸,然后在相对隐蔽的地方观察,看是否有学生把它捡起。结果那张餐巾纸被踩得变黑却依然没有人把它捡起来。这件事引起了我们的关注。如果学生看到地上有垃圾,就能自觉捡起,那校园的环境将会更整洁,而更重要的是大家都弯腰去捡了,也就不会有人随意去扔了。随着"弯腰行动"的推进,校园里乱扔乱丢的现象明显变少。地上有了餐巾纸、果皮,也总会有学生立刻弯腰捡起。

有一次,红领巾电视台想做一个专栏,制作一个关于"弯腰行动"的短片,片中需要几个弯腰捡垃圾的镜头,结果捕捉镜头花了好几天的时间,并非是因为没人捡,而是因为少有人扔。

学生知道,弯腰并不累,还很美,因为它让校园变得更整洁了!

随后,我们又提出用自己的双手创造美的建议,即共同建设美丽校园的倡议。除了前文提及的全校总动员布置了"星云图""体育人物浮雕"之外,我们建设校园的故事还有很多。

我校的校舍灰白相间,墙体八十厘米以下是灰色,上面全为白色。这样的墙面,对于活泼泼的小学生来说过于素净。怎样用最小的代价改变单调呆板的墙面? 我们的美术老师又出高招:在灰色墙面上印上白色的图案。全校那么多墙面,仅仅三个美术老师,短时间内根本完成不了这项工作。于是,各班的志愿者们加入了"粉刷"行列,他们充当老师的小助手,负责按住图案模板,由老师负责在镂空的模板内涂上白色的油漆。那段时间,在中午和放学两个时间段,校园里出现了很多头戴小尖帽、身穿围裙、手戴袖套的学生。有些高年级的学生在老师的指导下已经掌握涂色的方法,于是两三个学生为一队,相互配合。一个星期不到,整个校园的"蓝印花墙"工程结束。有的墙面印上活泼灵动的小水娃形象,有些墙面印有代表学校各类社团活动的图案,还有些墙面上印有各个省份地图概貌的图案。学生看到这几天用自己的双手改变一新的教学楼墙面,自豪之情溢于言表。

后来,我们又制作了百耕园外颇具江南特色的围墙装饰图,那是师生一起画线条、描图案共同完成的。校门南侧的学生作品展览区,放着学生利用废旧物品制成的玩具、时装、小发明……

学生的创意点缀着校园。客人们来到我校,都不由得为独具特色的校园环境而叫好! 我想:这或许是我们的校园是由师生共同装扮的缘故吧!

(三) 在特定的实践基地中享受快乐

学校东南角有一块空地，约一亩三分。这激发了我们的灵感，何不向政府申请，建一块属于学生的“自留地”，作为劳动实践基地呢？在相关政府部门的支持下，这一亩三分、具有江南水乡农家小院特点的菜园子——百耕园建成了。

百耕园分为三个区域：农耕工具陈列区、育苗区、果蔬区。园子的西侧沿着围墙搭建的长廊是农耕工具陈列区，里面陈列着由家长、老师捐赠的各种农耕工具，从纺织类、农耕类到渔业类，大大小小共有两百多件。育苗区位于农耕工具陈列区和果蔬区的中间，是一个大约 180 平方米的钢结构大棚，专门用于培植幼苗。果蔬区在园子的东侧，四周挖了水渠，水渠上建了两座木桥，通过木桥可以进入菜园。

蔬菜的种植是承包到各个班级的。在老师的指导下，学生学习育苗、压条、栽培；在老师的带领下，他们进行日常的管理，如浇水、施肥、拔草、培土等。他们需要认真记录农作物从播种到发芽到成熟的时间，观察蔬菜瓜果成长过程中的变化，撰写使用农具生产的心得。这个过程是辛苦的，但从未听到学生喊累；这个过程也是需要时间的，但在紧张的学习之余他们总会挤出时间，不会耽误。在他们的悉心照料下，蔬菜长成了，这时候他们还要负责销售。学生会在学校醒目的地方张贴告示，上面写着哪一天什么时间段开卖××蔬菜。于是，校园内，常会有这样的一道风景：“小菜农”们像模像样地将菜整齐地摆在学校广场上，与闻讯前来购买无公害蔬菜的老师、家长讨价还价。

尤其值得一提的是，我们用卖菜的收入买了 70 多只鸡，围养在学校西侧的竹园里，这群鸡又成了学生牵挂的对象。海涛同学每天吃过饭一定要蹲在竹园旁数一数鸡的只数，并且把中午发的苹果省下来给小鸡吃。他说他特别喜欢看着鸡围在一起啄这个苹果，还说看到小鸡吃得开心的样子觉得很满足。

第一批小鸡长大后被卖给了老师。卖的钱不仅又买来小鸡，还买了 2 只小羊。

种菜、收菜 、卖菜、养鸡、养羊等活动带给学生无穷的乐趣。学生忙碌的同时也有了劳动的体验，而有了切身的体验，他们的作文也越写越生动；体会到劳动的艰辛，他们懂得了“粒粒皆辛苦”的道理；品味到劳动的喜悦，他们开始对体力劳动者刮目相看。

一个学生告诉我们，作为外来包田户家的学生，她一直觉得自己比不上周围的同学。当她爸爸得知学校在养羊之后，就给学校捐了一只小黑羊，同学们非常喜欢这只小黑羊，还一直围着小黑羊向她问长问短。从此她就不再自卑了，她觉得爸爸很了不起。

有了这些小动物，我们的校园更热闹，充满了趣味。当然，学生获得快乐的体验也更丰富了。正如高尔基所说：“劳动是世界上一切欢乐和一切美好事情的源泉。”

(四) 在特约的评选条件中树立榜样

如何倡导“劳动最光荣”的理念，如何让更多的学生爱上劳动，勤于劳动？从 2014

图 13　学生在百耕园内劳动

年起，我们决定在评优评先的条件中增加一项关于劳动的内容，即每学期至少有一次志愿者经历；每周能认真完成班级值日工作；能自觉自愿地为他人服务。

这一特别的评选条件，促使学生养成劳动的习惯、培养服务的意识，让学生体会到劳动才能赢得荣誉，有付出才会被别人肯定的道理。

有一个学生，成绩非常优秀，而且在各类比赛中频频获奖。当班级推荐他参评市级荣誉时，有老师指出：这个学生缺乏奉献精神，他辞去大队部的工作，认为大队部的任务太烦了，浪费了他不少时间。

面对他的情况，在评审时大家的意见发生了分歧，有老师认为：他通过各类竞赛，为学校争得了荣誉，一些简单的劳动不做也情有可原；一些老师坚持，他通过竞赛为学校争得荣誉不假，但缺少了为他人服务的意识，没有达到评选标准。双方争执不休，最后，达成共识，这名学生没有被推荐。

事后，班主任反馈了意见，这个学生和家长都知道了原因。在家长的支持下，这个学生有所改变，最终出现在学校志愿者队伍中。

评选是一种价值观的引领，确定评选条件无疑就是在引领学生做怎样的人。苏霍姆林斯基说过："一个人的和谐全面发展、富有教养、精神丰富、道德纯洁——所有这一切，只有当他不仅在智育、德育、美育和体育素养上，而且在劳动素养、劳动创造素养上达到较高阶段时，才能做到。"是的，劳动是儿童健康成长不可缺少的重要因素。劳动，可以涵养品行、发展智力、强健体魄、提高审美能力。那么，就让劳动教育拥有一席之地，为儿童的成长助力吧！

第五章　百川园的课堂

课堂是开展教育教学工作的主阵地，是学生获取知识与提高能力的主要场所。学生在校时间大部分在课堂上度过，他们在课堂上的体验和感受直接影响着思维的发展和品格的塑造。因此，学校培养目标的实现主要在于课堂，任何一种旨在改革教学活动的研究和实践，也都指向课堂。百川园的课堂里，发生了什么有趣又难忘的故事呢？

一、让课堂变得生动起来

（一）“满堂讲”“满堂问”的课堂必须改革

初任校长，就有老师“提醒”我，这里的学生跟城区的学生有一定差距。“农村和城区的学生，生活环境不同，表现自然会有不同。”究竟是哪些方面有差距呢？我暗自疑惑。老师接着说：“学生不善于表达，课堂很沉闷，几乎没人回答问题。即使偶尔有几个学生举手，也是表达不顺畅，城里学生很会说，表达起来头头是道。这里的学生思维不行，只能模仿着做做题，如果题型稍加变化，就有些不适应。”

农村的学生相对内向，但课堂就一定沉闷？表达天生就不行？思维就一直不够灵活？带着这些疑问，我走进了课堂。

因为我是数学老师，所以决定从数学课入手了解情况。开学第一个月，我从一年级到六年级，共听了12节课。

A老师执教的是三年级的《万以内的数的认识》，她可能是个急性子，语速很快，而且不停地讲，哪怕是提问，稍作停顿之后如果学生没能马上举手，就迫不及待将结果说出。一节课的课堂信息量很大，练习题也讲了很多。坐在后面听课的我，在这样的高节奏下也不由紧张了起来。

B老师执教的是六年级的《长方体、正方体的体积》，跟A老师相反，他是个慢性子，还是个“温吞水”，语言平淡，上课中规中矩，从导入到新授再到练习，按照教材的编写逻辑，一板一眼走了一遍，本该掀起高潮的探索体积计算公式的过程也因为他的过度提示而显得索然无味。B老师的课堂，学生时不时会走神，就连我，听着听着也开始神游。

C老师执教的是一年级《比高矮》，她是位干练的年轻老师，上课很投入，语言也有感染力。她设计了很多问题，一个连着一个提问，课堂氛围很好。可细细听来，那些问题并没有思维含量,所有的问题学生几乎不假思索就能回答出来。看似热闹的一堂课,到底能带给学生什么呢?

D老师执教的是二年级的《乘加、乘减》,整节课师生互动交流都不错,一些过程性的引导也处理得较好,可惜的是对教材的理解和把握稍浅了些,对于“在什么情况下需要用乘加或是乘减计算”“乘加和乘减计算的联系和区别在哪里?”这两个涉及本质的问题没有带着学生去思考。因此,学生只是模仿着老师的方法用乘加、乘减去列式并解决问题,并没有真正把握“什么情况下用乘加、乘减计算”的方法。所以D老师可谓是教其然,但没有教其所以然。

……

纵观12堂课,所有课堂都存在一些不同的问题,但相对较为集中的是“满堂问”和“满堂讲”。而这,我认为是导致学生表达能力弱、思维不够活跃的主要原因。“满堂问”的现象必然导致问题深度不够,学生不需要经过智力挑战就能轻而易举地回答,会影响学生的思维发展;而“满堂讲”,学生锻炼更多的是记忆能力,而非表达能力和思维能力,没有机会表达、没有时间思考,长此以往,他们的表达能力和思维水平当然就令人担忧!因为课堂效率不高,一些老师为了让学生考出好成绩,热衷于“题海”战术。二年级的学生,每天除了完成练习册和数学书上的习题,在中午和放学之后,还需要完成黑板上写满的练习题。学生苦不堪言,小小年纪就开始厌学。

如此的课堂教学,必将会令学生失去本该属于他们的活力,泯灭他们对知识与生俱来的好奇与兴趣。苏霍姆林斯基指出:“如果真理、原理、规则不是通过智力的努力而获取的,那人的智力、才能就得不到发展,成为其记忆财富的知识也不会引起任何愉悦。”[①]同时,我们认为,这样的课堂不仅仅影响学生对知识的获取,还会影响他们对学习、对科学以及处事的态度。因为,对于他们来说:知识,要靠别人告诉来获得。

一次,一个学生做作业时遇到了不会做的题目,就空在那里交给了我。“为什么不自己动动脑子?或者过来问问老师呢?”他说:“反正到时候老师课上会讲的。”等老师讲解、靠别人帮助的现象在班级中并非个例,因为他们已经习惯于听、习惯于接受,而非独立思考、自主探索。我们担心这样影响的不仅仅是学生对知识的掌握程度,更是他们对学习的态度、对知识的认识,更甚至于会影响他们对科学所应有的敬畏。苏霍姆林斯基写道:“上课——这是教育和教学的主要形式。老师每天在课堂上给学生以教养和教育,并使学生得到全面发展。上课质量的高低,不仅决定学生知识的巩固程度和深度,而且可以决定他们能否树立起科学唯物主义的世界观和共产主义信念,是否热爱知识和科学,尊重人类所创造的精神财富。”[②]因此,我下定决心,必须改变这种“满堂讲”与“满堂问”的课堂。

---

① 蔡汀、王义高、祖晶主编:《苏霍姆林斯基选集》第2卷,教育科学出版社2001年版,第129页。

② 孙孔懿著:《苏霍姆林斯基评传》,人民教育出版社,第311页。

（二）我们应该追求怎样的课堂

理想的课堂应该是怎样的？经过多次讨论，老师们逐渐形成共识，认为理想的课堂应该具有以下三个特征：

特征一：开放

在讨论中，大家提到，“满堂讲”“满堂问”的课堂其实是封闭的、单向的课堂。在这样的课堂上，只有老师的声音，没有学生的真正参与，无论如何也不可能培养出“活泼泼的儿童”。开放是百川文化的重要特点，大海只有敞开胸怀，才能容纳百川。因此百川文化下的课堂必是开放的课堂。课堂的开放是为了扩大学生的视野，打开学生的思维，让学生真正成为课堂的主人。具体而言，开放体现在以下四个方面：

1. 教学资源的开放

教学资源的开放重在灵活运用资源。我们既要尊重教材，又不能受教材束缚而在课堂照搬照抄，而是需要在理解教材的基础上进行创造性的应用，将适合学生年龄特点、生活背景的教学素材吸纳进来丰富课堂，从而令课堂更贴近学生，更有利于学生思考。比如，我们在教学《认识比》一课时，将制作豆奶的配比情况引入课堂（见右图），让学生看图完成豆奶的配制。这样的练习富有生活情趣，能够激发学生的学习兴趣。

食材：煮熟的黄豆50g，胡萝卜500g

同时，在课堂上，我们需要尊重学生，不能因为预设的教案而限制教学行为，要及时捕捉学生在学习过程中的困惑和错误，并将它们作为新的资源展开研究。

比如，《猴子种果树》中有一个片段：

师：学习了课文，我们认识了这位猴哥，你作为猴哥的好朋友有什么话想对他说呢？

生：老师，我想对他说：“你这只猴子，太心急了，一点耐心也没有，结果只能一事无成！”

生：我想告诉他：“猴子啊，你知道为什么你一棵树也没栽成吗？因为你太没主见了，别人说什么树好，你就种什么，下次要改正哦！”

生：我要说：“猴哥，你为什么不动动脑筋呢？为什么只种一种树呢？如果把梨树、杏树、桃树、樱桃都种上，你不是每年都能吃到各种不同的果子了吗？”（有些小朋友暗自点头，有些小朋友若有所悟，有些则拍手叫绝）

师：对啊，老师怎么没想到，看来你真是个爱动脑的小朋友。（老师受到启发）有没有小朋友想要夸夸这位猴哥？

生：我想说：“猴哥，你很勤劳，你种了拔，拔了又种，还天天浇水、施肥，我要向你学习，改掉爱偷懒的坏毛病。”

生：“你是一只勤劳的猴哥，只要再多一点耐心，你一定会成功的。”

生:我要对他说:“猴哥,你知道樱桃树难栽,还去种,想让它成活,你就像愚公移山里的愚公一样,在困难面前不低头,我佩服你!”

师:哦,小朋友们的想法都很独特,也都有自己的道理。一件事情可以从很多方面去看,从不同的角度去思考就会有不同的答案。

师:下面,请小朋友根据课文内容来表演“猴子种果树”,也可以按照自己的设想来改编这个故事,可以有不同的结尾,但同时也要注意合理性。

学生自由组合剧组,排练,表演。

文章本是借猴子种果树,批评猴子没有主见,最后一种树都没栽成。没想到,有一个学生居然站起来表扬了猴子,觉得猴子很勤劳。老师虽然很意外,但抓住时机,临时调整了教学设计,让学生夸夸猴子,并按自己的设想改编故事,从而使课堂显得格外生动!

2. 问题设计的开放

问题设计的开放意指让问题有“空间”。有空间的问题是指问题有思考价值,需要学生仔细思考才能回答,而非“是、否”的简单判断。比如,在五年级下册的科学课《种子生长发芽实验》一课里,学生在实验中发现土壤并非植物生长的必要条件。但是他们看到周边的植物,绝大多数都是生长在土壤中。于是,老师顺应学生的疑问,提出了“土壤对于植物的生长起怎样的作用”。对于这一问题,教材没有专门介绍,答案也比较复杂,并非三言两语可以回答。但显然,这一问题引起了学生的强烈兴趣,他们纷纷通过各种途径查阅资料,寻找答案。这样的问题,就是有空间的问题。

3. 教学方式的开放

教学方式的开放是指不囿于一种形式,而是应教学内容及课堂现场的变化而选择,它追求的是“适合”。课堂上,不仅仅是老师教,也可以是学生先学、质疑,再组织讨论交流的方式;还可以是老师先公布问题,学生探究问题、交流解答方案,最后再获得问题的解决。即,针对教学内容的不同及学生学习的实际情况,选择适合的方法展开教与学的过程。比如,一位老师在讲评《学写游记》时,打破了学生固有的四人小组合作学习方式,让学生围绕自己的写作内容重新分组,可以是介绍同一旅游地点,比如苏州、北京为一组,也可以是围绕山峦、海滨等同一主题为一组。这样学生在讨论的时候就能够围绕共同话题展开深入思考,而不仅限于简单的欣赏他人习作,从而更利于学生之间互相取长补短。

4. 教学评价的开放

“多元”是我们对教学评价开放的理解。这意味着评价学生的学习能力不以分数为唯一指标,可以从学生在学习过程中情感的投入、参与的热情、思维的活跃、合作的效度以及解决问题过程中灵活选择策略的情况等方面对学生进行综合评定。充分挖掘学生的优点,帮助其不断完善,同时以此激励学生不断进步。

特征二:灵动

“满堂讲”“满堂问”的课堂必然是呆板、单调的,小学生天真活泼、富有朝气,暮气沉沉的课堂只会扼杀他们的天性。课堂是学生生命成长的原野，它理应充满活力。因此，我们认为课堂应该是焕发生命力的灵动课堂。

1. 灵动的课堂是师生关系和谐的课堂

课堂上，老师不是高高在上地传达指令，学生也不是一味接受老师的观点。课堂不是老师一个人的舞台，是师生、生生彼此交流和探讨问题的场所。课堂在师生平等的对话中行进，在有序的互动中经历知识的获取。在教学二年级音乐欣赏课《三只小猪》时，为了让学生听得更投入，胡老师全身心地投入到教学活动中，把自己看成是一只小猪，和学生一样游戏，带动和感染他们。这一音乐活动是以比较开放的体验形式开展的，很多时候是学生通过自己的理解来进行表演，有些学生的动作比较出格，但胡老师不仅没有制止，反而支持他们在活动中的表现，帮助他们解决遇到的困难和问题。看似高深的音乐欣赏课就在师生互动中和谐落幕了。

2. 灵动的课堂是教学行进自然的课堂

课堂上，老师不是照搬教案，机械推进，而是能够紧扣教学目标灵活地处理课堂上发生的种种意外。有一次听一年级的随堂课，执教的语文老师正在进行拼音教学。正当她带着小朋友认真复习韵母时，一只大蚊子飞过来，叮在她的脸上。坐在前排的小朋友大喊："老师，有蚊子！"教室里骚动起来，顿时乱成一锅粥。我暗暗为这位老师捏一把汗，没想到她气定神闲地挥挥手，赶走了那只蚊子，然后微笑着问学生："刚才飞来的小昆虫叫什么名字呀？"小朋友抢着举手说："它叫蚊子！"老师在接连请了好几位学生回答后，话锋一转："'蚊子'这个词语里就有我们今天要学习的'un'这个韵母，请跟我读！"紧接着教学恢复了有序。显然，课堂并未因为这一突发状况受到干扰，而是随着老师的巧妙应对让教学的行进自然顺畅。

3. 灵动的课堂是思维被激活的课堂

学生在课堂上积极思考，互动热烈，一些难点在智慧碰撞的过程中一一化解。张丽萍老师在执教《有余数的除法》时，大胆地将问题抛给学生，在学生的"七嘴八舌"中，成功将操作的过程总结抽象为数学算式，具体过程如下：

师：正好分完能用算式表示，有剩余的情况怎么表示呢？请大家试一试，如何将"10支铅笔，每人分3支，分给3人剩1支"用算式表示出来？

学生尝试写算式后，老师组织反馈评讲。

A：老师出示其中的一种情况：$3\times3+1=10$（支）

问：这个小朋友用乘法表示，大家同意吗？

生1：不同意，平均分应该用除法表示。他表示的是每份3支铅笔，3份再和剩余的1支合起来一共10支。

B：老师出示另一种情况：$9\div3=3$（人）

问：这样表示，大家同意吗？

生2：不对，明明是将10支铅笔分，不是9支，被除数应该是10而不是9。

生3:剩余的1支没有表示出来。

C:老师再出示一种情况:10÷3=3(人)

问:这个小朋友将10作为被除数了,这样表示对吗?

生4:还是不对,因为10÷3不是正好等于3,还有剩余的1支。

师:你的意思是剩余的1支也应该在算式中表示出来,对吗?

生4:是的,否则这个算式就不对了,不是正好等于3。

D:老师出示第四种情况:10÷3=3/1(支)

问:能介绍一下你是怎么想的吗?

生5:将10支铅笔平均分,10就是被除数,前面的3表示每人分3支,后面的3表示分给3人,因为最后剩1支,所以我用斜杠在后面写上1支。

生6:我建议"="号后面的3要写单位名称"人"。

老师根据学生回答,补写:10÷3=3(人)……1(支)

有余数的除法算式一般都是由老师直接示范计算。张老师大胆选择让学生自己尝试,然后通过呈现错例,让学生在分析和甄别的过程中逐步完善,抽象出算式。不得不说,这是一个师生积极互动、思维碰撞的过程。经历这样的过程,学生对知识的理解会更为深刻。

特征三:融通

融通,这是我们理想中的课堂教学的结果。我们认为学生在学习的过程中,不能只知是什么,还要知为什么;不能只了解眼前的知识,还要知道前后知识之间的联系与区别。因此,强调学生要深度理解和掌握知识,并能由此及彼、举一反三、迁移拓展,在新旧联系、学科之间、课堂与生活间均能做到融会贯通。具体而言,融通表现在三个方面:

1. 新旧知识的联结

融通的课堂,在于唤起学生对旧知的回忆。在新旧知识间架构起联系,从而用已有知识经验推动新知的建构,又以新知识加深对旧知识的理解,实现新旧知识间的融会贯通。

在《认识方程》一课中,老师通过"天平"将方程的意义、等式的性质以及如何列方程解决实际问题联系起来。从天平两端平衡的生活现象抽象出方程,从天平一端的重量发生变化而天平依然保持平衡的思考,揭示天平两端的变化一致得到等式的性质;从天平中的相等关系出发寻找实际问题中的等量关系,并用数学的式子表示引出,用方程解决实际问题。这就将所有关于方程的内容联结成一个整体。

2. 不同学科的跨越

任何学科都不是孤立存在的。只有积极发掘学科之间的联系,激活知识间的联结,才能实现融会贯通。比如语文与音乐相结合,让学生在音乐中想象,在写作中欣赏,沉浸在音乐与文学的魅力中。再比如数学学习中画图策略的有效应用,将抽象的数学知识变为可视的图形解决实际问题……这样的课堂,打破了学科的界限,实现了学科的整合与融通。

3. 课堂与生活的贯通

古诗云："纸上得来终觉浅，绝知此事要躬行。"生活为学习提供了鲜活的素材，联系生活来学习，学生会学得更灵活、更透彻。我校有一位数学老师，在教"一一间隔"这个内容时，虽然在课堂上用了很多方法，但总觉得学生对"一一间隔"理解得还不够透彻。后来有一次在体育课上，体育老师要求"一二报数"。有一个学生脱口而出："咦，一二报数，用的不就是我们数学课上'一一间隔'这个原理吗！"很多学生听了，都恍然大悟。学生用知识解决生活实际问题，用生活经验去解释所学知识，像这样将课堂所学与生活经验贯通，活学活用，所学才有了价值。

我们认为，如果课堂实现开放、灵动、融通，那么课堂就能焕发生命活力，从而变得生动起来。如此，学生才能拥有丰富多元的校园生活，获得积极主动的生命成长。

二、改革从教材研究入手

课堂应该充满生命活力，具有开放、灵动、融通的特点。为此，我们亟需课堂教学改革。然而，从哪里改？怎样改？如果找不到切入点，没有切实可行的方法和途径，课堂教学改革就只是一句空话。

（一）寻找课堂教学存在的问题

我们再次深入课堂，分析课堂教学不尽如人意的原因，发现问题主要表现在三个方面：

一是观念陈旧。有部分老师对课堂教学的认识依然停留在"老师讲学生听"的层面。他们认为做老师就是将自己的理解明明白白地告诉学生，学生只需接受，听懂就可以。

二是能力欠缺。课堂上出现的对教材理解不透、教材把握不当等问题，很大程度是因为老师对教材的理解能力不够，看不懂教材编写的用意，看不透文字背后的思想，于是，只能照搬教材。同时，也因为有老师担心放手让学生独立思考、交流互动，课堂会出现一些难以应付的状况。面对这些，他们自知无法巧妙应对，于是为避免尴尬，就干脆一讲到底或是"小步子"行进。

三是研究不足。老师缺乏研究意识，没有真正去研究过课题，教研活动和备课组活动对于大多数老师而言就是走走形式，即使部分老师有意愿研究也力不从心。

当时，印象特别深刻的是年轻的小邵老师，她教低年级数学，非常认真。在检查她的备课本时，她另外还递给我一本教学反思录。在上面，记录了她上课后的一些思考：哪里上的不顺，原因可能在哪里？学生作业中错误较多的是什么，可能是课堂教学的哪个环节出了问题？小邵老师态度可嘉，但反思录呈现更多的是描述性的现状记录，而少了理性分析。

这些问题大大阻碍了老师课堂教学能力的提升。而要改变现状，唯有紧抓教材研究。

选择从研究教材入手，是因为教材是老师开展教学活动的材料，是教学的主要媒介，老师和学生每天都需要用到它。从身边最为熟悉的内容开展研究，老师们不会觉得有负担，相对容易接受。同时，如果老师对每一部分教材内容都能进行深度的挖掘和开发，就可以不断地思考和学习。在思考与学习的过程中，老师可以提升驾驭教材、调控课堂的能力；也可以生发教学智慧，可持续地提升教学水平，从而加快自身成长的速度。

那时，苏教版教材编辑部鼓励各地数学老师申报课题。于是，我校申报了课题《对苏教版国家课程标准小学数学实验教材挖掘与开发研究》，并获批。语文及其他学科也以备课组为单位，集中力量对教材深入解读。

一开始，老师们并不热衷于研究教材，有老师私下议论："我们专业师范毕业生，难道看不懂教材上的字吗？还需要学习怎么理解教材？"

一次教研活动，三年级选择《解决问题的策略》作为教研课的执教内容。这是继三年级上册"从条件想起"的解决问题策略之后安排的，教学的策略是"从问题想起"（例题如下图）。

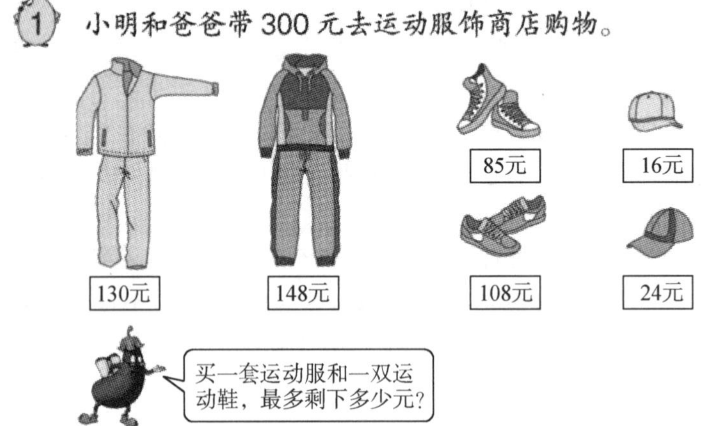

课上，老师出示例题后，因为信息量很大，问题"最多剩下多少元？"也不容易理解，学生不知道从何入手。尽管老师做了解释，但效果依然不理想。上完课后，老师们普遍觉得"从问题想起"的策略并不有效。于是，我提出两点建议：

建议一：教材例题不一定一起呈现，可以分步进行，逐一分解可以降低学生理解上的难度。

建议二：在信息量大的情况下，要根据问题准确地锁定信息。

老师们采纳了我的建议，将教学过程作了如下调整：

第一步，先出示条件，提问：根据这些信息，你能解决哪些数学问题？

根据例题提供的衣服、鞋子、帽子的诸多信息，学生提出很多问题。

学生提出问题之后，让学生思考解决它需要哪些条件？

小结：不同的问题需要不同的条件，现在你能确定哪些信息有用吗？

第二步，将教材问题稍作变化，提出"买一套运动服和一双运动鞋，剩下多少元？"这个问题。

提问：根据这个问题，现在你认为哪些信息可能有用，哪些信息确定无用？

学生认为帽子信息无用，运动服和鞋子的信息都有用。

第三步，出示教材问题"买一套运动服和一双运动鞋，最多剩下多少元？"

学生认为，现在可以锁定两个信息，即最便宜的运动服和运动鞋的信息是有用的。

通过分步提出问题，老师帮助学生很好地理解了题中的数量关系。在这个过程中，学生对于以问题为切入点的必要性也体验深刻。

对教材稍作调整，教学效果居然完全不同，老师们这下心服口服了。

而其他学科也通过种种活动，激起了老师研究教材的热情。

上海的英语教学特别强，老师们提出想去上海听课学习。于是我们联系了上海新世纪外国语学校，参加了他们的教研活动。听完课后，老师们激动不已，在回程的路上就给我打来电话："校长，上海的英语课太精彩了，他们对教材的处理跟我们不同，他们是将单元统整，将相关的内容进行整合，因此他们不是一节课一节课的学，而是一个整体一个整体的认知。难怪学生的英语水平普遍都很高！"这次的上海之行给了老师们一种全新的英语教材的解读视角，也坚定了他们研读教材、创造性使用教材的决心。

（二）以同题异构的方式推进研究

就教材讨论教材，既显得枯燥，又没有说服力。研究教材只有与课堂实践相结合，在课堂实践中检验教材研究的成果，才更有针对性。于是，我们推出以同题异构的方式推进教材研究的方法。

同题异构，即同一个内容由不同的老师执教，执教者事先分别备课，再分别执教。由于不同老师对教材的认识和理解不同，所采取的教学策略和方法也不尽相同。因此，课堂教学的效果也各不相同。针对不同的效果，我们组织大家讨论、分析对教材的理解、教学顺序的组织，并在此基础上形成对教材的解读来得出研究的成果。这样的研究方法非常实用，也很有效果，越来越受到老师们的欢迎。

中年级教研组同题异构的内容选了三年级上册的《轴对称图形》。

小A老师的课堂环节设计为：从生活中的对称现象→认识对称图形，研究对称图形的特点→动手操作体会对折后完全重合→创造轴对称图形。整堂课，气氛非常热烈，学生兴趣盎然，最后创作的轴对称图形也很丰富。

小B老师的教学设计环节为:从生活中的对称现象→初步认识轴对称图形→想象轴对称图形的产生原因→判断是否是轴对称图形→创造轴对称图形。小B老师的课堂教学并不顺畅,在探索轴对称图形产生的原因过程中,课堂一度有些沉闷。

虽然两位老师的教学环节设计大体相同,但在重点处理上差别很大。小A老师将重点放在探索轴对称图形的特点上,小B老师把重点放在体会轴对称图形是经图形运动变化而来上。对教学重点定位的不同,引起了老师们的好奇。通过查阅资料,老师们明白,轴对称图形是属于图形运动的一个内容,它是经图形翻折运动而产生的。因此,尽管小A老师的课堂非常顺畅,然而对知识点的把握却是欠妥的。这次同题异构活动改变了老师们对轴对称图形教学的认识。研讨结束后,老师们纷纷表示:"要不是这次研讨,我一直把轴对称图形这节课当作研究图形的特点来处理!"

按预先计划组织的一次次同题异构活动,帮助老师们准确、深入地理解了教材知识,把握教材的编写意图,提高了老师们的教学效率。

在校内教研组开展同题异构活动的基础上,学校还开展了校际之间的同题异构活动。我们与上海浦东、苏州、南通等地的兄弟学校结为联盟单位,定期开展各学科的同题异构活动。不同区域间的同题异构活动进一步打开了老师们的视野。

2015年岁末,我们邀请了上海浦东新区园西小学老师与我校小姜老师同题异构四年级Unit 8《Dolls》(介绍眼睛、鼻子五官的特征)。园西小学的课堂侧重于单元整体教学,深入挖掘教材内容,同时补充了大量课外内容。通过多样化的语言训练,联系实际的具体应用,使学生的语言练习更充分,对新知的学习体验更深刻,课堂教学设计基于教材又高于教材。小姜老师的课侧重于对文本的处理。通过听、说、读、写等多种方式的练习,使学生对语言知识点的认知更扎实,同时,她在课堂上将教材内容和情感教育有机地结合起来,激发了学生的学习兴趣和认知信心。

两节课各有侧重,各有千秋。评课环节,老师们谈道:如果小姜老师的课吸取园西小学课堂整体性的优点,在解读教材中就会更加注重整体性。而园西小学的课堂内如果加入情感教育,那全科育人的理念则会体现得更充分。

这次围绕英语教学的跨区域同题异构活动,让老师们看到了同一内容由于对教材的不同解读所呈现的完全不同的课堂设计。老师们纷纷表示:"真是让人脑洞大开啊,原来同样的内容居然可以上出如此不同的课来!"

校际之间的同题异构活动,尤其是不同区域间的同题异构活动更是让老师们期待。每一学期,我们都分学科与兄弟学校开展相应活动,既是比赛,展示学校集体备课的水平,又通过这样特殊的交流方式,打开老师们的思维,丰富对教材的认识。

除了组织校际青年老师之间的同题异构活动,我们还特别邀请了特级老师与青年老师同台执教。这既是对青年老师的磨炼,更是让青年老师在与名师同题做课的过程中体会对教材的不同处理,这对提高老师解读教材的能力非常有效。

一次,我们邀请江苏省语文特级老师顾丽芳和我校青年骨干潘艳老师同题演绎《只拣儿童多处行》。这一次同题异构活动至今还让语文老师们印象深刻，崔怡红副校长记录了当时课堂中感受“儿童多”的片段。

潘艳老师的课堂现场：

四人小组合作学习之后，小组汇报。

生 1：我们找到了“从香山归来，路过颐和园，看见成千盈百的学生，闹嚷嚷地从颐和园门内挤了出来。就像从一只大魔术匣子里，飞涌出一群接着一群的小天使”这两句话。从“一群接着一群”，我联想到“源源不断、成群结队、三五成群”这些词语，我还想到了《美丽的丹顶鹤》和《台湾的蝴蝶谷》中，也有类似的词语，都表示多。

生 2：从“闹嚷嚷”这个词感受到很吵。人多，所以才会很吵。

师点拨：这是一群怎样的学生？他们的心情怎么样？

生 2：可以看出这些学生很天真可爱，他们心情很激动。

师：这是一群率真、可爱的儿童。

生 3：从“挤”这个字也可以看出人多。我想到了我们去春游的时候，进入大门时，大家争先恐后，都顾不得排队，想早点进去。

生 4：“成千盈百”，含有数量的词，也说明儿童很多。

师：同学们学会了捕捉关键词语，并且联系生活实际来理解体会，真会读书！

顾丽芳老师的课堂现场：

出示第一小节：从香山归来，路过颐和园，看见成千盈百的学生，闹嚷嚷地从颐和园门内挤了出来。就像从一只大魔术匣子里，飞涌出一群接着一群的小天使。

师：自由读，讨论这一小节写出了什么。

生：写出了儿童很多。

师：很好，你从哪些地方感受到的呢？

生：“一群接着一群”“成千盈百”“挤”“涌”“闹嚷嚷”。

师：作者用了贴切的动词，还有包含数字的成语和短语，让读者感受到儿童很多。这句话还是一句比喻句，你觉得把“颐和园”比作“大魔术匣子”好在哪里？

生：感觉很神秘，让人很期待。

师：谁能用一个词语来概括这段文字的特点？

生：生动、精巧、美妙……

师：（板书）优美

师：写儿童多的句子，除了第 1 小节，你还能找到更多吗？

生：还有第 4 小节，也能感受到。

出示第 4 小节，指名读、齐读。

师：有人说冰心的文字很肤浅，好像大白话一样。你们怎么看？

生：写出了学生的神态，写出了人物的特点，不肤浅。

生：我们一读就懂，适合学生来读。

师:那我们再用一个什么词来概括冰心文字的特点?

生:朴实、朴素。

师:(板书)朴素

师出示学生查依帆的前置性作业:这段话给人很强的画面感,充分体现作者对儿童的喜爱。

可见,潘艳老师在引导学生体会"儿童多"时,引导学生在文章中寻找重点句子,再从重点语句中捕捉关键词语,非常扎实。顾老师在引导学生理解和体会"儿童多"的时候,所提问题层层深入,把学生的思维引向深处,使学生不仅知道课文写了些什么,而且能够透过文字来概括,提炼作者的写作特色。

校内、校际以及与名师的同题异构活动为老师们提供了深入研究教材的机会。这样的研究方式逐渐成为学校教学研究的重要方式,助推了老师们的专业成长。

(三)形成教材研究的三大操作策略

利用备课组活动,分新授、练习以及复习,我们分别对每一册教材作了研究。针对重点内容,我们集中学校老师骨干力量进行突破,并逐步形成了解读教材的三大操作策略:

策略一:调整

教材编写面向的是一般的地区和学生,而实际课堂面对的却是千差万别的地区和认识习惯、知识基础、文化积淀、生活经历等各不相同的学生。因此,在使用教材的过程中,需要对教材进行适当的调整。调整包括:调整教学素材、调整教学重点、调整教学顺序三个方面。调整教学素材是因为各地学生所处的环境不同,如南北地域差异、城乡差别等,老师需要根据学生实际情况调整相应素材。调整教学重点,是因为当下学生接触信息的面越来越宽,他们获取知识的渠道已不仅仅局限于课堂,因此一些内容的教学重点会发生变化,老师就要根据学生的实际情况作出判断,然后进行相应调整。调整教学顺序是指教材的逻辑顺序与学生的认知顺序可能会存在一些差异,老师需要根据学生的认知顺序对教材的逻辑顺序进行适当调整。

策略二:挖掘

教材属于显性的知识系统,学生能够在字里行间读出文字所表达的意思。然而,隐藏在文字背后的思想、情感是无形的,学生凭借自己的理解不一定能感悟深刻。因此,老师需要引导学生透过有形的文字、图片读出隐藏其后的思想、方法、情感、价值观,等等。

如数学教材里"认识分数(二)"一课中,表面上是学生从情境中理解一个整体的概念,然后将一个整体平均分后,用分数表示其中一份或几份。然而学生往往不能很好地理解和掌握这个知识点。那是因为老师并没有意识到"认识分数(二)"的教学难点在于如何解决学生的认知困惑。之前,学生观察物体,往往是从数量的角度进行,而"一个整体”的认知必须建立在学生视角变化的基础之上,需要从份数的角度去思考。如果不能解决学生的这一困惑,那这节课必然会导致学生认识分数的困难。

策略三:丰盈

学生的学习都有一个循序渐进的过程,这就需要老师帮助学生“丰盈”这个学习过程。老师将一节课的教学重难点层层分解,从易到难,由简单到复杂,从直观到抽象,在这个由浅入深的递进过程中,让学生逐渐触及直至掌握知识的本质。

同时,“丰盈”也指老师要根据学生认知的需要,将静态的教材资源转化为有利于学生探索活动的动态过程性资源,使其能更好地突出重难点,促进学生的理解和掌握。

这一策略的提炼受一堂语文课的影响。

有一次,我们请到南京的一位名师——杨敬花老师上低年级语文识字课。本来单调枯燥的课,在杨老师精心的设计下,学生学得津津有味。如,教“烟”字时,她询问学生为什么有个火在旁边,学生经此提问发现有火才能冒烟;教学“亭”时,出示一座亭子,要求学生看看图,再看看字,找出相同点,学生马上发现这个“亭”字就是一幅图。一位老师在评课中写道:“杨老师独具匠心的设计,让学生在认字识字的过程中潜移默化受到汉字文化的熏陶,感受汉字内蕴的博大精深。原来识字课还可以这样教啊!”

显然,杨老师“丰盈”了汉字丰富的文化内涵,让学生在认字的同时,理解字理,感受祖国语言文字的强大魅力。其实,无论是语文还是其他学科,在研究教材时都需要老师根据教材拓展教学内容。

整整五年,我们针对课堂教学研究只做了这一件事:通过集体备课研究教材,课堂实践检验教学设计,评课议课调整教案。我们欣喜地发现,在这个过程中,我们的课堂悄然发生了变化。

二、让教研活动真正的研讨起来

课堂存在的诸多问题,在某种程度上反映了学校教研活动的现状。我一直坚信,一所学校只有扎扎实实地开展教研活动,课堂才不至于僵化。如果课堂出现问题,那教研就也一定存在问题。我从不同方面了解学校教研活动的开展情况,老师们告诉我:教研活动一般是找几篇文章,大家轮流读;有时也会看一些课堂教学视频;偶尔还会组织大家围绕课堂评课,但往往会不了了之,因为大家不知道怎么评课,即使评,也是三言两语走走过场。

从老师们的话中,我对学校教研活动的情况有了初步的判断——有活动,但有“教”无“研”。“教而不研则浅,研而不教则空”,教与研本是相互依托,互为促进。如何改变这样的现状?

(一) 让每个老师“开口说话”

教学研讨首先应该让老师们有话说。老师们开口交流,才能显露所思所想,才能发现问题、解决问题。但是,“开口说话”并不那么容易。

2016年9月中旬,我们举办了第一次教研活动。中年级数学组的两位青年老师上完课,分管教导主持研讨。在两位执教者简单说明自己的设计意图后,评课环节开始了。这时,老师们几乎同时低下了头。那阵势,就是谁也不准备发言。无奈之下,分管教导只好一个一个点名。然而被点到名的老师,都是三言两语,而且说的都是类似“语言有一定的感染力”“教态自然”“层次比较清晰”这样不痛不痒的话。我听得实在“忍无可忍”,打断了所谓的“评课”。那一次,我很生气,质问他们:“难道听了课之后就没有思考?对教学过程难道就没有质疑?没有更好的设想?”……

事后,分管教导委屈地跟我说,那天,老师们的表现已经有突破了,至少他们都“开口说话”了。至于他们评课的内容,不可能一下子要求很高,因为大家都不知道怎样评课,因此只能那样说。

老师们除了不知道怎么评课之外,还有自信心的问题。

有一次,学校邀请苏教版教材编者、江苏省小学数学特级老师李新来校讲学。为了保证活动顺利进行,学校事先给老师们布置了任务——就平时教学中的问题,向李老师请教对教材理解的困惑。在李老师为大家示范教学《圆的认识》之后,研讨环节开始了。没料到,现场顿时鸦雀无声。我的目光扫视着数学老师们,期待有人能站出来提问或是对李老师的课做一些点评,然而尴尬的无声局面持续了很久……活动结束后,我把数学老师们留下,劈头盖脸一顿批评。“事先都做了布置,怎么还会出现那样的状况?是老师们没有准备吗?‘开口说话’就那么难吗?”

事后,我了解到,老师们并非没有准备,只是他们从未在公开场合,而且是在专家面前发过言。他们怕说错,担心提的问题过于浅显而被人笑话。种种顾虑之下,就选择了沉默。

看来,打破僵局,要从老师们“有话说”“敢说话”开始。“有话说”需要让老师们了解评课是怎么回事、如何评课才能解决问题。

于是,我做了较为充分的准备,给老师们做了一次关于如何评课的分享交流,建议大家可以从评课的作用、内容、方法和意义四个方面着手,并通过大量的案例加以说明。当时我跟大家强调:

评课是为了交流探讨。因此,参与评课就需要开诚布公地表明观点,同时也可以对听课过程中的疑虑进行提问。这样才能促进对教学内容的理解。

评课是为了判断分析。判断的目的不在于甄别,而在于研究。课堂教学的成功是因为什么?课堂教学中出现的问题又是什么原因导致的?分析原因和诊断问题才能促进课堂教学的改进。

评课是为了激励促进。评课不是故意找茬,不是盲目推崇,也不是隔靴搔痒,而是通过深入的交流和研究,激励和促进大家向着正确的方向努力。

同时,我还举例说明了评课可以从教学理念、目标实现、教材解读、过程处理、方法引导、练习设计、教学效果、基本功等方面展开……

分享交流刚结束，盛老师就兴奋地跟我说："校长，下次评课我有话说了。"

正如盛老师所说的那样，在接下来的教研活动中，老师们"开口说话"了。一开始，只要"开口"评课，我们就加以鼓励。慢慢地，老师们从有话说变得敢说，而在说的过程中评课水平也逐渐提升了。

2007 年 12 月 5 日，我校与沪太外国语小学、常熟练塘中心小学举行三校语、数同题异构活动。三所学校各由一名语文老师和数学老师执教，语文学科同题异构的内容是《厄运打不垮的信念》，数学学科同题异构的内容是《解决问题的策略》。由于前期作了充分的准备，在这次活动中，无论是执教者的表现，还是老师们在评课过程中的表现，都给人留下深刻的印象。记得当时在数学评课现场，刚参加工作两个多月的钟长军老师以"三个用"作为即兴的评课稿，"用情景唤醒策略的需要，用过程体验形成策略，用交流反思提升策略"，赢得了参加活动的老师们的赞赏。

从"没话说"，到"有话说"，这是一个大的跨越。跨出了这一步，才可以说老师参与了教研活动。这个过程需要勇气，而勇气来自鼓励，来自尝试，来自方法的指导。

（二）让"对话式"的教研真正发生

显然，"对话"是开展有效教研活动的前提。只有"对话"，才能实现思维碰撞，迸发教学灵感。当老师们在教研活动中慢慢"有话说"之后，我们就提高要求，要求老师们在教研现场，不只说自己的观点，还需要与他人互动。

互动，首先要有自己的观点，因为对话一定是建立在双方各有思考的前提之下的。其次，还需要倾听。倾听并非单向的接受，而是在听的过程中快速分析他人的观点，是认可还是否认，是赞许还是疑义，需要快速做出判断，这也是构成对话的关键因素，可以说，没有倾听就没有对话。再次，还需要表达，表达自己的想法，表达对他人观点的意见。

随着我们对教材研究的深入，伴随着不同层面同题异构教研活动的组织，学校内积极开展教研活动的氛围越来越浓。

2017 年 10 月，学校组织了一次语数联合教研活动，邀请了原江苏省教育科学研究院基础教育研究所副所长孙孔懿老师作课堂教学的指导。在本次活动中，由胡慧老师执教低年级语文课《狼和小羊》，陈晓丹老师执教中年级数学课《练习课》。课后，我们展开了一次别开生面的评课。老师们有评本学科的课，还有跨学科谈听课感受。一个老师还没讲完，就有老师示意要发言。争先恐后发表观点和不断补充同伴意见的研讨现场让孙孔懿老师非常欣慰。孙老师说："这就是百川精神在课堂的最好体现啊！"

的确，每个人勇于表达自己的想法，并对他人的观点作客观评析，这样的氛围在我校渐渐形成了。而且，在研讨的过程中，老师们从来不人云亦云，彼此认可就产生共鸣，而意见不合则各自坚持。

图1　原江苏省教育科学研究院基础教育研究所副所长孙孔懿老师来校指导

一次，杨九俊会长来校指导语文教学，郑渊老师执教了《螳螂捕蝉》，她通过这样的方式展开教学：先告诉学生，"螳螂捕蝉"这个故事出自刘向的《说苑·正谏》，她先出示《说苑·正谏》一书中关于"螳螂捕蝉"的小古文，让学生读一读。之后，回到课文，请学生自己读，并尝试用课文中的语言去翻译小古文……

在课后研讨环节，老师们对她的教学设计展开了热烈的讨论。

孔丽老师表示，从小古文引入，再回到课文，用课文语言去翻译，这样的教学处理对学生来说比较困难。她的理由是苏教版教材中关于小古文的编排很少，学生接触的不多，因此，这样的设计可能会让部分学生产生畏难情绪。

赵亚琴老师立即表示不同意见，她认为对于六年级的学生而言，小古文的理解并不算难。也因为苏教版教材编排小古文少，学生才会更觉得好奇，用小古文引入更能激发他们学习课文的兴趣，如此一张一弛的教学处理只会让课堂更有张力。

然而，孔丽老师觉得先学课文，在熟悉故事的基础上再出示小古文，也同样能激发学生的兴趣。

冯丽花老师认为，六年级学生先学古文再学课文未尝不可，但重要的是引领学生去探讨寓意这条看不见的线。而且她还提出在结尾通过写话揭示寓意，如果能够延伸到生活中就更好。

那一次，老师们争得面红耳赤，谁也说服不了谁，最后，大家将期待的目光聚焦在杨会长身上……

活动结束之后，杨会长感慨地说道："这样的教研氛围是需要经历多少年才能形成啊!”杨会长的感慨是对我们教研活动的肯定,更是对我们教研氛围的赞赏。在杨会长这样的大咖面前还能侃侃而谈,表达不同的观点,那是得有足够的自信啊!

我也记不清我们究竟经历了多少年才形成了具有独立思考、真诚分享、求真务实的教研方式。仔细想来,其实也并不长,办好每一次教研活动,并循序渐进,不经意间“对话”就开始了。

(三)用主题式教研促进专业发展

教研是为了促进老师专业发展的提升,然而在跟教科室主任查看老师文章发表的数量时,我们发现从发表的量来说不够。通过百川讲坛的磨炼,很多老师的表达能力已经达到相当的水准。经过大小课题的研究,经历了一次次教研活动的锤炼,写出好文章对我们老师而言并不是难事。老师们告诉我:“想想、说说就过去了,事后就懒得用文字整理出来!”是啊,恐怕就是“惰性”阻碍了老师们的文章写作。我记起孙孔懿老师曾经向我建议:在老师们参加教研活动之后,鼓励他们完成教后感的撰写。他说:“我们不是没走路,我们走了很多路,只是没有留下足迹。”

我们在思考:怎样的教研活动可以留下我们的足迹?于是,我们开始实行主题式研讨。主题式研讨的“主题”来自老师的困惑,来自常见的教育现象,同样也来自课堂教学存在的问题。

让我印象深刻的是2015年10月15日举办的关于“学生‘嘀咕’现象研讨”的活动。当时我们请来《上海教育科研》副主编徐志强老师来指导研讨活动。研讨就两个话题展开:一是结合自己的学科教学,谈谈你对“学生‘嘀咕’”现象的理解和思考,二是结合案例,谈谈你是怎么处理“学生‘嘀咕’”现象的。

有老师认为“嘀咕”是因为课堂上学生没有足够的表达机会,也有老师认为“嘀咕”是因为学生缺乏表达的自信,还有老师认为“嘀咕”就是内心想法的自然流露……唐敏洁老师谈到学生“嘀咕”可能是因为成人缺乏儿童视角,她举了一个例子:科学课上,学生用蚯蚓做实验,判断蚯蚓是喜欢干燥的泥土还是湿润的泥土,几次实验下来,蚯蚓奄奄一息,学生暗自嘀咕:“蚯蚓太惨了!”为此,她认为在教学时老师往往缺乏儿童视角,从而造成学生之间的相互嘀咕……老师们所分析的造成“嘀咕”现象的原因多达十多种。同时,老师们也谈到面对“嘀咕”现象的一些做法,有置之不理的,也有批评教育的,还有积极引导的……最后,徐主编在我们回答的基础上,总结提炼了应对“嘀咕”现象的五种不同类型的方式,并且勉励我们,将老师们发言的内容作一个整体梳理,再进行一些深入剖析。他认为,这样的文章就是源于实践、并能指导实践的有意义有价值的文章。在徐主编的鼓励下,我们进行了总结梳理,并形成了《老师眼中的课堂“嘀咕”现象》一文。

这次主题式研讨活动的成功给了大家很多启发,它实现了跨学科交流,促进了老师们对一般教育现象的认识,同时推动了行动研究,有效帮助了老师们谋篇布局,形成研究成果。

当然,我们的学科活动也常分主题进行。与以往不同的是,在评课环节,我们推出了主题式评课。主题式评课是指结合课题研究或是某个教学现象进行深入剖析及对策思考。这需要老师在听课的过程中快速反应,捕捉某个“有想法”的点,并深入探索。无疑,这对老师提出了更高要求。

一次,我们与常熟高丽老师的名师工作室进行了以“让学习走向深入”为主题的联合教研活动。在两个名师工作室的老师代表执教了《认识整万数》和《三角形的面积计算》后,进入评课环节。

针对《认识整万数》这堂课上老师没教而学生已经能够正确地读、写整万数的现象,小桂老师用“学生会了,怎么办?”抛出问题。她认为,在数学教学中,经常会碰到一些知识点学生已经会了的情况,那么作为老师的我们应该怎么办?是将新课上成练习课,还是不管不顾按照自己的设计开展教学,无视学生的实际认知情况?她提出了三点:第一,学生表面上会了,但我们可以引导学生追溯学理。学生能读数、会写数,但他们不一定懂为什么能这样读数、这么写数,因此需要进行学理的追溯。第二,要进行方法的提炼。学生读、写数的方法不一定科学,也不一定便捷。老师需要了解学生的想法,帮助他们优化。第三,要进行知识的连通。整万数与之前所学的整千数、整百数、整十数之间有没有什么联系和区别?这些问题需要老师加以引导。她谈的这三个方面,恰恰是执教者所忽略的,而这三点提炼,正好可以作为文章的基本框架。

小王老师受她的启发,用“学生学过了,我们还可以做什么”为题进行评课,因为《三角形面积的计算》是一节拓展课,是学生在已经学了三角形面积计算的基础上学习的。她结合执教者的创意,归纳了三点:第一,学生学过,我们可以拓展思路,从另一个角度再次探索三角形面积计算;第二,从不同角度探索,促进方法的迁移;第三,实现视角的转变。

主持人在大家讨论的基础上,撰写了《如何让学习走向深入》初稿,提炼了三个观点:第一,让学习走向深入,需要从流程走向过程。这意味着学习要避免蜻蜓点水、浅尝辄止,要让学生体验,在体验中深入探索。第二,让学习走向深入,需要从单向走向多向。因为课堂只有师生、生生间多向互动,学习才能深入。第三,学习走向深入,需要从经验走向专业。即要帮助学生结合生活进行数学学习。

“他们真的可以做到出口成章啊!”兄弟学校的老师们不免有些惊讶。是啊,从不会说到出口成章,老师们的变化大家有目共睹。究竟是怎么做到的?答案是坚持,是与时俱进。而这些已化作百川园的基因,被代代相传!

四、在对“问题”的研究中形成教学主张

在研究教材的同时,我们意识到,研究教材,仅从了解教材的编写意图、梳理知识形

成和发展的脉络、从学生的实际认知情况判断教材内容学习可能遇到的困难等是不够的。因为教学需要老师将自己对教材的理解转化为问题，以问题引导学生学习，从而推进教学进程。

接下来的一次教研活动，更是坚定了我们的这一想法。

那是一年级教学组主持的一次教研活动，小吕老师执教苏教版一年级（上）的《10加几》。

她先出示主题图，提问：从图上你知道了哪些数学信息？

学生回答。

再提问：你能根据该图列出四道算式，并说说每道算式的意思吗？

学生写出四道算式。

老师指着算式 10＋5＝15，提问：你能用数的组成说说 10＋5 为什么等于 15 吗？

……

作为新老师，她的课层次清晰，学生掌握的也都不错，但大家总觉得似乎哪里不对。经过分析，老师们认为不足之处在于课堂上的问题过于浅显。以上面的片段为例，老师提了三个问题。乍一看，目的性比较明确，然而细细推敲后发现对提升学生的思维价值不大。因为“10 加几”是后续“9 加几”“8 加几”等内容的教学基础，“10”在后续学习中意义重大，“9 加几”“8 加几”的算式一般都是转化成“10 加几”进行计算。因此，这节课的重点并非仅仅是算出“10 加几”的结果，还需要引起学生对“10”的关注，体会“10加上一个数”可以根据数的组成口算出结果。如何引导学生关注到“10”的价值？老师建议将第三个问题改为：“刚才小朋友们怎么能那么快的计算出结果，有什么特点吗？”后经实践证实，调整后的问题是有效的。之后，大家有意识地在听课时将问题记录下来，评课时一起讨论问题设计的思路。不知不觉中，“问题”成为我们教学研究的主要对象。数学组成功申报了江苏省教研室重点课题《问题教学在小学数学教学中的研究与实践》。

（一）对问题的认识和理解

哲学家波普尔说：“科学与知识的增长，永远始于问题。”问题的重要性不言而喻，然而，怎样的问题才能真正称之为教学中的有效问题？老师们并不明确。事实上，真正的“问题”，对学生而言不是靠简单地模仿就能解决的，需要经过个人或小组的探索性活动才能找到答案。因此，教学中的问题应该能够使学生处于愤悱状态，应该能引起学生思考并向学生发起智力挑战。

有了对问题的准确认识之后，课堂上，“满堂问”的现象明显减少，大家努力提出“好问题”。可什么样的问题属于“好问题”呢？通过研究，我们总结了“好问题”的三个特点：

1. 情境性

问题通常是有背景的。问题的情境性，能让学生感受提出问题的过程，总结提出问题的思维方法。情境性有利于帮助学生体会问题的价值，感受提出的问题来自现实需要，能够激活学生的思维，让学生在具体的情境中得到启发。

在一次苏州市的公开教学中，小钟老师执教《圆柱、圆锥的认识》时，他跟其他老师一样，出示了不同形状的图形，让学生分别说说是什么形状。但不同的是，他出示不同形状物体的目的并非仅仅是让学生分辨哪些是圆柱、哪些是圆锥。当学生回答之后，他再次追问："这些物体高矮、粗细都不同，但都是'圆柱'，这说明它们有一些共同的特征，这些特征是什么呢?"这一问题看似普通，但听课老师们认为，小钟老师看似无意的追问，却自然引出了学生们对圆柱特征的探索。这一问题的提出有背后情境的铺垫，因此问题就显得不唐突了。

2. 挑战性

课堂教学中的问题具有挑战性，表现在三个方面：问题具有思维空间，需要学生经历探索和思维的过程才能解决；问题对于学生来说是新颖的，能够吸引他们去探究和思考；问题能够让学生在知识、技能、方法等方面有所收获。

五年级的老师们研究《认识方程》，在讨论怎样让学生理解方程的意义时，作了如下设计：

出示表示相等关系的图片和数学信息(见下图)：

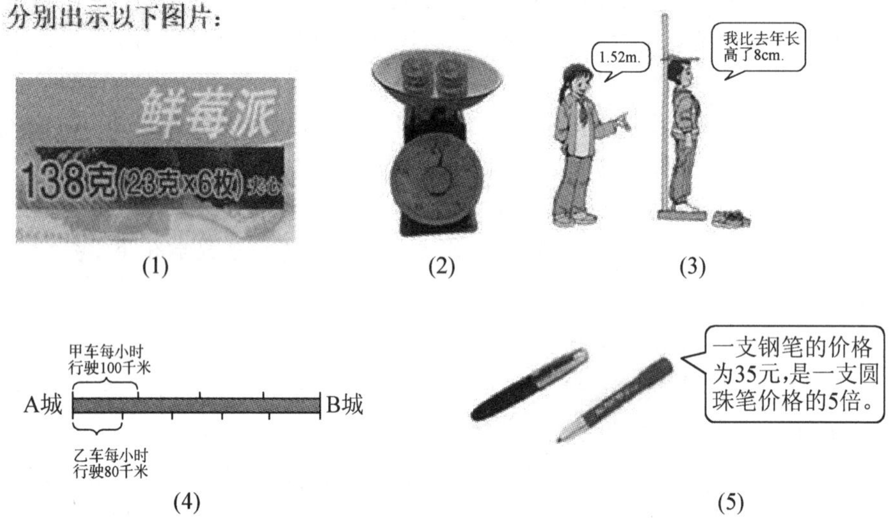

学生分别找到每道题中的相等关系。

提问："能用数学的式子将题中的相等关系表示出来吗？观察这些式子，有什么相同之处与不同之处。"

这是极有挑战性的问题，因为学生之前接触的都是已知数量参与的计算，而图片中显然需要未知数量参与计算，这与他们之前的认知产生了很大的冲突。在这一问题的引领下，学生对“等式”“含有未知数的等式”有所了解，同时在比较的过程中，进一步理解了方程的本质。

事实表明，这是立足本质、整体建构的设计。

3. 生长性

问题的生长性是指课堂教学中的问题既与当前研究的内容有关，又值得学生回味、思考，能自然延伸到后续学习内容，“意味深长、发人深思”。

在上六年级上《拱形的力量》一课时，同学们通过实验发现，拱形受压会产生一个向外推的力，抵住这个力，拱就能承载很大的重量。接着，老师提出问题：“如果有很多相同的‘拱’，以拱的最高点为中心交叉组合在一起，是不是可以承载更大的重量呢？”经过讨论，学生发现：假如有很多相同的拱，以最高点为中心交叉组合在一起，拱最多的情况下就变成了半球。于是，自然产生了新的问题：“半球是不是更牢固了呢？半球还需要抵住拱向外推的力吗？”这些问题与后面的《找拱形》一课联系起来了。

就这样，各学科展开了对问题的特征、来源以及设计的探索，研究成果也陆续在《小学数学教育》《小学数学老师》《科学》等杂志发表，“问题教学”逐渐有了一些影响力。

(二)“核心问题”统领教学的提出

在对问题教学研究的过程中，又发生了一件事。那件事，让我们深受启发，找到了课题研究新的生长点。

在2011年学校的“园丁杯”评优活动中，汤月兰老师的一堂课让我眼前一亮。她执教的是五年级(下册)《分数的意义》。

课堂开始时，她提出问题：我们在三年级的时候学过分数。想一想，我们学的分数是分什么，怎样分得到的？

生1：把一个饼平均分成4份，这样的1份用$\frac{1}{4}$表示。

生2：不仅可以把一个饼平均分，也可以把一个长方形平均分后用分数表示。

……

老师出示图，请学生分别用分数表示涂色部分：

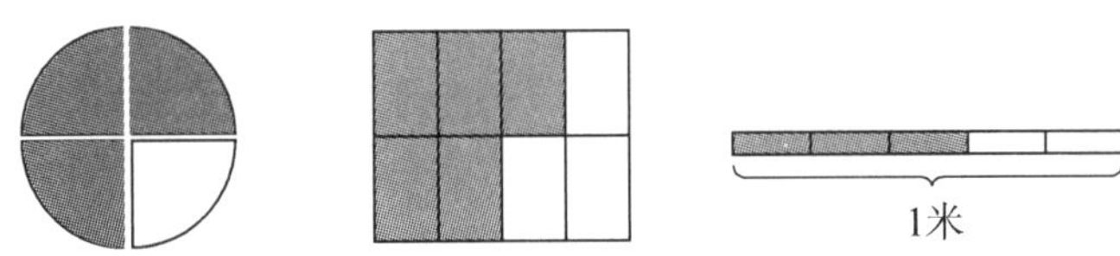

生：第一幅图用$\frac{3}{4}$表示，第二幅图……

老师提问：刚才这些分数各是把什么分一分，怎样分得到的？

小结：把一个物体、一个图形、一个计量单位平均分，这样的1份或者几份就可以用分数表示。

老师再出示:

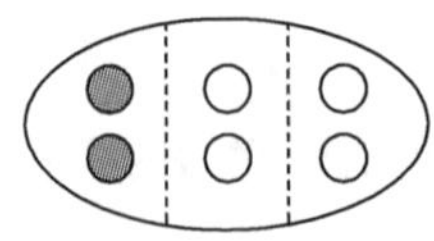

提问:这是把什么分一分,怎样分的?能用分数表示吗?

生:这是把 6 个圆平均分成 3 份,可以用分数表示。

汤老师用“把什么分一分,怎样分?”统领了整堂课,有效凸显了重点、化解了难点。分数产生的前提是平均分,认识分数的难点在于抽象出“单位 1”,显然,汤老师所提炼的这一问题指向了教学的重点和难点。听课后,我非常激动,连夜着手写《核心问题,有效教学的统领》一文,并发表在《教育研究与评论》2011 年第 10 期上。

我们敏锐地察觉到,核心问题将是问题教学研究的一个重要方向。因为,核心问题统领,更有利于学生明确学习目标。核心问题是针对教学的重点、难点高度提炼而成的,它直接指向学习目标,因此学生能根据问题明确学习任务。

它更利于学生践行自主学习的方法。核心问题极具思维含量和思维张力,因此需要有充足的时间和空间去解决。有了时间和空间,学生就可以充分调动自身的相关知识和经验储备,或独立探索,或与同伴合作,相对而言,学生学习的主动性就增强了。

它也更有利于学生思维能力的发展。核心问题不同于一般的课堂提问,它因凝练而给思维留下很大的空间。学生需要调动已有的知识储备,通过观察、分析、推理、想象、概括等方式去做深入思考。因此,学生的思维能力会因研究的推进而不断提升。

它还更有利于学生整理所学知识。核心问题是围绕教学目标提炼而成的,能够为学生主动地回顾和总结学习过程留下清晰的线索,从而使学生对所学的内容留下深刻的印象。因此,能帮助学生有序地回忆。

于是,我们的研究视角转向“核心问题”。

(三)凝练课堂教学主张

2013 年 12 月,太仓市教育局为培养高层次教育人才,成立了“首届名师俱乐部”,特聘时任江苏教育学会会长杨九俊、省规划办主任彭钢、省教研室董洪亮等专家学者担任导师,而我有幸成为首届学员。第一次活动,导师给我们八名学员布置了一项作业——提炼教学主张。

用什么概括我对课堂教学的认识和理解最为合适?什么最能代表我的课堂教学特色?我把问题带回学校,请老师们帮我一起出主意。大家七嘴八舌地讨论起来,意见非常集中:多年来,我们致力于问题教学的研究,近期又尤为关注核心问题,因此,“问题教学”“核心问题”是我们的教学特色,在提炼教学主张时要有这些关键词体现,但怎样组织语言，如何提炼，还不明晰。

2014 年 12 月，《小学数学老师》编辑部“辩课进校园”第 17 站走进我校。我校钟长军老师和潘小明名师工作室的陈培群老师分别执教《单式折线统计图》和《复式折线统计图》。为了上好《单式折线统计图》，我们多次打磨教学计划，尤其在提炼核心问题时反复讨论。我们一次次地追问：学生对折线统计图的认识有哪些？他们学习的困惑是什么？学习折线统计图的价值究竟体现在哪里？经过多次磨课，我们发现，“点”和“线”是认识折线统计图的两个重要因素。“点”的意义学生能够理解，因为看图可以直观地了解点表示的是具体数量，但“线”的意义就很难体会。于是，我们将“点已经能够表示数据的多少，为什么还要连成线？”作为全课的核心问题。在活动中，钟老师的这一核心问题让听课老师们眼前一亮，而学生也在核心问题的引领下，主动探索，获得“连成线之后，就能看出变化的趋势”的体会。在辩课环节，主持人和与会老师对我们的核心问题赞赏有加，其中陈洪杰老师的点评“核心问题统领的教学特色鲜明”顿时给了我们灵感。我们的课堂教学主张为何不直接提炼为“让核心问题统领教学”？

图 2　钟长军老师在“辩课进校园”活动中执教研讨课

2015 年 3 月，在名师俱乐部的最后一次大组活动中，我将我们对课堂教学主张的提炼以及阐述做了汇报，导师们对我们的想法予以肯定。杨九俊会长建议将“让”改为“以”，于是，“以核心问题统领教学”成为我的课堂教学主张，同时也成为我校数学学科的课堂教学主张。

明确了课堂教学主张之后，我们对“核心问题”以及“核心问题的特征”做了深入研究，形成如下认识：

我们认为，理解核心问题的内涵需建立在理解“统领”一词的基础之上。统领，从字面上理解,“统”即总起来、总括、全部的意思;“领”作名词,可表示大纲、要点,作为动词,含有带、引的意思。核心问题统领教学,即核心问题要能统整、引领、揭示要点。因此,我们可以这样理解核心问题:它首先是问题。在课堂众多的问题中,它有着特殊的地位,它指向所学知识的本质。通过它,学生能理解所学知识的要点,并能促成对知识的深刻理解;它整合教学内容的关键和重点,其他的问题由它派生出去,并与它有着内在的逻辑关系;通过它,学生能实现知识的整体建构;它具有一定的思维深度;解决它,学生的思维需要经历一番挑战。因此,它是问题的核心,是思考的动力,是知识学习的要点。与其他问题相比,核心问题具有如下三个特点:

1. 构成性

构成性是知识学习所依赖的特点。对于核心问题来说,它指向知识的本质,解决了它,就能理解所涉及的知识。因此,构成性的学习旨在使学习者形成对知识的深刻理解,而非停留在记忆、模仿的层面。深刻理解知识,意味着学习者要切入知识的核心,对所学内容作出自己的解释和判断,形成自己的见解。

2. 提挈性

提挈性是指在一堂课所设计的所有问题中,核心问题处于统率的地位。它揭示了整节课的关键和重点,通过它,学生能够认识知识的本质;解决它,其他的问题也能迎刃而解。在它的统率下,学生能够清晰地了解学习脉络,了解知识发生发展的过程。

3. 建构性

核心问题着眼于整堂课内容甚至于整个单元的知识。通过它,学生能够体会知识之间的联系。建构性的特点可以从两个方面理解:对于本身的问题内容而言,它较一般问题思维视野更开阔;从与其他问题的关系上看,它能由此及彼,派生出与之有逻辑关系的问题,为后续学习作铺垫。

从最初的课堂教学观念陈旧到如今拥有了较为前沿的课堂教学主张,我们经历了努力不止、思考不停的研究历程。在这个过程中,老师们收获了研究的习惯、专业的成长,而学生也因课堂的变化而提高了学习效率。

五、以项目推动教学品牌的树立

写到课堂教学,不得不写一写我们的数学教学团队。在经历了教材研究、问题研究以及问题教学的研究之后,2017 年 3 月,我们向江苏省教育厅申报前瞻性项目,通过层层答辩,“以核心问题统领的小学数学课堂教学”被正式列为省前瞻性项目。这既是对项目本身的意义和价值的肯定,也是对我们科研水平的认可。

然而,如何推进项目研究?在之前研究的基础上哪些地方需要深入探索?如何深入?这些问题依然困扰着我们。

周五下午的第一、第二节课,是前瞻性项目核心组团队每周的例会时间。开例会的时候,大家在分享对一些课的想法时,我猛然发现:我们的研究进度受阻,老师们提炼的核心问题不尽如人意，很大原因在于大家的备课思路没有变化，他们依然是从如何引入、新授部分如何进行、练习环节怎么设计这样传统的流程式的备课方式进行思考。但这样的思考方式显然与核心问题的研究相矛盾，因为核心问题统领的教学，力求实现三个转变，即“碎片化学习”向“结构化学习”转变，“模仿式学习”向“理解式学习”转变，“被动式学习”向“主动式学习”转变。要实现这样的改变，老师们需要从整体来思考，而不是从局部出发。因此，推进项目研究，必须要改变备课的思考方式。

（一）改变备课方式

为了尽快改变老师的备课思考方式，我们决定先从改变备课的记录方式做起，从备流程转变为备问题，一节课的备课内容最终需要形成一张问题结构图（具体备课要求如下图）：

<table>
<tr><td>教学
内容</td><td colspan="2"></td><td>教学
时间</td><td></td></tr>
<tr><td>教学
目标</td><td colspan="2"></td><td></td><td></td></tr>
<tr><td>重点
难点</td><td colspan="2"></td><td></td><td></td></tr>
<tr><td>教学
前思</td><td colspan="2"></td><td></td><td></td></tr>
<tr><td rowspan="4">教学
过程</td><td>教学
环节</td><td>学习素材</td><td>问题设计
和意图</td><td>学生活动</td></tr>
<tr><td></td><td></td><td></td><td></td></tr>
<tr><td></td><td></td><td></td><td></td></tr>
<tr><td></td><td></td><td></td><td></td></tr>
<tr><td>问题
结构图</td><td colspan="4"></td></tr>
<tr><td>教后
心得</td><td colspan="4"></td></tr>
</table>

当时，这是一个比较艰难的决定。因为那时，学校的备课资源已经积累了整整八年。八年来，我们不断充实十二册的备课内容，这些成熟的备课内容减轻了老师的备课负担，他们只需在此基础上根据班级的现状，稍作调整就可以完成备课任务。然而，备课格式的改变意味着要放弃原有的那一套，尤其是“问题结构图”，更是让老师们头疼。尽管有困难，但我们还是坚持了下来。

改变备课方式，不仅仅要改变备课的记录方式，更重要的是改变备课的思维方式。

从教材解读来讲，这种备课方式视野更开阔。老师需要从三个角度去分析：对核心内容即教育价值的认识、对学生认知实际情况和规律的分析、对知识之间相互联系的认识。

从备课的思路来说，这种备课方式更具整体性。一共有五个步骤：第一步，确定教学目标，目标直接影响问题的设计；第二步，设计大环节，将教学内容分成有逻辑关系的几个环节；第三步，设计核心问题，根据核心问题再设计辅助问题；第四步，梳理问题序列，即理清核心问题与辅助问题之间的逻辑顺序，确定问题揭示的顺序；第五步，形成问题结构。

为了便于大家理解和操作，我们以三年级下册的《认识分数》为例，作了示范。

这部分教学内容是一个整体的几分之一。学生学习这部分内容相对困难，因为，这是从一个物体的几分之一到一个整体的几分之一，学生需要实现由一个物体到一个整体的认知突破。我们知道学生难以突破原有认知，却并没有真正意识到原因是什么。为了了解学生真实的想法，我们做了很多调查，发现原因在于“学生观察视角的问题”。之前，学生习惯从数量的角度观察，但认识一个整体的几分之一需要学生从份数的角度观察。

准确分析之后，我们着手备课。首先，确定了三个教学目标（略），并基于目标，将全课分成三大环节，分别是：

第一，对比引新，学习从份数的角度观察。（见右图）

第二，推理概括，学习用分数表示一个整体的几分之一。

这一环节再分三个小环节：(1) 推理分析，认识“一个整体”；(2) 具体运用，用分数表示一个整体的几分之一；(3) 引导对比，强化对一个整体的认识。

第三，引导体验，深化一个整体的几分之一的意义。

然后，提炼核心问题，设计辅助问题，并按顺序进行梳理，最后形成问题结构图：

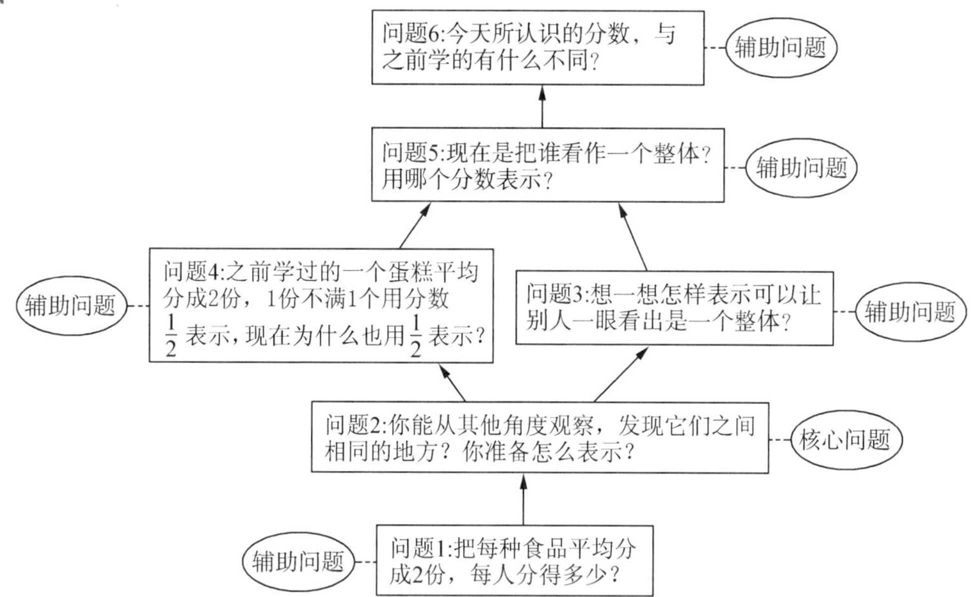

一开始，老师们还有些不适应，但时间长了之后，他们慢慢体会到了这样备课的好处。

王珏老师告诉我，当她跟同学聊起备课的时候，有很强烈的感觉：我们的备课明显优于他们的。她说："有了对比，就感觉现在的更清晰。一节课，几个环节，最后形成一张图，清清楚楚。上课的时候抓住了关键的这几个问题之后也能更放得开。"

王珏老师的话让我明白，改变后的备课方式已经基本实现了整体性思考、结构化备课的目标。这正是"核心问题统领教学"所需要的备课方式。只有老师整体性地思考教材内容，结构化地进行备课，学生才有可能实现结构化学习。

（二）"教评研训"一致性推进

备课方式改变的同时，我们的教研培训方式也随之发生变化。

教导处提出，为了加快前瞻性项目研究的步伐，在组织教研培训时应该更集中，针对前瞻性项目研究过程中遇到的问题、困难展开，这样更有利于项目的推进。教科室提出，老师们在撰写每月的随笔、案例反思时可以多写写前瞻性项目研究的相关内容，这样能够帮助他们积累素材……受各部门建议的启发，我们提出了"教评研训一致性"的想法。

教，指课堂教学实践，指将研究的内容付诸实践，检验研究成果。

评，指教学实践的分析。分析讨论包括四个方面：一是核心知识与课时内容存在怎样的关系？二是课时目标的定位是否准确？三是基于核心问题统领的问题结构如何搭建？四是基于核心问题的问题结构是否能促进学生深入思考？

研,指教学成果的提炼。在项目研究过程中,老师们围绕项目内容,结合备课、评课的过程,做进一步思考分析,总结研究心得,提炼研究成果。

训,指项目研究的培训。针对研究过程中出现的问题、困惑,聘请专家作针对性培训。

我们将培训、上课、评课、研究成果提炼进行一体化思考,并加以实施。

有一年,太仓市数学教研员提倡大家一起研究“解决问题策略”的教学,组织的公开教学、课堂评优活动的内容都指向它。老师们提出,我们可以请相关专家为大家讲讲关注这部分内容教学的注意点。于是,我们联系了苏教版教材编辑部的侯正海老师来校,用了整整一天的时间,给老师们作《解决实际问题教学问题谈》的分享。他从核心素养说起,按照年级、类别做了详细的梳理,从一步、两步,再到三步及以上的实际问题展开,最后就“解决问题的策略”的编写意图逐一作了讲解。侯老师的报告解开了很多老师心中的困惑。

之后,小桂老师参加评优活动,执教内容是四年级下册的《解决问题的策略》。老师们结合侯老师的报告,展开了研课、磨课。经过三次磨课后,形成了这样的教学思路:

例题:小宁和小春共有72枚邮票,小春比小宁多12枚。两人各有邮票多少枚?

第一步,先让学生质疑,发现看文字解题“无从下手”,于是产生画图的需求。

第二步,带着学生尝试用线段图表示题意(见下图),借助线段图让学生再观察,发现:如果两个数量同样多,问题就容易解决。

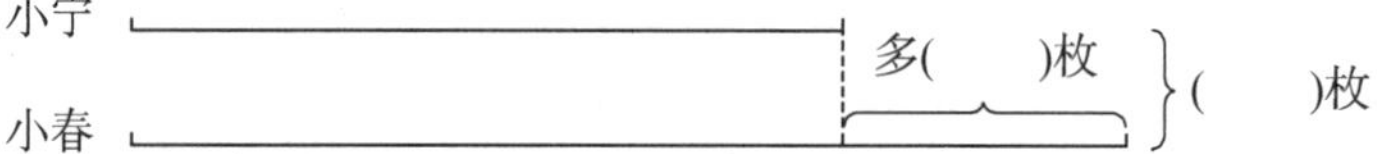

第三步,再观察线段图,思考:“怎样使两个数量同样多?同样多之后数量之间又有了怎样的变化?”

磨课后,小桂老师如期参加了评优活动。结束回校,她就抑制不住兴奋地找我:“校长,我上完课后很多听课老师都问我要课件,都在说,我们的教学设计非常好,尤其是问题的设计,让他们印象深刻!”针对性的培训,使我们对教材的理解以及教学处理的分寸把握更加科学。因此,小桂老师的课受到好评。

那次活动之后,老师们形成了自己的反思,撰写了一些颇有质量的文章,如《好问题,让策略的教学价值显现》《策略与解题,应该“唇齿相依”》《如何上出“策略的味道”?》……

类似于这样的“教评研训”指向一致的活动我们一直坚持开展。期间,我们得到了苏教版小学数学教材编辑部、《小学数学老师》编辑部、《江苏教育》编辑部、《江苏教育研究》编辑部等单位的支持。

2017年10月初,《小学数学老师》副主编蒋徐巍老师找到我,希望我们可以承办由南京大学哲学系教授郑毓信牵头的首届“中国数学教育‘问题特色’研讨活动”。该活动规格高、接待任务重、筹备工作复杂，我们一度有些犹豫。然而，这是全国首个关于“问题教学”的专题活动，是推动问题引领教学理论与实践融通，提升老师的教研意识和专业成长，促进学生数学核心素养发展的一项有意义的活动。因此，我们最终欣然接受了挑战。活动于 11 月 25、26 日如期举办。来自全国各地的问题教学领域的专家，各大教材的主编，各师范院校的博士生导师、教授，全国知名的特级老师，在问题教学领域有多年研究的专业工作者等共 150 多人参加了活动。

活动以主题报告与现场讨论结合的方式进行，郑毓信教授的《数学教学中的“问题引领”与“问题驱动”》和北师大张丹教授的《问题引领儿童学习》，从哲学和认知心理学的范畴对“问题”加以阐释，拓展了与会者的视野；潘小明老师的《数学教学中的核心问题》和俞正强老师的《学生为什么不再问问题了？》等一线教学专家的报告引发了与会者们的思考。

在这次活动中，我代表前瞻性项目组在会上作了《核心问题统领的数学教学》的报告，就项目研究的进展、措施、效果向与会者作了汇报。我们的思考、认识以及十年来的坚持打动了现场的老师们。这次活动，我们成功地将研究成果加以推广。同时，这次聚焦问题、指向实践、展望未来的活动无疑是给项目组进行了一次全面的培训。老师们感慨地表示：听了一天半的报告，居然没有疲劳的感觉，因为都是满满的干货。这样完整地指向我们今后研究、课堂实践以及提炼成果的培训恐怕以后很难有机会参加，所以我们格外珍惜。

图 3　中国首届数学教育问题特色研讨会与会者合影

因教评研训一致性的推动，项目组的研究任务如期完成。我们对十二册教材问题做了整体的梳理，并对每一册教材内容的问题设计做了修改和提炼。我们还建设了包含十二册教材的每一节上课内容的电子备课资源库，制作了十二本电子备课本，将每一节课的内容都提炼到一张问题结构图中。这些研究成果为一线老师的课堂教学提供了很好的参考。同时，项目老师的研究成果也发表在各级各类刊物上。

（三）在项目研究中获得成长

随着项目研究的推进，我们的研究成果也不断受到肯定。2017 年 12 月，我们的成果首次获奖，获得江苏省教研室第十期课题成果评审特等奖；2018 年 9 月，我们的《核心问题统领的数学教学》获苏州市第二届教育教学成果特等奖。这些荣誉见证了我们研究的不断深入。随着项目研究成果的渐渐丰硕，项目的社会影响力也在不断扩大，一些兄弟学校、教育主管部门纷纷向我们发出了邀请。

作为项目组的信息员，孙明敏老师负责收集同类课题研究的相关资料。伴随着项目研究的深入，她的课堂教学水平迅速提高。2017 年 9 月，她第一次应邀外出执教示范课，为昆山夏桥小学的学生执教了《两位数乘一位数的口算》。听课老师们被她的巧妙设计、充满激情地引导、与学生的精彩互动、面对意外的自然点拨所折服。之后，她又应邀赴贵州、海南等地执教示范课。一次，她母亲见到我，不住地感谢我，说："走出太仓上课，这是之前想都不敢想的事，感谢学校给她提供的各种机会。"是啊，一名非编制内的老师，通过研究，不仅站稳了讲坛，还形成了鲜明的教学风格，由此获得了自信，得到了认可。2018 年 9 月，她参加太仓市青年老师评优活动。在初赛说课现场，她的说课被现场"直播"，一些参赛者录了她的视频纷纷发朋友圈；决赛中，她的课毫无争议地被评委们一致评为一等奖。她的自信、她以核心问题统领的课堂、她激情四射地与学生互动，都给人留下深刻的印象。

像孙老师这样，因项目获得成长的老师不在少数。一名已经调离学校多年的刘老师，至今还与我们保持密切的线上联系，一起收集资料，一起研究教材，一起提炼核心问题。刘老师在异地发展得很好，已成为学校的学科骨干。她由衷地表示：是百川园，一直赋予了她成长的力量。

2018 年 10 月，中国教育学会小学数学专业委员会第十八次年会向我们发出邀请。2018 年 11 月 7 日，我代表项目组作为江苏省唯一的代表向大会作了《核心问题，让学习深度发生》的汇报，我从影响问题实现价值的若干因素、核心问题的意涵特征及价值、核心问题统领教学的实施途径三个方面，结合具体教学实例进行汇报。汇报受到了专家的高度评价，引起了一线老师的共鸣。在简短的现场互动中与会老师纷纷提问，了解核心问题在一线教学中落实的途径……最后，张丹教授在总结环节，借用了我们的"五步备课法"形成了"问题"设计思考模型图：

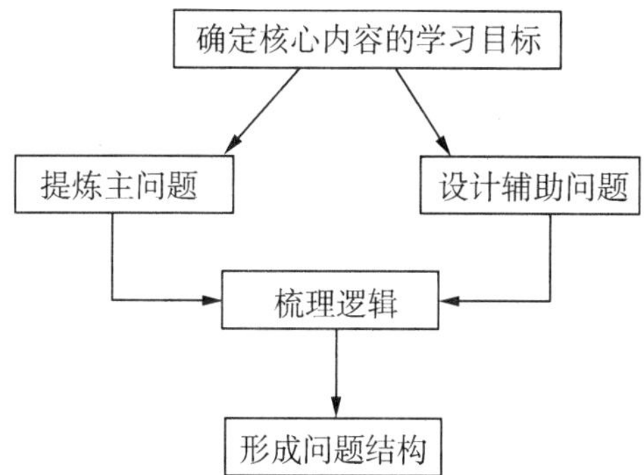

这次在全国舞台的亮相，无疑是对我们的极大鼓舞。回首过往，十年前，我们从未承办过一次市级公开活动，市级评优课最多二等奖；如今，核心组团队成员在全国十三个省份的课堂都留有足迹，我们课堂的变化可谓翻天覆地，“核心问题统领”已经成为我们的课堂教学“品牌”！

第六章　百川园的职工

学校的每一个人，无论是老师还是后勤人员，都是育人的重要力量。作为初任校长，我一开始将目光聚焦在老师身上，认为只要老师发展好了，学校各方面必然向着理想的方向发展。然而，现实却非如此。虽然老师在慢慢改变，但是学校依然存在一些不和谐的声音。这时，我意识到，可能是因为后勤人员队伍的建设滞后了。

一、"我们"不一样

(一) 原来，他们总感觉自己不一样

后勤队伍对于一个学校的正常运作非常重要，可管理好后勤队伍并不容易。最棘手的问题在于他们总感觉自己不一样，缺乏对工作岗位的认同感。我刚走上校长岗位时，就遇到了这样几件事：

事件一，有一日，我从外面办事回校，发现四点不到，食堂工作人员聚在传达室拉家常。按照规定，食堂工作人员四点下班。他们就早早来到门口候着，四点一到，就随即离校。虽然，他们并没提前离校，但是围聚在门口闲聊等待下班的行为实在不妥。

事件二，学校承办苏州市学科带头人展示活动，总务主任安排后勤人员在前一天下班前布置好会场。那天四点半，我与总务主任一起，去检查各个会场的准备情况。没想到，会场不仅没有按要求准备好，而且清洁的工具东倒西歪地放在地上，后勤人员一个都不见了。总务主任只好打电话把他们一个一个召集回校。原来他们一看下班时间到了，不管事情有没有做完，随便扔下手中的工具就下班了。的确，他们是到了下班时间才离开，从考勤的角度去看，他们并没有错。

事件三，有家长打我电话，说学生回去反映，班上有个同学的奶奶在食堂工作，每天午餐时都额外地给孙子送荤菜来。班上的学生见了，都愤愤不平。家长质问："难道有家人在食堂工作，学生就可以被特殊对待，就可以多吃菜了吗？""当然不能特殊对待！"面对家长的质问，我立即表示。

管理松懈、后勤人员责任心不强、通过特殊岗位谋私利……种种问题让我这个新校长忧心忡忡。

重新定制度，明确岗位职责，可实施起来却困难重重。总务主任叹苦经，后勤人员中有很大一部分人不识字，转变他们的观念太难。她们认为活干完了，为什么就不能早

点走？活是做不完的，下班时间到了，回家天经地义。在食堂工作，多吃一些理所当然，把自己的那份省下给自己的学生吃也没什么……挂在他们嘴上的一句话就是："我们又不是老师，我们不懂！"总之，讲道理，他们听不进去；严厉处罚，又法不责众，真是进退两难！就在磕磕碰碰中，到了第一个学期的期末。

（二）渐渐，他们觉得一样了

在大家讨论评优评先时，我了解到之前学校从未将后勤职工纳入评优评先的行列，后勤职工也从未参加过学校的收工和开工大会。职工队伍建设始终游离于我们整个学校人员队伍建设之外。难怪，他们总是觉得不一样，甚至还有不被尊重的感觉。

老师和后勤职工是平等的。尽管从事的岗位不同，收入有差距，但对他们的尊重不能打折。在老师队伍建设的同时，我们不能忽视后勤职工队伍的建设。尊重他们，让他们获得归属感，是唤起他们工作热情、培养主人翁意识的关键。因此，我们不能将后勤人员排除在外，评优评先的名单中不能缺少后勤人员。在大家的推荐下，保洁工吴阿姨一致被推荐为年度"好职工"。

在期末收工大会的颁奖环节中，伴随着热烈的掌声，吴阿姨登台领取首届"好职工"奖状。那一刻至今历历在目。吴阿姨满脸惊讶，继而又笑逐颜开，走向主席台，边走边向两侧的教职工们挥手示意，连声说着："谢谢！谢谢！"主持人宣读对她的颁奖词后（吴阿姨的颁奖词：她勤勤恳恳，上班期间，从不停歇，扫地、拖地、擦拭窗户、掸灰尘，有条不紊安排手头的工作，每天下班前，她总要把负责的区域检查一遍再离校。她用责任心给学生营造了一个洁净的环境……），她眼眶都湿润了，激动地表示："这是我这辈子第一次拿到的奖状，自己只是尽了本分，没想到大家给我评了奖。不好意思，谢谢大家！"

从知道自己获奖，听到主持人宣读颁奖词，再到上台领奖状，吴阿姨一直双目含泪。我想：这一定是吴阿姨感动于学校对她劳动的认可，对她人格的尊重。用她的话说："这是我这辈子第一次拿到的奖状！"这样的奖状带给吴阿姨的满足感是无以言表的。而吴阿姨获得的这份荣誉带给后勤人员的触动很大。只要尽好本分，就能得到认可，受到大家的尊重。这次评奖之后，我们高兴地看到后勤人员的行为明显发生了转变。

2007 年 9 月，学校有大量新老师分配到学校，他们住在宿舍，早餐都是在去学校路上的小摊上购买点心解决。还有些老老师由于早上时间紧张，也都马马虎虎买些点心对付。于是，学校决定，由食堂在工作日加工粥、点心、小菜等，解决老师们的这一现实问题。统计在校就餐人数时，我们毫不犹豫地将后勤人员也纳入其中。这件事让后勤人员感动不已。

徐阿姨见到我便说："王校长，你们领导真是有心啊，没想到我们也可以到学校吃早饭啊！"

为什么后勤人员融入不了学校，甚至显得格格不入？那是因为在管理的过程中有意无意将他们区别开来。只有将后勤人员纳入统一管理中，才能让他们产生归属感。

供应早餐这件小事让我明白:平时在学校管理过程中,我们缺乏对后勤人员的人文关怀,缺少对他们需求的认识和理解。

学校每年都有百川气质奖评选。一开始,该项评比仅仅面向学生和老师。第三届百川气质奖开评前,崔怡红副校长提出:应该在职工和家长层面评选百川气质奖。如果职工和家长也具备了百川的一些气质特征,那百川文化才真正深入人心。我们采纳了崔怡红副校长的建议,并决定之后的百川气质奖评选采取轮流进行的方式,即一年针对学生和老师,第二年则针对家长和职工评选。

随后,我们广泛征集百川园职工和家长的气质特点,将"精"与"勤"作为职工的气质特点,"精"指爱岗敬业、专业精通,"勤"指手脚勤快、工作主动。针对气质特点,我们轰轰烈烈地拉开了评选的帷幕。经过大家的推荐,木工娄师傅、大厨张师傅、食堂工作人员毛阿姨、保洁朱阿姨成为首届气质奖候选人。

在拍摄宣传照片时,他们非常认真。张师傅特意换了新工作服,朱阿姨和摄影师商量"怎么拍出我工作中最好的状态",娄师傅在众多的照片中反复挑选,"哪一张最合适?"……最后,形成下面的介绍:

娄师傅:1971 年 1 月出生。大到学校的足球俱乐部、垃圾房、青训中心等木屋,小到置物架、书橱、书桌等家具,都出自他的双手。他还是一个多面手,耕种蔬菜、饲养动物、食堂帮厨、分发文具劳保用品……做一行精一行。他以校为家,真是学校一块砖,哪里需要哪里搬。他为百川文化建设,做出了很大的贡献。

张师傅:1962 年 12 月出生,担任食堂主厨。他能认真履行岗位职责,在工作中不怕吃苦,严谨务实。他厨艺高超,普通的食材经过他的烹饪,就能成为可口的饭菜。在平时工作中,他还能够主动关心同事。张师傅以他高超的厨艺和良好的人品赢得了大家的尊敬。

毛阿姨:1955 年 5 月出生,担任食堂帮厨。主要负责食堂消洗间的餐具清洗消毒和粗加工间的切配工作。消洗间的工作相对繁重,但她从不计较,每当食堂里有脏活累活,都能主动去担当,她的付出值得我们感恩。

朱阿姨:1955 年 4 月出生,担任保洁工作。在大家眼中,她对待工作认真细致,能关注各种卫生细节,并很好地去解决。每当学校有大型活动,她都会积极主动地做好后勤保障,不计报酬,也不分分内分外。美丽的校园,离不开保洁阿姨的努力。

我们通过微信推送平台进行宣传,发动全校学生、老师、家长共同参与投票。职工气质奖评选前所未有地引起轰动。

一天吃早饭的时候,我听几个后勤人员在议论:"×××在朋友圈看到了,也帮我们投票呢!""我女儿说他们单位的人也看到我们学校的评选,也投票了!""我们邻居也跟我说起这件事呢!"

毛阿姨笑着说:"我一个乡下老太,到老了居然出名啦!"虽是开玩笑,但心中的满足和兴奋却是真的。

气质奖评选虽然落下帷幕，然而，这件事留给后勤人员内心的震撼却是久远的。

一直以来，我对于表扬、评选总是不以为意。我觉得对于学生而言，表扬的力量是无穷的，但对于成人，恐怕不会有什么作用。然而现实告诉我，“奖状”的力量不可低估。从吴阿姨的第一张奖状开始，改变就在不知不觉中发生了。其实，“奖状”的背后是认可，是尊重。每个人的心灵深处都有一种渴望，有人重视，受人肯定，被人欣赏。而一旦被重视、被肯定、被欣赏，那无疑会激发进取的巨大力量。“奖状”就是这个见证。

“尊重不打折扣，关爱一视同仁”让后勤工作人员从原来“感觉自己不一样”到“渐渐，他们感觉一样了”。他们不再游离于团队之外，成为学校发展的重要力量。

（三）现在，我们一起努力

现在，后勤人员的工作状态与之前截然不同。学校大型活动多，布置会场，相关服务工作特别繁忙。可是看到他们时，还是一张张微笑着的脸。听到阿姨们私下议论：“是我们学校办得好，所以来参观的人多，活动也多。比起老师们，我们只是做做体力活，没啥！”言语中不仅没有埋怨，相反还流露出自豪之情。

2019 年暑期，学校要迎接来自日本东村山市的足球文化访问团。为圆满地完成这次接待任务，7 月下旬，本是休息的日子，学校后勤组开始忙碌起来。修缮教学楼、打扫卫生、布置校园、确定菜单……关键是，那一段时间持续 35 摄氏度的高温。朱阿姨身上的衣服都湿透了，让她歇歇再擦玻璃，她说：“没关系，早点干完，可能还有其他活要做！”浦阿姨负责厕所卫生，角角落落，每个地方都反复擦拭。本来她在家负责煮饭烧菜，那段时间她和家人商量，她要保证学校厕所绝对的干净，要早出晚归，所以煮饭让儿媳暂替。她儿媳欣然接受，还叮嘱她：“日本人最讲究卫生，你要搞得干净点，不能给中国人丢脸。”……

热情、周到的服务给东村山市市长一行人留下深刻的印象。市长渡部尚先生说：“感谢学校这么细致周到的安排，让学生们过了非常有意义的一天。”我想，如此圆满地完成任务，在于大家已经完全由我、你、他（她）走向了我们！

“我们”的力量真的不可小觑，再大的活动，再紧急的事情，我们学校都能有条不紊地完成。

一次，学校名师工作室添置了三只实木书橱，物流运送到学校已经下午六点多，老师和后勤人员都已经下班。那这几只橱怎么扛到楼上？我正想打电话跟总务主任商量这事，突然发现娄师傅跟两个保安师傅和一个陌生的男士正扛着一只橱上来。“哪里请来帮忙的？”原来是学校校医陆老师的爱人。陆老师听说没人搬橱，正好爱人下班，就让爱人过来帮忙了。

学校有事，职工家属都二话不说前来帮忙，还能有什么事可以难倒我们呢？

学校养了一群鸡和羊。到了放假，它们吃的怎么办啊？保安师傅说，我们来喂。家长们说，它们的吃食我们来送。家长们轮流送来蔬菜、豆萁什么的，保安师傅每天喂养，并负责清扫鸡窝、羊圈……

由人心涣散,到形成团队,再到团队的发展和壮大,学校的面貌随之焕然一新。很多客人来到我校总感觉我们不同于一般的学校。我想:这是因为我们已经相处成家人,凝聚成家庭!

二、推己及人的作用

(一)“学校都给我考虑好了,我应该好好干活。”

百川园里有个木匠——娄师傅,他在学校里可重要着呢!“娄师傅,五(1)班的门坏啦!”“娄师傅,总务仓库就交给你了。”“娄师傅,百耕园里的种植就靠你啦!”“娄师傅,午餐水果你负责分发!”“娄师傅,教学楼栏杆暑假里要重新油漆!”“娄师傅,学校想搭个小木屋,你可以吗?”“娄师傅,晚上开家长会,给老师们烧晚饭吧!”……娄师傅就像个陀螺,一人顶上几个人的工作量。我们开玩笑地说:“如果哪个老师请一两天假倒是问题不大,可娄师傅一天不在都不行啊!”

很多学校的校长都羡慕我校有这样一个好员工。也有人质疑,木工的人工费越来越见涨,你们到底给娄师傅多少工资,他才心甘情愿地留下来?是啊,娄师傅怎么就愿意放弃装潢公司的工作到我们学校呢?

2007年5月,学校请了装潢公司来装修几间开放式阅览室,娄师傅就是其中的一个工人。那时,装潢公司的工人吃住在学校,娄师傅工作之余,经常主动帮老师们做事。比如老师们布置墙上的装饰画,他帮忙固定;“六一”前在体育馆搭舞台,他帮助搭脚手架……看他这么勤快,不计报酬,我们就有了留下他的想法。当分管后勤的副校长向他表明我们的想法后,娄师傅满口答应。

考虑到娄师傅是南通如东人,在太仓没有居所,学校将原建房时留下的传达室改装成带卫生间的两居室无偿借给他住,还特意装了空调、淋浴设备以及油烟机等家用设施。

于是,娄师傅就在学校安顿了下来,成为百川园的一分子。

后来,娄师傅的女儿读了寄宿制的高中,我们就将他爱人也安排到学校担任后勤工作,娄师傅干起活来就更安心了。

所以每当有人问他:“娄师傅,你干吗这么拼命工作啊?”他总是嘿嘿笑着说:“学校帮我什么都考虑好了,我没理由不好好干活啊!”

的确,学校给娄师傅安了一个家,而娄师傅也把学校当作了他的家,处处维护,时时出力。

学校百川节,需要给学生提供用餐的设施。花钱买,要上报,层层审批,时间上可能来不及。娄师傅知道这件事后,找到我说:“买点材料,我做一些圆桌,平时不用的时候,圆桌叠一起也便于存放,而且自己做也花不了多少钱。”“那来得及吗?只有一个星期不到了。”“来得及!来得及!”

当即,娄师傅就出去采购木材。第二天一上班,娄师傅就让我去看看。原以为娄师傅做了一张样桌，意外的是十张圆桌挨挨挤挤地摆放在食堂附近的场地上。“娄师傅，一夜工夫你就做了十张圆桌啊！”我简直不敢相信。“嗯嗯，我一晚上没睡，怕误事！”

看到满脸疲惫却又兴奋的他，我竟然不知说什么才好。娄师傅真是把学校的事当成自己家的事啊！

也有人会说，娄师傅怕不是在你们领导面前表现一下吧？如果这样想，马上就会有很多人讲关于娄师傅的故事。李雪老师在百川讲坛以“一个感人的瞬间”为主题演讲时深情讲道：

来到太仓这个没有亲戚朋友的城市，我感到很孤独。一个周末，我在学校备课，突然有人在敲办公室的门。打开一看，原来是娄师傅。娄师傅从怀里掏出两个热腾腾的鸡蛋塞给我，说：“还没吃饭吧？先吃个鸡蛋垫垫肚子！”那一刻，我的眼眶湿了。

是啊，娄师傅看到老师们加班，就会不声不响地做几个南瓜饼放桌上；招生现场，老师们忙得一身汗，他悄悄递过来一瓶王老吉；如果钥匙忘带，门被反锁，一个电话打给他，他一路跑来帮着解决问题。

崔怡红副校长也感动地说道：“办公室的一些废旧报纸给了娄师傅让他处理掉，结果第二天他就拿来两个大西瓜。一开始还弄不明白怎么回事，后来才知道，是娄师傅将报纸卖了，又贴了点钱给买的。”

老师们都说：“娄师傅就像家人，哪里需要他，他就会出现在哪里！”

管理的目的是什么？管理的目的应该是调动人的积极性向着同一个目标努力。如何调动人的积极性？人文关怀是调动积极性的一个方法。教职员工需要怎样的人文关怀？设身处地地为他考虑，这是最好的关怀。娄师傅把学校当作家，前提是学校像关心家人一样为他着想。这可能就是娄师傅努力工作的根本原因。

（二）“有些事不是钱的问题！”

娄师傅的人品得到了大家的信任，一些敏感的事情都会交给他负责。比如说，检查学生的午餐水果质量。

每天，负责水果派送的公司将水果送来后，娄师傅都仔细地检查，一个一个剔除质量有点问题的水果。供应商见他这么认真，就给他手机充了1000元话费，想请他“高抬贵手”。他立马将1000元退还，并告知供应商，如果再有类似行为，他要向上级部门报告。吓得供应商每次给我们学校送水果时总是格外用心。

有人觉得他傻，这是“公家的”，何必这么顶真。每当听到这类话时，娄师傅总会严肃地表示：“学校相信我，才让我负责这件事。再说，如果哪个学生拿到了坏的水果，他们乐意吗？换作是你，你怎么想？我怎么能不顾学生的感受，乘机捞好处？”

学校要给每个教室做一些储物柜，娄师傅把这个活揽了下来。在订购材料时，他要求派老师一起前往，他说：“材料购买资金数额大，我一个人去买不好。”应娄师傅的要求，我们派了两个人跟娄师傅一同去。回来后，两位老师叫苦不迭：“娄师傅买材料真是太挑剔了！又要质量好,又要价格低!”原来娄师傅带着他俩将整个市场都跑了一遍,把每家店卖木板的价钱都摸一个准,然后一家一家还价。他们还告诉我,娄师傅为了省下200元,要求自己装货、卸货。他们不好意思看娄师傅一个人忙,也上前搭了把手。整整半天的时间,又是走路,又是磨嘴皮子,还要装货、卸货,他们累得只有喘气的劲了。

何必呢？200元,学校并不缺这笔钱,为什么娄师傅非要自己受累？他说:“学校的钱能省一点就省一点,这样就可以办更多的事啊!”

2015年,学校成立了足球俱乐部。我们准备搭一间木屋供俱乐部日常开会用。经过三家单位报价后,一家单位以五万元的价格中标。其实五万元已经非常便宜,纯属友情价。可是,娄师傅算了一笔账,觉得这间木屋成本不到五万元,如果他找个人来做,还可以省下一万元呢！第二年,俱乐部一间木屋不够,需要再建一间,娄师傅再次提出由他负责。这次他前前后后忙了一个月,最后只花了一万八千元就搭成了。

是啊,有了娄师傅,学校真是省了不少钱。每个教室的储物柜,如果购买成品,估计十五六万都拿不下来。娄师傅自己做了一个暑假,只花了八万多的材料费;办公室改造,他一个人敲了满手的血泡,将装潢公司要价七八万才能搞定的事只花了两三万就做成了;廊道里学生课余看书、下棋、做作业的实木桌椅,他整整加了两个月的夜工完成,花了不到市场价的二分之一……

跟娄师傅聊起他的收入时,我很内疚:“娄师傅,如果你继续在装潢公司做,你的收入会高很多!”娄师傅又是嘿嘿一笑:“有些事不是钱的问题!”

不是钱的问题,那是什么？是被人信任、是拥有价值感、是受人尊重……如果在管理的过程中,更多地考虑到对方的感受,那么就会激发员工们更强烈的积极性和责任感。

(三)“职工也应该是百川故事的主角。”

百川故事是宣传学校正能量的阵地,里面的主角往往是老师。朱敏刚副校长提出,后勤也是一分子,也应该成为百川故事的主角,他们的感人之处理应让全校师生都知道。应朱敏刚副校长的提议,我写下了第一个关于职工的百川故事。

百川有你更璀璨

在百川园,每天都发生着令人感动的故事。

今早,顾阿姨到我办公室,向我辞别。一口一声对不起,让我心酸不已。

在学校工作十多年的顾阿姨,从小卖部店员到文印室的教辅人员,她的角色转变让很多人佩服:从没碰过现代设备的近五十岁的她,半年不到竟然熟练使用复印机、一体机,还学会了五笔打字,在OA上与老师们顺利交流。当人们用钦佩的眼神看着她时,她淡然一笑:“干啥就要像啥!”

在文印室工作有条不紊开展的同时,她还负责学校乐水行、会议室、茶室的卫生以及学校的接待工作。只要是她负责,总是让人放心:物品放置整整齐齐,地面始终整洁如新，茶歇、自助餐准备，井井有条。当大家夸奖她做事利落时，她微微一笑："我做得还不够好。"

认真，尽责，豁达，执着，百川人的气质在她身上得到诠释。

看着她因为照顾儿媳、孙子而略显疲倦的脸，我实在不舍："顾阿姨，你能不能想想办法，没有你大家真的不习惯。"

"王校长，我实在没办法，要不是亲家的身体出了状况，我想留下做事的。"说着说着，顾阿姨的眼圈红了，"大家对我这么好，我真不舍得。王校长，今天我去把试卷印好再走，这几天如果暂时找不到顶替我的人，我就晚上来一趟，把试卷印好，等来人了，我再来跟她交接，教会了她使用设备，我再离开……"

临走，还没有忘了自己的责任！这让我想起另一批即将离开百川的老师，他们同样如此，临走，没有忘了自己的责任！

这就是百川人！我想，百川就是因为有了这样的一群人而满目璀璨！

王文英

2014 年 6 月 3 日

从这之后，娄师傅、叶师傅、卫师傅、张师傅逐一成为百川故事栏的主角。他们虽做着平凡的工作，但却给师生带来了很多积极影响。

推己及人，是心灵的沟通，将心比心，彼此成就；是正能量的传递，不慕名利，和谐共进；亦是管理的智慧，让每个人都能成为主角。

三、把潜能激发出来

(一) 参与课程开发，成为育人者

为了培养学生的兴趣特长，让他们掌握更多的技能，学校准备开设"浪花朵朵课程"。课程由学生自由选择，开设的课程越多越能满足学生的个性化需求。于是，我们逐一摸排老师的兴趣特长。在询问的过程中，有人提出："后勤人员中也不乏有才艺的人，不妨也问问。"果然，我们发现校医陆老师有一双巧手，点心做得好，还会做玩具，节假日经常去玩具厂帮忙；会计王老师，不仅拥有会计证，还取得了导游证、档案管理证；后勤顾阿姨，她的手工活不一般，做的鞋子、织的毛衣堪称一绝；食堂陆阿姨，曾是裁缝，开过店，专门给人做衣服；保洁朱阿姨，特别擅长养花，学校走廊里的花花草草都是她种的……

何不让他们利用自己的特长，教学生一些技能呢？能说普通话、表达能力比较强的可以尝试着带一个社团。于是，校医成了玩具坊的指导老师。对于从未做过老师的她来说，这是挑战。

为了制定学期课程计划，校医陆老师一有空就向老师请教，怎么确定课程目标，如何备课，因为她从来没有接触过这些。几天后，她就像模像样地拿了一份教学计划出来。为了激发学生的学习兴趣，她从玩具厂要来玩具的成品，申请购买了置物架，将玩

具一个个摆在架上。她将做玩具的几个要领一一写下,请美术罗老师帮她设计,然后将这些卡片布置上墙。她还自费购买了桌布、墙纸,希望学生第一次进玩具坊就喜欢这里的环境,就想做玩具。当然,她最用心的就是怎么备好课。上第一节课前,她失眠了两个晚上。尽管她已经梳理好了教的流程,但总是不放心。陆老师反复想着每一步教的时候应该说什么,甚至让她儿子当作学生,检验她的解释是否清晰,别人是否能听得明白。就这样,在她的精心准备下,参加玩具坊的学生第一节课后就纷纷表示喜欢上她的课。第一个学期,每个学生独立完成了小熊维尼玩具的制作。学生将自己做的玩具带回教室,其他学生见了羡慕不已。第二个学期,玩具坊的老学员带着自己的朋友追着问,是否招收新学员……

第一个学期结束,陆老师获评浪花朵朵优秀指导老师,这极大鼓舞了后勤人员。王会计跃跃欲试,她拿出小导游社团的开设方案,从导游的职业特点介绍、哪些景点列入小导游应掌握的内容、小导游的仪容仪态等方面一一做了规划。她说她已经掌握了PPT 的制作方法,每一节课都将认真制作 PPT 进行教学……

歌德曾说过:"没有人事先了解自己到底有多大的力量,直到他试过以后才知道。"在管理的过程中,给师生员工多提供尝试的机会,或许就能有惊喜发生!后勤人员和老师的双重身份,使后勤人员成为专业育人者变为可能。如果学校内的每个人都能成为专业的育人者,全员育人的目标才有望实现。在指导后勤人员参与课程开发的过程中,我校无疑是向全员育人迈进了一步。

(二)建立工作室,成为专业者

工作室,一般是由一个人或几个人,为了同一个理想、愿望或是利益而建立起来的组织。我们常常看到教育部门或是学校为名教师、名班主任成立工作室,以鼓励他们在专业方面取得成绩,并鞭策他们带领志同道合的老师共同进步。因此,工作室意味着认可、荣誉和责任。我们在想:既然可以为研有所长的老师建工作室,那也可以为具有一技之长的后勤人员建工作室。

"娄师傅工作室"是我校为后勤人员挂的第一块工作室牌子。一开始,娄师傅做木工总是打游击,一会在这里,一会又搬那里,既施展不开手脚,又显得有些杂乱,而且各种木工工具放着也不利于安全管理。于是,我们给娄师傅专门辟了一间屋子,用于做木工。所有的木工用具和材料都有序摆放在屋内。这样,娄师傅的工作有了定所,管理起来也相对方便。后来,为了区分这一间屋子的与众不同,我们又特意请美术老师设计了牌子,在醒目处挂上。来来往往的学生看到了,会问;前来参观的客人见到了,也会问。"娄师傅工作室"受到了大家的关注。这个工作室不仅仅是娄师傅工作的地方,更是师生体验木工活的场所。学生想做个小板凳,就会找到娄师傅,娄师傅会耐心地教;有老师想亲手打一件木制的花盆,娄师傅就在旁边指点一二。我们常常看到下班后,娄师傅工作室的灯还亮着。他在研究教室的花架制作,在应学校一些专用教室的要求特制桌椅……

大家开玩笑，有了工作室之后，娄师傅不是土木匠了，而是升级为了“木匠工程师”。虽是戏言，但意思不假。因为工作室，娄师傅有专门的地方干木工活，一件件“百川制造”的创意木工作品出现在校园的角角落落。

百川源源足球俱乐部建成后，室内该如何布置？朱敏刚副校长建议：根据俱乐部木制的风格，建议里面要有木制的稍显笨拙的长桌和长凳，供队员们开会、讨论、交流用。同时，教练的办公区也要相配合，风格一致。说着，他叫来娄师傅，用手比画了一下。三天后，娄师傅请朱敏刚副校长去验收，看看他做的是否就是朱敏刚副校长想要的样子。炭黑的颜色，古朴的长桌，带有拐角的木制办公桌……朱敏刚副校长兴奋地说：“就是我想象中的样子。”足球俱乐部接待了不少中外客人，每个到访的客人看到这些桌椅连连称好的同时还不忘发个朋友圈。我们的俱乐部居然成了“网红”，吸引了吴江、常熟、苏州园区等地的兄弟学校参观，量尺寸仿制。

寻根廊里的桌椅，那真是学校的一道风景，是娄师傅用两种不同材质的木料制成的。桌面、凳面用橡胶木，桌角、凳角用柳桉木，两种不同的材质呈现出两种不同的颜色，搭配在一起，既生动又好看。

每个教室外面的盆栽架，既能放各类盆栽绿植，又能挂雨伞或放一些小物品，实用的同时又美观。

每个教室里用杉木制成的小书桌，供老师批改作业、存放作业本用，设计巧妙深受老师喜爱……

娄师傅不仅将木料变成了桌椅，还帮助老师们制作教具。有一段时间，娄师傅发现买的米尺因为木质疏松，常常容易折断，于是他用木料按米尺的样子做了 100 根实木米尺，在刻度的一侧还特意打薄，真是又结实又好用。

一次，我执教公开课，内容是《平移与旋转》，他根据教学的要求，做了 30 个转盘，用不同颜色的油漆涂上，并将手工雕成的指针一个一个固定。那节课，这个特制的转盘把学生和听课老师吸引住了……

确实，“娄师傅工作室”带给我们很多的惊喜。我想：正是给了娄师傅这一特殊的工作场所，才催生出学校独有的一些物件。

（三）参与竞赛指导，成为辅导员

后勤人员利用自己的一技之长，为学校的后勤保障尽心尽力。而我们的后勤人员除了提供后勤保障，还参与到学生活动竞赛的指导中。这些是我之前所不曾料到的。

一次，教导处转发一份科技制作的获奖名单给我，我们学校的战绩不错。随即，我给科学老师办公室打电话祝贺，电话那头的凌老师告诉我：“校长，这次多亏了叶师傅。”“这跟叶师傅有什么关系啊？”我问道。

原来科技创意社团准备参加市科技比赛。他们发现：盲人在晚间都不敢外出，因为光线的问题,他们走在室外很容易被别人撞到。为了解决这个问题,他们有一个创意——制作一个声控发光拐杖。然而,制作这个声控发光拐杖需要具备专业的电工方面的知识,我们的老师知识储备不够,无法很好地指导学生完成作品。当他们试着去找学校电工叶师傅时,叶师傅满口答应。他耐心地跟学生讲原理,并提出在哪里设置开关的建议。在叶师傅的指导下,声控发光拐杖终于制成。首次作品上交过关之后,要进入下一轮比赛。叶师傅获得消息之后主动前来对声控发光拐杖进行"全身检查"。他梳理着每一根导线,细细检查电源开关,"体检合格"万无一失之后才将拐杖放回。

凌老师充满感激地告诉我们,没有叶师傅的帮忙,他们是没办法完成任务的。之后,叶师傅成为科技创意社团的特聘老师。遇到技术上的一些问题,他们都会找叶师傅解决,甚至他们上课缺材料,也会想着请他帮忙。为此凌老师写下一则百川故事:

百川有你更温暖

冬日午后的阳光斜照在科学教室的走廊上,一个熟悉的身影正弯着腰修理着一把特别的拐杖。这把拐杖是学校参加市级科技比赛的创新作品——声控发光拐杖,由于需要参加下一轮比赛,所以需要进行"全身检查"以防万一。只见他时而动作敏捷地梳理着每一根导线,时而微微皱眉细致地检查着连接电源的开关。不一会儿一把"健康合格"的拐杖递到了我手里。

"谢谢叶师傅!"我充满感激地说。"不客气!"说着他又背着他的工具包奔向学校另一个需要维修的角落。看着他渐渐远去的背影,一幕幕难忘的镜头慢慢却清晰地浮现在眼前:

每当教室、办公室的电路出现故障了,总能看见叶师傅背上他的工具包穿梭在校园里。每天上午第三节课到午饭过后,在五(1)～五(3)班的门口也都能看到叶师傅推着三轮车给同学们送饭的身影。在我的印象中,叶师傅并不善言辞。但凡我们有困难寻求帮助时,他总能想出解决办法,并再次确认无误后才离开。

还记得有一次,我因找不到实验材料火柴而犯愁,恰巧叶师傅路过,见此情景他立即说:"我家里有一些,我回家帮你去找找看。"当时我并没有放在心上,到了第二天上班,我发现办公桌上竟然静静地躺着一袋子包得整整齐齐的火柴……

这就是百川人,敬业、朴实和勤劳,他不仅仅点亮着我们百川学堂,更用他的双手温暖着我们百川人的心。百川因为有这样一群人而更温暖!

凌珲

2014 年 12 月 17 日

任校长十多年,让我感触最深的就是:每个人都有长处,每个人都有发展的潜能,如果每个人都能找到合适的岗位,那就都能在自己的岗位上实现价值的最大化。作为管理者,重要的是相信他人,给人以机会,搭建平台,将教职员工的潜能激发出来!

第七章　百川园的家长

都说“父母是儿童的第一任老师，家庭是人生成长的摇篮”，父母的一言一行潜移默化地影响着学生，父亲是学生最亲切的榜样和典范。正所谓父母的修养，学生的教养。然而，我们学校这些学历层次不高、家教意识不强的外来务工者，能否做好学生的第一任老师呢？尽管有些担心，但我依然对家长们充满信心。当然，这个过程需要学校教育的介入，需要我们去耐心地引导。

一、家长，育人共同体的重要一员

（一）难道家长真的不关心学生吗

初任校长，我听到老师们说得最多的就是：“我们的家长对学生的学习漠不关心！”“我们的家长靠不住！”家长们真的就不希望自己的学生好吗？难道他们就真的不关心学生的学习，愿意让学生将来成为没有文化的务工者吗？

一天放学后，听到传达室附近有争吵的声音，我连忙下楼去，原来是一个家长在门口嚷嚷。她冲着保安师傅大声说：“我家学生只要识几个字就行，我们不指望他考大学啊，老师干什么非要给他补课？不及格就不及格，我们家长都不急，你们老师急什么啊！”家长的吵闹真是让老师的心都凉透了。在城区的学校，如果学生成绩不好老师放学后给他补课，那家长会非常感激。但现在这个家长不仅没有丝毫感激之情，甚至还指责老师。这样的行为实在是匪夷所思。更让人惊讶的是，老师们告诉我：在我们学校，这样的情况多得是。有个学生平时回家不做作业，考试成绩经常四五十分。老师觉得学生还有及格的希望，就每天盯着他把作业完成。结果学生的父亲跑到教育局“告状”，要求教育局责令学校以后不要管他儿子。

任何人听了这样的描述都以为是胡编乱造，但这却是真的。而且这样的现象每周都会发生。现实摆在眼前，家长确实是不关心学生。

一天，我跟朱敏刚副校长去足球队的学生家家访。当我走进他们居住的地方，瞬间明白了家长的种种“不正常”的表现。那是学校附近的农民在自住的楼房后面搭建的小屋，十五六个平方米，通气性很不好，一家三口吃住全在这里。靠北面的墙边铺了一张床，靠南面的墙旁放着一个电磁炉，电磁炉旁是用砖块支着的一块木板，上面摆了一些调料。在电磁炉和床之间放了一张小桌子，几张小矮凳，吃饭、做作业估计就在这里。

学生的妈妈说,学生爸爸跟她都不识字,找不到收入高一些的工作。近期爸爸出了点事故,家里只能靠她一个人的收入来支撑。另外老家还有老人需要赡养,所以还没到月底,钱就已经用完了!家长的脑子里一天到晚想着怎样可以多赚点钱来解决温饱问题,根本就顾不上学生的学习、作业、兴趣班……

当人的基本生存都出现了问题,读书对他们来说就是一种奢望。有的学生说:“我已经一个多星期没看到爸爸了!”“我们一家很少能碰到一起吃饭!”三班倒的家长、开长途货车的家长不在少数,常常是他们回家,学生已经睡了,而学生没醒他们就已经出去干活了。所以,有早上六点不到就进校门的学生,也有晚上七点了还没有家长来接的学生。

反常的行为背后一定有原因,抱怨、指责家长没有用,关键是要了解学生的生存环境,真诚地为他们提供服务。我们认为:帮助家长自我觉醒,家校合作才有可能。

为了更好地了解学生,我们要求正副班主任在一个学年内对班上的每一个学生进行一次上门家访。家访后,老师们感触深了:

“难怪学生的作业本经常脏兮兮的,根本就没有像样的写作业的地方。”

“我们有几个学生做作业就趴在电视机上面写。”

“我们班的小庄一到周末就只能吃两顿饭,早一顿、晚一顿。中午家长上班,又不放心学生在家自己做,就吃点饼干啥的垫垫肚子。”

在城里的学生早已拥有自己的书房、享受着一家人围着他一个人转的待遇时,我们不曾想到:有这样一群学生,他们没有属于自己的书桌,不一定能按时吃到三餐饭,甚至连父母的面也见不上。

曾经,有一个叫曾桂林的学生,他的父母在工地上干活,工程结束要去另一个城市,但学生即将升入六年级,再转学到公办学校就读难度很大,最后父母决定:将他一个人留下,让房东平时多照应一些!他们每个月回来看一看学生,顺便给他送生活费。

了解到家长的窘境之后,老师们从抱怨、指责转而思考,如何真正帮助到家长,如何落实服务好学生。

(二)改变从“团圆”开始

即使生活条件再不济,但对学生的教育不能忽视,怎样引导家长关注学生的教育,提高他们的家教意识呢?老师们认为:让家长知道学生内心的想法,了解学生成长过程中的需求,或许是打动家长、引起家长重视教育的好办法。然而,我们的学生虽然跟家长住在一起,但交流的机会却很少,更不用说让家长有耐心来了解学生的需求。怎么办?这个机会由我们学校来创造。

五月百川,我们特意让钟老师上故事课《团圆》。《团圆》是一个绘本故事,是“丰子恺儿童图画书奖”首奖作品,这是百川故事团队千挑万选后确定的执教内容。故事主要讲述的是一个三口之家，爸爸常年外出打工，只有过年时才回来几天，小女孩在爸爸回家过春节的过程中，跟爸爸从陌生、慢慢熟悉，到最后依依不舍地分别。之所以选择这个故事，是因为故事中的小女孩与我校很多学生有类似的处境：父母为了生计，忙于工作，很少与学生交流，一天中学生跟自己父母难得说上几句话。因此，尽管生活在一起，他们之间还是很陌生。我们认为《团圆》这个故事一定能够打动学生，也能打动家长，让他们通过这样的机会，了解彼此的情感诉求。

活动当天，我们邀请了很多家长一起来上课，前面坐着学生，后面坐着家长。课开始了，随着钟老师声情并茂的讲述，学生流下了眼泪，家长们的眼眶也红了。讲完故事之后，钟老师设计了一个环节，让学生把当时心里最想对爸爸妈妈说的话大声地说出来。一个女孩哽咽着站起来说："我想对妈妈说，对不起。我看到别的学生有新衣服穿，所以也闹着要买。但我从来没有想过，您已经好多年没有买新衣服了，您那么辛苦地打工赚钱供我和妹妹读书，可我还是这么不懂事！"一个男孩说："爸爸，您每次回家都阴沉着脸，让我很害怕。我知道您工作很辛苦，回家已经很累了，但我真的很想看到您能笑眯眯地看着我，跟我说一会话……"没等这个男孩说完，他爸爸走上前来抱住了他，不停地擦着眼泪。现场听课的老师也不住地抹眼泪。

不是煽情，不是博人眼球。钟老师说："自那之后，明显地感觉到班里的学生懂事多了，父母对学生的态度也悄然发生着改变。家长会的时候家长纷纷向我诉说着学生的进步，学生也偷偷告诉我父母的改变。"

这节课的成功，让我们坚定了信心：家长对教育的认识、对家教的重视程度是可以改变的，关键是需要我们找到引发家长改变的触发点。转变家长的观念从说教的方式到《团圆》这节课，我们找到了与家长沟通、让家长改变的方式。于是，我们以故事会的方式定期邀请家长进校园，而家长的任务也不仅仅是听课，更是参与。

四(6)班的小朱妈妈说："我原来最担心开家长会，去了就是听老师批评，听老师抱怨我们家长不负责任，所以能不跟老师接触就不接触。现在不同了，到学校、进课堂能够更多地了解自己的学生，了解学校的教育，我喜欢这种方式。"

五(1)班的小张妈妈说："我从来都没想过要了解学生在想什么，他们需要什么。这次到学校听课后，没想到他居然认为我偏心，我抱了下别的学生他还要吃醋。男学生这样可不行啊，我得注意了！"

其实请家长进校园，不是让他们听老师怎么上语文课、数学课，而是借助课堂这个渠道，让家长们可以更多地了解学生的所思所想，更好地建立与学校教育合作的良好关系，从家长的角度找到育人的切入口。

（三）学校发展我理应出力

经过一段时间的努力后，家校合作的冰点渐渐融化。让我们欣喜的是：越来越多的家长主动加入育人队伍中来,他们开始关心学校发展,开始思考家教问题。

2012 年,在老师们的提议下,经开发区政府同意,我们将学校东南角的一块废弃水泥地改建成百耕园,种上时令蔬菜,摆上农耕工具。既可以让学生认识各种蔬菜、了解各种农耕工具,还可以体验种植的艰辛、研究农耕工具的发展演变。

挖掘机将水泥刨开、运出,运进泥土覆盖;又砌了围墙,挖了水渠、建了育秧大棚、沿围墙开辟了农耕工具展览区。这时,就差收集农耕工具了。正好附近农村正在拆迁,一位退休老师帮我们收集了当地的农耕工具,但展览区还显得有些空荡荡。"我们的学生来自全国各地,我们最好利用这个资源去各地收集农耕工具。"根据朱敏刚副校长的建议,我们向家长们发出倡议——请有条件的家长帮助我们一起收集当地的农耕工具。

2013 年 8 月的一天,朱敏刚副校长兴奋地打我电话,说二年级的一个家长——宋贺诚爸爸从安徽老家雇了一辆小卡车,连续开了 8 个小时,给我们拉来"四大件":脚踩脱粒机、风车、犁和耙。这些可是我们当地早已找不到的农具啊!无疑这"四大件"就是我们的"镇馆之宝"了。开学后,我将宋贺诚爸爸请到学校,问及租车及购买农具的费用时,他连连摇头,说:"不谈钱、不谈钱。能够为学校做点事,我很愿意!不是说,我们家长也是百川人吗?"是啊,都以百川人自居了,我便不再坚持。第二年,他去外地进货的时候,看到两个写有"海纳百川"的大缸时,又毫不犹豫给我们买了回来,送到学校,并在里面种上铁树放在办公楼大门的两侧!

以百川人自居的家长们,慢慢多了起来。顾宇诚妈妈从浙江给我们运来乌篷船,为

图 1　家长们收集的农耕工具

我们找来大小两件蓑衣。孟恩苏爸爸得知我们建立了足球俱乐部，给我们送来1万元，支持俱乐部的发展。还有加工服装的家长专门为足球队员设计了时尚的足球训练服……

显然，如今的家长们已经成为育人共同体中的重要一员，虽然能力还有差距，但他们都尽力地为学生的发展、学校的发展贡献力量。

二、百川节，点燃家校合作的热情

（一）让家长成为活动的主角

当越来越多的家长愿意走进校园，参与学校的活动时，我们发现，还没有真正让家长以主角的身份参与的活动。如何让家长发挥更大的作用？我们认为需要为他们量身定制活动，让他们以主角的身份参与活动，从而让他们心生归属感。

量身定制怎样的活动呢？在讨论的时候，朱敏刚副校长提出，这项活动应该能够发挥家长的优势。那么，家长的优势是什么？在学历上，我们的家长没有优势，但在手工制造方面，确实有些优势。他们中的大多数人从事着手工制造业，他们的双手特别灵巧，而且他们从四面八方来，会做各地的小吃。于是，一个灵感迸发了！让家长们来到学校，为学生做各地的美食，学生在品尝各地美食的同时，体验饮食文化，同时感受各地的风土人情。这样做，既发挥了家长们的优势，学生也一定喜欢，而且还有利于百川文化的发展，真是一举多得啊！

那一年，正值百川文化发展取得了阶段性成果，老师们也迫切地提出需要有一个属于百川园自己的节日。正是在这样的背景下，百川节诞生了！

2015年11月11日，经过一个多月的准备，首届百川节开幕了。为了这一天，家长们提早一个多月就开始准备。从征求百川节的举办形式到每个班家长自主申报小吃的名称、亲子游戏、家长志愿者，再到摊位的布置、小吃的兑换等事项，德育处共召集家长到校开了4次筹备会。有些家长在开会之前制定了详细的方案呈送德育处，有些家长将美食环节可能出现的问题一一列出，并提出各种解决方案。家长们商定了百川节当天的服饰问题，有一位家长还自费生产了三十多件家长志愿者服装……在大家的共同努力下，首届百川节的方案终于确定。百川节前一天下午，家长们纷纷来到学校做筹备工作，布摊、设计摆台、准备好各种设备……校园内的热闹一直持续到晚上九点。那时，校园内的路灯不够亮，家长在布置的时候看不清，就申请将车开进校园，用车灯照着完成了摊位布置。36个班，36个摊位，再加上学校和附近社区、企业来校设的摊位，浩浩荡荡，从校门处的路边一直延伸到校园的深处，非常壮观。

百川节当天，家长们穿上民族服饰，早早来到学校忙碌起来，烧的烧、切的切、摆盘的摆盘，还没到中午，香味就飘满了整个校园。

图 2　百川节班级家长合影

老师们说,从未见过家长这么兴奋,简直就跟自己家里办喜事一样,跑进跑出,搬这搬那,还满脸乐呵呵的。为什么家长的参与积极性如此之高?我想:那是因为在百川节,家长是活动的“主角”:美食环节,家长亮厨技;亲子游戏,家长来组织;跳蚤市场,家长带着学生出售自己制作的手工作品……当家长以“主角”的身份走进学校,他们的内心必然获得极大的满足感,这种满足感来自被尊重、被认可、被欣赏,这是一种精神层面的愉悦。

百川节结束了,但给大家的回味却是久远的,很多老师有感而发,写下难忘瞬间。陆建华老师在第一届百川节结束后,当晚将感触写了下来:

相亲相爱一家人

“各位家长,非常谢谢你们的大力支持!今天的百川节取得了圆满成功!”放学后,在送走学生的第一时间,我在家长的QQ群里发了这样一条信息,顿时犹如一颗石头丢进了平静的湖面,QQ群里热闹了起来。

“应该的!陆老师,学校只要有需要,您尽管说!”“学生今天很开心,我们来参加活动也很高兴!”“今天学生一回来就讲百川节的事,这次名额满了,我没有能来,很遗憾!明年我一定第一个报名!”“不客气的,学校也是为了学生,学校的事也是我们大家的事!”……

看着一条条家长回复的短信,满满都是感动,心里暖融融的。

时间一下子被拉回到三个星期前,在接到学校要举办第一届百川节的通知时,我的心里充满了忐忑。接手三(5)班刚刚一个多月,和家长只能算是混个脸熟,他们能支持我的工作吗？家长们的举动立刻打消了我的顾虑。

夏梦远妈妈为参加制作特色美食活动，不会做饼的她利用周末到板桥街上向师傅请教手艺，还利用下班后的时间反复尝试，并提前带到学校让我们班的学生品尝，了解制作效果，及时改善口感；爸爸们为更好带领学生参加拓展活动，特意请假到校提前和学生进行接触；当接到活动时间临时调整的消息时，家长们没有半句怨言，只有简简单单的两个字“好的！”；今天清晨，家长们早早地来到学校等待活动的开始，笑容写在每个人的脸上……

放眼百川学堂，很多班级的家长都亲自准备了器具，甚至有家长还准备了奖品，每一个都用心良苦；昨天下午很多家长还特意请假赶来布置现场，有的一直忙到天黑，学校的叶师傅为了安装好设备，吃过晚饭还到学校加班，每一个百川人都尽心尽力。

“这样热火朝天的场面像不像相亲相爱、其乐融融的大家庭？在这样一个大家庭中生活与学习，我们每一个同学都能健康快乐地成长！”在第一届百川节开幕式中，王校长在致辞中深情地说道。

这就是我们共同的家园，因为我们就是相亲相爱的一家人。

陆建华

2015 年 11 月 11 日

（二）让家长成为“奖杯”的主人

百川节结束了，但家长们并不能就此“散”了。用朱敏刚副校长的话说：“应该把家长们的热情留住。”“留住”家长的热情，德育处的老师有高招，节前开筹备会，节后开总结会。金老师献计献策：按当天摊位的布置、获得美食券的多少、师生的满意度投票，设“最美摊位奖”“最畅销奖”“最美味奖”等奖项，并专门定制了水晶奖杯。总结会非常隆重，有视频回放、家长感言、总结得失、讨论下一届的主题等。最感人的是每一次总结会，家长们都讨论热烈，久久不愿离去。

这是年轻的班主任杨敏蕾老师看了家长在总结会现场发的朋友圈后有感而发写下的文字：

感谢我的后援团

12 月 1 日晚，我吃过晚饭，习惯性地打开微信朋友圈，浏览圈里朋友的动态。其中一条关于“百川节”的微信非常的火爆，很多圈内的朋友都在点赞或者留言。原来是今晚参加第二届百川节总结会的家长发的。看着照片中家长们手捧着具有独特意义的水晶奖杯，喜悦之情溢于言表的场景，我也激动不已，内心充满感动。记忆一下子被拉回到了两次百川节活动中……

还记得去年第一次发百川节通知时，家长们欣喜若狂，一个个跃跃欲试，最终通过协商，确定由潘恬忻的爸妈来承包美食项目。与此同时，其他家长也不甘示弱：因为确定做藕夹，家里种藕的杜伟爸爸表示要挑出上好的藕来赞助班级；家里卖小麦制品的夏籽泊妈妈表示要拿出店里最好的面粉来保证藕夹的口感;孙一豪的爸爸看到肉还没解决,就立马站出来要求给予他买肉的机会……总之,所有的东西都来自不同的家庭,这种其乐融融的氛围,真让人觉得温馨,或许这就是百川节的初衷吧!

大概因为有了上一届百川节的成功体验,小潘一家毫不犹豫地接下了第二届百川节的美食制作。可是这一次并没有那么顺利,但很快就被集体的力量克服了。上次百川节的藕夹是由潘妈妈一人事先做好半成品,当天只稍稍在油里炸一下便成了。可这一次做的湖北喜宴前的垫肚菜——炕土豆,需要现做现卖,此外,跳跳球般大小的土豆还需要一个个剥皮,一共要剥200多个呢!正当潘妈妈发愁的时候,臧鹏浩的爸爸、汪涵的妈妈等家长主动提出前去帮忙剥土豆皮,而且肖盟妈妈还提前去小潘家学着炕土豆,这样便分担了潘妈妈的活。因此,当天的美食制作没有出现问题,而且因为康鹏翊爸爸赞助的抽奖小礼物,就那么一会会,炕土豆就一售而空!

在百川节中这样温馨而又感人的镜头还有很多很多,无论是为准备好跳蚤市场的物品而精心制作手工艺品的妈妈们,还是为了参加亲子足球赛而认真训练球技的爸爸们……

我毫不犹豫地给家长的微信上点了三个大大的"赞"!并留言:感谢我的后援团,因为你们的辛勤付出造就了百川节的精彩,谢谢你们!

杨敏蕾

2016年12月28日

这是2019年百川节的总结会后德育处写的新闻稿:

温暖·骄傲·感动——记2019年百川节总结会

2019年12月5日晚,百川园内的多功能厅灯火通明、热闹非凡,一年一度的百川节总结会又开始啦!

总结会共分为三个环节:

第一环节,通过一组组照片回味了百川节当天热闹的场面,看着学生吃着美食、玩着亲子游戏的灿烂笑脸,看着自己出现在百川节的方阵中,家长们的内心是温暖的。

第二环节,颁奖。本次百川节的奖项进行了综合评比,每个班级的摊位布置情况占30%、百川节当天的展示情况占30%、美食券的数量占40%,根据这一比例分别评出了一、二、三等奖,每个班一名家长代表班级领了奖状和奖品,此刻,家长们的内心是骄傲的。

第三环节,朱敏刚副校长总结讲话。他希望通过学校搭建的活动平台,深入开展家校合作,让家长在学校特色活动中体验学校文化,参与学校管理,共育学生健康成长,从而实现我们"共创·共享·共未来"的目标。听了这些,家长们的内心是感动的。

一次梳理,一次总结。相信在老师们的努力下,在家长们的支持下,百川节一定会越办越精彩!让我们共同期待下一次百川节的到来。

一名家长在他的朋友圈里将获得的奖杯好好地"炫"了一下,还写道:从小到大,我从来没有得到过奖杯,没想到我的第一个奖杯是儿子的学校颁发给我的,我得好好珍藏!

家长们在总结会后遇到我,连连跟我说:“校长,明年百川节的美食我已经想好做什么了,我到时候做好给您尝尝,您看行不行?”

“校长,我觉得除了百川节,我们其他时间还可以到学校来做做其他事,一年一次太少啦!”

……

我们不仅留住了家长的热情,还将家校共育的堡垒建得更为坚固。百川节,我们见证了家长在学校发展中的重要力量,发现了即使文化层次不高的家长,同样也是促进办学的重要资源,看到了因为家校同心协力让学校成为生机勃勃的学习乐园。

三、家委会,家校合作的桥梁和纽带

(一)建立完善家委会组织

说起家委会,每所学校都有。然而家委会究竟应该发挥什么作用,每所学校可能并不明确。一些学校把家委会当作解决烫手山芋的救急队伍,在订购校服、购买学习资料、采办活动用品等敏感事件中请家委会出面解决;也有一些学校把家委会作为说明家校合作的“佐证材料”,需要时开个会、拍个照,作为备查资料,而平时形同虚设。

中小学家长委员会是由本校学生家长代表组成,代表全体家长参与学校民主管理,支持和监督学校做好教育工作的群众性自治组织,是学校联系广大学生、家长的桥梁和纽带。《国家中长期教育改革和发展纲要(2010～2020)》第十三章四十一条中明确指出,要“建立中小学家长委员会”,以此推进现代学校制度建设。显然,家委会不是救急队伍,也不是“佐证材料”,而是学校联系学生、家长的桥梁和纽带。

发挥桥梁和纽带作用,需要建立完善的家委会组织机构,明确职责。然而,在一开始,我们并不知道家委会需要下设哪些部门,究竟应该怎样开展工作。记得当时推选出家委会主任和副主任之后,就开始尝试请家长们配合学校开展一些工作。但当时是零散的,也是相对无计划的。

有一次,各班班主任交流工作,小陈老师介绍的是如何发动家长治理班级:根据家长的特点,将家长分成几个组,有负责宣传的,有负责购物的,也有跟老师一起策划学生的集体生日的,还有请家长负责经费支出的……这样不仅减轻了班主任的负担,而且与家长们很好地建立了合作关系,并成功地将家长们团结在一起,发挥了他们的作用。

小陈老师的介绍让我们在家委会建设方面有了很多启发。的确,家委会除了设正、副主任之外,还需要设立各个部门,这样才能明确各自的职责,更好地开展工作。经过多年的探索,2017 年 9 月,我们在以往家委会工作的基础上,逐渐完善了组织机构,在主任与副主任之外,增设了五个部门,分别是:组织策划部、宣传联络部、教育教学管理

部、志愿者管理部和后勤保障部。(具体见下表)

2019年校级家委会成员

		班级	学生姓名	父(母)姓名	电话
	主任委员(1名)	六(4)班	李＊晴(妈妈)	李＊	138＊＊＊＊＊597
	副主任委员(2名)	四(1)班	杨＊远(妈妈)	周＊	182＊＊＊＊＊019
		五(5)班	杨＊(爸爸)	杨＊林	137＊＊＊＊＊575
	组织策划部委员(3名)	一(4)班	王＊怡(妈妈)	汪＊	138＊＊＊＊＊574
		二(3)班	樊＊浩(妈妈)	卫＊	181＊＊＊＊＊662
		三(2)班	邱＊涵(妈妈)	黄＊	139＊＊＊＊＊111
	宣传联络部委员(3名)	一(6)班	高＊扬(妈妈)	高＊靖	138＊＊＊＊＊990
		三(2)班	周＊琪(妈妈)	董＊茹	137＊＊＊＊＊081
		五(3)班	张＊轩(爸爸)	张＊涛	173＊＊＊＊＊555
	教育教学管理部委员(4名)	二(6)班	冯＊轩(妈妈)	朱＊燕	152＊＊＊＊＊760
		四(5)班	屈＊涵(妈妈)	张＊玲	186＊＊＊＊＊013
		六(1)班	王＊言(妈妈)	王＊	138＊＊＊＊＊621
		六(4)班	王＊(爸爸)	王＊成	139＊＊＊＊＊074
	志愿者管理部委员(3名)	一(1)班	林＊航(妈妈)	王＊庄	151＊＊＊＊＊284
		二(3)班	张＊奕(妈妈)	朱＊梅	138＊＊＊＊＊533
		五(2)班	潘＊忻(爸爸)	潘＊科	138＊＊＊＊＊178
	后勤保障部委员(3名)	三(4)班	徐＊玺(妈妈)	孙＊姣	139＊＊＊＊＊001
		四(2)班	吴＊韬(妈妈)	吴＊珠	133＊＊＊＊＊895
		四(5)班	高＊航(妈妈)	赵＊	180＊＊＊＊＊908

图3　校级家委会成立仪式

（二）家委会的能量真不可小觑

家委会下设这么多部门，对家校合作的开展有用吗？渐渐地，眼见的一件件事消除了我的顾虑。

分管校长跟我说，现在家委会的例会不用操心了，开会主题、召集会议、开会时的照片、通讯稿都会有相应部门的家长负责，每一次都能有条不紊地进行。

开学初，我看到杨啸远妈妈每天都早早地来到校门口，跟维持校门口秩序的家长志愿者说着什么，连续一周天天都是如此。我很不解，于是上前询问。杨啸远妈妈说："开学第一周，如果家长志愿者的工作做到位，其他家长看着，轮到自己做志愿者的时候就知道怎么做了。而且对于送学生上学的家长也是如此。在校门口哪里停车放学生下来？骑电瓶车、三轮车的家长应该把车停哪里？这些问题在第一周内都明确，那接下来就好办了。校门口的秩序就能得到保障。"后来我了解到她负责家长志愿者的相关事务。关于校门口秩序一事，她已经多次跟家长们商量，并将具体的操作方法发在志愿者QQ群中。即使这样，她还不放心，开学一周每天去现场实地观察。

学校的水娃大讲堂由家委会的教育教学管理部接手。他们要么自己上阵，要么千方百计请朋友，甚至是朋友的朋友给学生上课。李芷晴妈妈为学生介绍目前社会上的八大职业，以及每个职业的特点，鼓励学生向着自己喜欢的职业努力；王文茁的妈妈为学生普及纺织业的相关知识，从纺织业的起源、古人纺织的智慧，到现代的纺织环境以及纺织业发展给人们带来的便利都一一道来；李夏同学的妈妈带大家认识农场的守护者——边牧，作为一个农场的主人，她的好帮手就是边境牧羊犬；居妈妈跟学生讲解了边牧的外形以及性格特点，结合自己的工作经历，跟学生分享了边牧工作时的有趣事情；孙贺妈妈是德国企业舍弗勒的员工，她打听到公司的一位宁博士对中德文化非常有研究，就想方设法请求他为学校学生介绍中德文化，她的诚意打动了宁博士，宁博士来到学校，创造性地采用漫画的方式，从表达方式、生活方式、饮食文化等方面为学生介绍了中德文化的差异；王一唐妈妈有一位对国学特别有研究的同事，专程拜访他，请他给学生讲国学。家长们还邀请了圣草儿科的刘医生给学生讲夏季传染病的预防，请城管女子中队的姐姐介绍做一名文明的社会公民在衣食住行方面的注意点……

或许对社会资源丰富的学校来讲，这些都算不了什么，但对于我们的家长来说，却是十分不易。他们的PPT制作并不熟练，准备一次报告或许要花上好几个晚上；他们的社会资源本就相对缺乏，有时请一位专业人士，需要拐几个弯，鼓足勇气才能办到。

除了办好水娃大讲堂，教育教学管理部的家委会成员还负责为全校家长收集并推送有价值的家教文章，如《小学生上课不走神，这样的方法家长不妨试试》《父母的终极使命，是培养适应社会的学生》《抓好习惯，再谈成绩，影响学生学习成绩的12个习惯》《朱永新：家庭教育三个关键词——陪伴、阅读和习惯》《孙云晓：适合的教育才是最好的教育》《俞敏洪：教书的是老师，但育人的一定是父母》……家委会推送的文章，受到家长们的欢迎，通过一篇一篇文章的阅读，家长的家教意识被唤醒了，遇到学生的教育问题，他们逐渐改变了“打”和“骂”这样的粗暴方式。

其他几个部门也毫不示弱，学生参加艺术节表演，“家长化妆团”早早来到学校给学生梳头化妆。一次，百川大舞台因为天气炎热安排在上午八点举行，负责的金芝老师很有顾虑，那么多的小演员怎么来得及化妆啊！当她把顾虑发到家长群中，家长们纷纷回复：没事，我们早点到学校就行。那天，很多家长早上六点不到就来学校做准备，七点半左右，所有小演员的妆都妥妥地化好了。而家长们早饭都顾不上吃就赶去厂里上班了……

老师们深有感触地说：“幸亏我们有了这样给力的家委会！家委会在学校管理中发挥了重要的作用，缓解了学校管理中人手不够、资源不足等问题。不仅如此，家委会还是我们有力的伙伴。”

一个学生在体育课上跑步时，不小心摔骨折了。一开始，家长很不理解，到学校要求赔偿，他的老乡——我们家委会的一个委员得知此事，连夜赶到他家，去探望了学生，也开导了家长。他从学校公平地吸纳务工子女入学，到千方百计为学生提供好的服务，又是讲故事，又是讲道理，他沟通了将近两个小时，终于打动了家长，化解了家校的矛盾。

家长的身份，在处理家校矛盾时，他们的态度往往更有说服力，这是我们老师无法替代的。尤其是一些比较有号召力的家长，如果他们在家校出现矛盾的时候能够站出来，客观地帮助学校一起处理，往往会起到意想不到的效果。

2019 年秋季开学前，省公安厅发文，为了确保学生的安全，家长一律不能进校园接送学生。然而，开学的第一天，下起了瓢泼大雨，学生无法及时到校门。接学生的家长们在校门口焦虑不安，一些情绪激动的家长想奋力推开保安和家长志愿者，闯进校园。在场面快要失控的时候，所有家委会的家长们站了出来，他们一边拨开人群来到校门口，阻止家长进校园；一边跟大家解释，让大家明白不进校园是为了保障学生的安全，要理解学校，要耐心等待。在家委会成员的劝说下，家长们安静下来，有序解决了雨天接送学生的问题。

据说，那几天，好多学校没有守住“校门”。而我们，正是因为家委会的力量，不仅守住了“校门”，还成功解决了上下学高峰校门拥堵的问题。

种种“事件”，让我看到了家委会的力量。所以，当一些校长问我学校资源缺乏，家长社会地位不高，家校合作是否有难度时，我总会这样说：“尽管我们的家长是普通的劳动者，但调动他们的积极性、激发他们的智慧后，我们的家校合作并不会因为他们的社会地位而打折扣。”

（三）我们也是学校的一分子

现在，在学校的各大活动中，越来越多地看到家长的身影。

2019年的百川大舞台上，家长和学生手拉手登上舞台，演唱《我和我的祖国》，悠扬的歌声感染了全场观众，获得阵阵掌声。家长怎么有时间来学校排练？金老师告诉我："家长们太不容易了，为了集中排练，有的家长调班，晚班、中班一起上，还有的家长实在调不了班，干脆就向单位请假。"负责排练的老师不好意思，但家长说："不能因为我一个人而影响排练。"

负责排练的老师说：家长们非常认真，唯恐自己不尽心拖了后腿。所以，他们下了功夫背歌词，怕走音，他们一遍又一遍地听录音。

"不能因为我一个人而影响排练。"从家长的态度我们欣喜地看到：家长真的已经成为学校的一分子，成为推动学校发展的一分子。

在2019年第五届百川节的出场仪式中，一个特殊的方阵引起全校师生的关注。原来是家长们首次以团队的形式在百川节的开幕式上亮相。据说，家委会进行了入场式的排练；家委会中的一位家长还专门设计了服装，并加班赶制了出来。经过两次排练后，家长们提出，就这样组成一个方阵进场，跟百川节的热闹氛围不符合。于是，他们想进场之后呈展一副对联。对联的内容，他们决定自己写，为了这副对联，他们在群里反复讨论，最后确定为"家校携手培睿智，百川化雨沐桃李"，横批为"浪花朵朵开"。尽管还不够押韵，用词也还不够准确，但他们已经非常努力地用文字表达了对百川园的认同，表达了家校携手的美好愿望。

当我对家长们表示感谢的时候，他们总是说："校长，学校需要我们，千万别客气，我们也是学校的一分子，我们应该为学校发展出一分力！"

学校足球队出征，我们也会欣喜地看到家委会的身影。李妈妈是二年级足球队队员的家长，也是家委会后勤服务部的委员。当她得知教练带学生外出比赛一周时，毅然请假一周，主动申请随队服务。她说："学生还小，教练一个人带队太辛苦，我一起去帮忙做好后勤服务，给学生洗洗衣服，买买水果，盯盯作业。"其他家长觉得既要她出力，还要她出钱，过意不去，表示要分担她的费用。她满口拒绝，说："学生参加比赛是为学校争荣誉，作为家长，能够为学校分担，我很乐意，就不要跟我计较钱的事。"要知道，她儿子是替补，有时连上场的机会都没有！

是的，让我感动、自豪的事举不胜举，这些都足以说明家长已经跟我们一起，成为育人同盟，为学校的发展，为学生的成长，贡献所有的力量。

四、书籍，打开科学育人大门的钥匙

（一）学做父母，从看书开始

苏霍姆林斯基曾发现：我们教这教那，就是没教"怎样做父母"。发现这个问题后，他决定将家长教育工作提前做到在校学生身上，提出"培养未来的母亲和未来的父亲"。这是苏霍姆林斯基在帕夫雷什中学的可贵实践。然而对于已经是父母的家长们，由于他们在受教育期间缺失了为人父母的学习,因此在育儿方面出现了问题。如何补救?德育处马璇老师提出:用书籍改变家长的育人观念。

她向学校申请了经费,购买了四本书:《习惯决定学生一生》《顺应心理学生更合作》《0—12岁给学生一个好性格》《这样和学生定规矩,学生不抵触》,请家长轮流阅读。一段时间后,请第一批拿到书的家长围绕相关主题交流时,家长们支支吾吾,原来他们把书拿回家后并没有看完。据了解,他们已有多年未碰书,平时闲来无事,一般用手机打发时间,看书,难以静下心来!

如何让家长们真正行动起来?马老师说:"我陪着他们一起读!"她清楚,只是将书下发,并不能很好地促使家长看书,需要有人"盯"着他们看书。于是,通过家委会,她发出了举办家长读书沙龙的倡议。读书沙龙,由家长自愿申报。然而第一次读书沙龙,申报的家长寥寥无几。怎么办?在班主任几次动员之后,家长们陆陆续续报名了,最后100多个家长参加了第一次读书沙龙。

这次沙龙的主题是针对《顺应心理学生更合作》这本书展开的。沙龙从"学生在你的心中是什么样子?"切入,家长们你一言我一语,虽有些紧张,但在言语中也表达出了自己对学生的认识。接着就进入了读书分享的环节,家长从紧张逐渐到放松,开始侃侃而谈自己对书本内容的学习与思考,有的家长结合自己的学生讲着讲着潸然泪下,有的家长分享时露出了满足的笑容,有的家长当起了"朗读者",将书中精辟的文字读给每一位家长,还有的家长临时成为一名教育者,分享她的育儿经验……

小李妈妈说,她儿子参加足球队,但因为身形比较胖,所以她一直觉得自己学生不行。为了让自己的儿子不落后,每天吃过晚饭之后都要求儿子跑30分钟,有时候儿子累得不行想偷个懒,她也不允许,跟儿子说:"你看看自己那么胖,还不努力怎么赶得上别人!"可是,尽管这样锻炼,儿子依然胖乎乎的,而且足球技能也没提高多少。看了书她明白了,自己跟学生交流时经常强调"你不行",因此学生就容易产生自我暗示,觉得自己不行。最后她表示,作为家长,在对学生严格要求的同时一定要研究学生的心理,否则有可能所有的努力都是枉然!

小王爸爸说,一直以来,他觉得家长说什么学生就要无条件地服从。在家里,他一直很强势,学生稍有忤逆,就会挨揍,导致学生特别叛逆,无论说什么都不听,打也没用,为此他很无奈。他向家长们求助,接下来他该如何与学生相处,怎么才能让他们父子的关系变得更和谐……

万事开头难,第一次沙龙举办前夕,家长们反应冷淡。但经过一个半小时的交流、分享后,家长们个个意犹未尽。马老师说:没想到第一次沙龙比想象中好太多了!家长们讲得比想象中好,有问、有答,有分享、有提问,还有求助,现场的氛围越来越好,而且从家长的讲述中可以发现,下发的那些书已经产生作用了!

沙龙结束,一位家长还觉得不过瘾,给德育处顾老师发了长长的一条信息:通过阅读很多关于教育学生方面的书籍,我明白了做家长要学会包容、接纳学生的不足,因为学生需要我们的接纳、尊重和理解。毕竟我们做家长的身上也有很多不足的地方，身为家长又怎么能要求学生十全十美呢？阅读能让人更加聪明和充实，书能让人沉静下来。这是当下任何一个追求短平快和碎片化阅读的媒体都做不到的。未来，我要改变自己的生活习惯，从在网上浏览八卦转为静下心来阅读一些书籍。我也很喜欢学校举行的读书沙龙会，这让我们觉醒，让我们知道了阅读的重要性。

（二）育儿经验，在交流中积累

读书沙龙，让家长们感受到阅读的重要性，但它的价值除了交流读书心得之外，还有彼此的育人经验分享。只要是真实的经历，成功和失败的做法都同样吸引着大家。

第二次家长沙龙的主题为“定规矩　守规矩”，其间围绕两个话题“怎样定规矩”“如何守规矩”展开。这次，大家看到被称为“小神童”的王蜀京的妈妈也在沙龙现场。

王蜀京同学是学校出了名的“小神童”。一年级刚入学，就已经能顺畅地阅读初中语文教材；三年级时参加高年段的电脑编程比赛，获得太仓市第二名，代表太仓参加苏州市比赛获二等奖。平时考试，除了语文几乎全是满分。关键是，他父母只是很普通的打工者，没什么文化，从来没有在家辅导过他的学习。为此，家长们很期待知道，难道真是“神童”，他对学习的兴趣是与生俱来的？他妈妈分享道：给学生定规矩，作为家长也要守规矩。她回忆道，在大班到小学的那个暑假，她跟王蜀京商量，上了小学应该做到什么？王蜀京回答：“上了小学要开始学习了，不能经常看电视。”于是，学习期间不看电视就成了他们家的规矩。

王妈妈说：“学生写作业，我做饭搞卫生，家务活做完，我就过去陪儿子，他看书，我在旁边也看书看报，从不玩手机，更不看电视。”

她还说道：“刚开始自己也静不下来，但是看着学生能够如此安静地写作业、看书，自己还有什么克服不了的呢？”所以慢慢地，她也就习惯了没有电视、没有手机的时刻，每天也能够安静地陪着学生看书。

听了王蜀京妈妈的分享，家长们恍然大悟：“神童”不是生来就是，而是后天的自律所致，而高度自律的背后，一定也有自律的家长。看来，规矩不能仅仅针对学生，家长们也要跟学生一起守规矩！

小占妈妈说，学生生下来不久，她跟学生的父亲就出来打工，一直是老人照顾小占，而老人对学生非常溺爱，因此学生身上有很多问题。那么多的缺点一下子想全部改过来也不现实，所以只能一点一点地改。她将学生的缺点一样一样列出来，然后让学生自己选，先改哪个。学生说：“不撒谎，做个诚实的人。”那么第一个规矩就是“诚实，不撒谎”。一次，学生将考试的分数回家告诉他们，结果爸爸因为学生考得不好而火冒三丈，还打了学生一顿。后来，学生很长一段时间没有回家说考试的事，问到他，总是说：“还没考试呢！”她意识到，一定是那次学生说了真话，因为成绩不好挨揍了！所以她提出，定规矩要让学生参与，守规矩家长要控制好情绪。

这次沙龙,家长们参与的积极性很高,交流分享的案例也很多,形成了不少耐人寻味的观点,如"让学生一起参与制定规矩""定规矩不要求全""定了规矩贵在守住规矩""学生守规矩,家长要做榜样"……

由于出差在外没有现场聆听,一位熟悉的家长朋友给我发来现场的照片,并附上信息:学校办这样的活动真好,学到不少,下次沙龙,我还来!

图4　家长沙龙

(三) 家教观点,在阅读中形成

读书沙龙,成了我们家长学校活动的主要形式。为了让更多的家长经常有新的家教方面的书籍看,我们通过各种途径给家长"送"书:表彰家长志愿者,我们送的是书;百川节各摊位评选,奖品是书;参与沙龙的家长,我们的纪念品还是书。

我们的"送"书行动有了回应,在"亲子沟通从心出发"的一期沙龙活动中,家长的发言让我们禁不住拍手点赞。

吕睿熙爸爸抢着发言,他说通过看书和沙龙现场的聆听,自己的育儿理念有了更新。学生不是家长的附属品,他是一个活泼泼的人,是一个跟我们家长人格平等的人。作为家长,要从学生的角度思考如何进行教育,要学会倾听,多与学生交流,让学生表达自己的想法,多陪伴学生,这样就能听到学生内心真实的声音,才能"对症下药"进行相应的疏导。

这是一个只有初中文凭的爸爸现场有感而发的话,不得不说,从他所表达的观点来看,他已经不是一个"业余"的爸爸。

张文骏妈妈在沙龙现场几次举手示意主持人要发言。她觉得对于教练来说,她既是好妈妈，特别细心，又对学生特别关心，但同时她也是让教练觉得头疼烦人的妈妈，因为每次教练带队外出，她都特别烦人。一会儿打电话让教练去看看学生的英语读了没有，一会儿又让教练去瞧瞧带的水果吃了没。过了不久，又给教练留言，要求教练看看学生的数学作业有没有完成，是否还有不会的。每天，她给教练的电话最多，给教练的留言也最多。后来，她发现，学生不跟她亲近了，一直躲着她。她不明白，就去看书查找原因，原来学生的反应就是因为她过度保护学生了。如果想让学生成长，就必须充分相信学生，尊重学生。

从不看书，到发现问题自己去书中寻找答案，这是怎样的进步啊！当然，这可能只是少部分家长的进步，但星星之火可以燎原，通过阅读更新家教理念正发生在身边的家长中。

徐欣怡，是大家俗称的“别人家的学生”。这学生长得漂亮、气质好、学习好、多才多艺，但是，这学生给人感觉有点“冷”，很少见她与班上的学生一起玩闹。她的表现在她妈妈的发言中找到了答案。她妈妈说：“我原来认为学生只要学习成绩好就行了！所以我对她的要求就是，你只负责读书，其他的事都是浪费时间，与其玩，不如多做几道题，多画几张画！可是最近看了学校发的书之后，我觉得原来的这些想法不对，学生不是学习的工具，他们应该拥有属于自己的童年，他们需要跟小伙伴一起玩耍，所以，我呼吁家长，不要一味地让学生学习，要给他们玩的时间，让他们尽情享受童年的快乐！”

“学习不是学生生活的全部，要把童年还给学生，把笑声还给学生！”

“学生犯错理所应当，哪个学生没有一些丑事呢？关键是犯错之后要能够帮助他从中吸取教训！”

“温馨的家庭氛围才能给学生营造一个安全的、快乐的成长环境！”

这些都是那次沙龙我摘录下来的家长们的发言。他们不再照着书本念，不再羞羞答答地说。因为，这些都是他们通过阅读，并借助自己的思考形成的观点。

我很欣慰，我们的家长读书沙龙从艰难的起步，到如今的小有起色，这一切都说明家长的家教观念可以转变，科学育儿的大门同样会为他们打开。当然，对于全校所有的家长来说，我们的工作还远远不够。但是，我们相信，一部分家长已经行动起来，那么其他家长的改变也一定为时不远。

第八章 百川园的未来

百川园的日子是充实的。一所曾经在人看来“激不起任何涟漪”的学校如今生意盎然：漫步校园，鸟语花香，满目苍翠；迎面遇见师生，相互微笑致意，其乐融融……理想中的百川园，让人惬意又舒适，是自然的，和谐的；但同时又催人奋进，永葆活力，是生动的，进取的。她的未来是怎样的？每个人的表达可能不尽相同，但她一定是这样的：

一、她是美丽田园

我始终认为，学校，不仅仅是学习的场所，也是儿童生活的重要场所。在这里，学生可以释放天性：有他们的笑声、叫声和吵闹声。

学校有一个名叫小涛的学生，有点特别，接受能力很弱，老师课堂上讲的几乎都听不明白，因此课上坐不住。可是，他却不排斥学校，相反还有点喜欢上学。班主任告诉我，每到中午，小涛就特别开心，因为去食堂的路上要经过竹林。竹林里养了很多鸡。每次吃完饭，他总要蹲在竹林旁，数数鸡有几只，甚至会抓着一些米粒喂鸡。有时，跟同学闹了点小矛盾，他也会跑去竹林，看看鸡，学学鸡叫，过一会，笑容又挂在了脸上。

是什么吸引他每天开开心心地上学？也许学校的这些小动物就是重要的因素吧！

2017 年 12 月，学校的母羊早产，生下两只小羊，小羊奄奄一息，躺在地上，两天过去了，都站不起来。学生急坏了，从家里带来了奶瓶、奶粉，一下课，就看到一些学生围着小羊，喂吃喂喝……

小动物的娇弱唤醒了学生与生俱来的爱心、责任感。

学校百耕园里的蔬菜收获的时候，学生会去市场调查蔬菜的单价，按斤包装，在校门口摆摊叫卖。卖菜所得，学生一一记好账，交给会计，一笔一笔累积作为六一节活动经费。

一次，我遇到毕业多年的学生，说起他们卖菜前后的故事，还激动不已。

这一幕幕，让我坚定了一个想法：未来的百川园，它首先是田园式的校园。

田园式的校园，不仅仅是瓜果蔬菜、鸡鸭牛羊。田园，其实更多的是一种态度。

它象征了自由。田园式的校园里，每个人过一种自由的校园生活。当然，自由并非随心所欲，是在一定规则下的随意与自主。老师可以按需选择培训项目，不断提升自己的专业素养；而学生，则能享受定制式的教育服务，因材施教、因人而异真正得以实现。

它透着灵动。尽管校园没有豪华的装修,但时时处处散发着自然与活力。校园内四季花开,瓜果飘香,学生能随时观察植物的生长情况;竹园内、树林里,养着鸡、羊、猫、狗……学生课余饭后逗趣饲养,既培养了他们的观察力,又唤醒了责任心;教室、廊道内,书本随处可取,棋类、游戏类器具应有尽有,满足不同学生的休闲需要;手工坊、点心屋、插花室、模拟银行、模拟超市……角色体验馆可以让学生了解各种职业的特点;涂鸦墙、创客室,把学生的奇思妙想变成现实。

它意味着质朴。学校办学不赶时髦,不哗众取宠,一切立足于学生的需求,着眼于他们的未来。人与人交往简单而真诚。每个教职员工心无旁骛,为了学生的成长,上好每一堂课,组织好每一次活动。学校的设备,不一定新,但要满足学生掌握现代技术的需求。学校的布置,不一定现代,但要满足儿童游戏的需求。

雅斯贝尔斯在《什么是教育》一书中指出:教育是人的灵魂的教育,而非理性知识和认识的堆积。这就决定了学校首先要做的,就是让师生身心舒展,能够释放自我。而田园式的校园就是这样一个让人自在、舒展的学校。未来的百川园就是这样一所美丽的田园式学校。

二、她是精神家园

曾经有一名已经调离学校的老师回校参加活动,她来办公室看我,见我不在,就在桌上留了一张纸条,上面写着:“今天让我有回家的感觉,离开了学校,才知道这里有多好!”“回家的感觉”这几个字深深打动了我。

理想的学校,不仅是老师工作、学生学习知识与技能的专业机构,还是能带给人以温暖,给师生心灵慰藉的地方。

有一回,一名老师在 QQ 上给我留言,说想跟我聊聊。原来是家里、工作上的一些琐事,让她苦恼不堪。在将近一个小时推心置腹的闲聊中,她的心情渐渐好转。临走,她说:“校长,我心情不好的时候能不能再来找您?”当得到肯定的答复后,她高兴地离开了。

什么样的学校让师生感觉有吸引力?恐怕不是漂亮的建筑,先进的设施设备……

她是一所精神富足的学校。人生真正的富足在于精神,一所学校办学品质的高低也在于精神。精神富足才能吸引师生员工。精神富足的校园首先飘满了书香。朱永新先生说过:“一个人的精神发育史就是一个人的阅读史;一个民族的精神境界,在很大程度上取决于民族的阅读水平。”未来的百川园,将是一个特殊的图书馆,书是每个师生生活的必需品。阅读、交流、分享,成为师生校园生活的常态。书,打开了师生的视野,丰富了他们的精神世界,同时也提升了他们的精神需求。精神富足的学校有其鲜明的学校精神,这一精神鼓舞着师生不断向前向上。独立进取、团结合作是百川精神的核心所在。未来的日子里,百川精神的内涵将不断丰富,成为师生的宝贵财富,激励并陪伴师生成为更好的自己。精神富足的学校有自己的办学坚守,不人云亦云,不追赶潮流,更不追名逐利,会向着认定的方向,执着前行。

她是一所充满人文关怀的学校。她有和谐的人际关系,人与人之间相互尊重、彼此合作,做真实的自己,不虚伪、不掩饰。她有正确的办学理念,以人为本,按照人的发展规律施行教育计划,不跃进、不盲目。她有强烈的团队意识,强调团队发展,通过团队成就个人,以个人推动团队发展。她有畅通的交流渠道,有想法能及时沟通,有矛盾能一起化解。

她是一所拥有仪式感的学校。法国童话《小王子》里面有一经典片段是小王子和他驯养的狐狸之间的一段对话:

狐狸说:“你每天最好相同的时间到来。”

小王子问:“为什么?”

狐狸回答:“比方,你下午四点来,那么从三点起,我就开始感到幸福。时间越临近,我就越感到幸福,到了四点的时分,我就会如坐针毡,我就会发现幸福的代价,但是,假如你随意什么时分来,我就不晓得在什么时分该准备好我的心情……所以应当有一定仪式感。”

“仪式感是什么?”小王子接着问道。

“它就是使某一天与其他日子不同,使某一时辰与其他时辰不同。”狐狸说。

她有特别的时刻,让师生永远牵记。百川讲坛,从 2007 年 9 月 11 日首次开讲,至今从无间断。相约周二,成为百川园的青年老师人生中难以忘怀的美好经历。形式在变,内容在变,不变的就是“周二,我们一起去百川!”每年 11 月 11 日的百川节,是老师、学生、家长、职工期待的日子,这一日子将成为百川人永远的节日,通过它,建立家、校、社区合作的新型方式。像这样属于百川园的特别时刻,将随着办学底蕴的丰厚慢慢增加,见证百川人的成长,留下创造奇迹和梦想的美丽故事。

她有独特的风格,让师生永远受益。在百川园,不管做什么事,一定是脚踏实地。他们注重细节,讲求实效。校园整洁无一处死角,活动有序无一点敷衍,课程有效无一门虚设,教学相长无一人停滞……认真与执着成为师生行事的风格,伴随他们迎接人生路上的挑战。

她有积极的心态。面对困难与挑战,他们勇敢面对,总能巧辟蹊径,化解矛盾;面对荣誉与赞扬,他们淡然处之,总是向着未来,重新起航。他们的内心装着理想,他们的眼里总有美好……乐观与豁达成为师生宝贵的财富,伴随他们快乐地度过每一天。

这样的学校,虽简单,却也精致。她能触及人心,打动人,激励人。未来的百川园,就是师生的精神家园。

三、她是快乐学园

学习,本是一件快乐的事。但不知道从什么时候开始,学习成了迫于压力不得不完成的任务。作业、成绩经常成为引发师生矛盾的触点。

小张同学是有名的拖拉作业大王。每个周一,他几乎都会因为没有完成周末作业而被老师批评。可在"数学节"的绘制校园平面图比赛中,我看到了他的作品。这是自愿参加的比赛项目,绘制整个校园的平面图,不仅要去测量各个数据,还要按比例计算,最后要画图、上色,非常麻烦。很难想象一个经常拖拉作业的学生会主动参赛。碰到他,问起这件事,他说:"我觉得这项作业很有意思!"

是啊,只要感兴趣,在他人看来很麻烦的事对于当事人来说却很有吸引力。

这件事让我联想起"认识吨"一节课的学习。

关于"吨"的学习对于学生来说是困难的,因为他们很难建立"1 吨"的概念。老师往往借助课件,通过语言描述 1 吨的轻重,通过推理让学生建立"1 吨"的概念,这样的学习方式让学生觉得无趣,学习效果并不理想。于是,我们尝试改变"纸上谈兵"式的概念学习方式,让学生走出教室去体验、去感知。我们把学生带到学校食堂仓库,让学生称一称一袋(10 千克)大米的质量,掂一掂感受一袋的轻重,再依次体验两袋、三袋、四袋……想象 100 袋的质量。再通过称体重,由一个人、两个人、三个人……推算 1 吨大约是多少个同学的体重……通过多种形式,在多种感官参与下,学生不仅较好地建立了 1 吨的概念,更是对这样体验式的数学课产生了浓厚的兴趣。

学习是快乐的,只不过,我们没有找到让学生感到快乐的方式!

学生喜欢的方式是怎样的? 我想,一定是开放的,灵动的,有效的。

未来的百川园,将打破常规,把教室向四面八方打开。学生更多地接触自然,了解社会。他们在生活中体验,在真实情境中学习。因此,他们的视野会更宽,视角会更广。

未来的百川园,将另辟蹊径,让学习方式更加灵动。老师不再采用一刀切的方式,而是根据学生特点,鼓励他们大胆尝试,勇于实践。他们在做中学、在实践中感悟。他们通过线上线下融合的方式,根据需要选择学习的方式。他们在解决现实问题的过程中,灵活地应用知识,提升能力。为此,他们的能力更强,更能享受学习的快乐。

未来的百川园,将广搭平台,让学生们的个性特长得到更多展示。老师将更深入地研究课程,通过合适的路径和方式实施国家课程;同时,学校将为学生开设更多的课程,既补充和拓展了国家课程,也给学生提供更多选择,促进学生个性特长的发展。学校将提供更多的角色体验,帮助学生更好地认识自己,更准确地确立未来发展方向。学校将搭建更多的舞台,通过浪花朵朵大奖赛、百川大舞台、梦想舞台等让学生充分展示自我。学校将改革评价方式,通过建立成长档案,关注个体纵向的阶段表现,提出成长建议,引领持续发展。在这里,学生将更加自信,更有获得感。

学生喜欢,老师向往,家长认可,社会满意,百川园的未来,是美好的,让我们一起期待……

附　录

2014年岁末百川宣传文案

幸福的百川学堂

这是一所特殊的小学，

她的学生来自五湖四海，老师来自全国各地。

不同的文化背景，不同的宗教信仰，不同的风俗习惯，

在这里碰撞、融合，组成了一个温暖的大家庭！

这，就是百川学堂！

一、温馨雅致的校园环境

百川学堂的环境优美，特色景观点缀在校园的角角落落。来到百川的客人总是被浓浓的文化气息、温馨的环境氛围所感动。优美的环境不仅使师生的校园生活更加舒适，还给教育教学工作注入了新的力量。

在百川学堂，环境是一本厚厚的教科书。这本书以一个个特色景观串联编写而成，成为班队课的内容之一。每一个景观表达了一个教育的意蕴，每一处设计都蕴含了丰富的内涵。这本特殊的教科书让景观开口"说话"，实现了人和物的对话。

在百川学堂，环境还是天然的课堂。每个星期，百耕园与百果园都会迎来综合实践课的学生，他们在老师的指导下，认识农耕工具，了解各季蔬菜瓜果，研究它们的生长过程。每个月，寻根廊也会陆陆续续迎来上班会课的学生，学生在这里找找自己的家，看看各地的美景，了解不同民族的风土人情……走出狭小的教室，学生的视野更宽了，知识也更丰富了。

在百川学堂，一些特色景观还成为特殊的交流平台，百川故事栏、水娃风采秀就是其中的代表。百川故事栏，展示的是老师的故事作品，故事的主角有老师、职工还有学生，分享的故事是发生在校园的感人瞬间。水娃风采秀是学生的作品，有故事、习作还有手工作品，在这里，大家分享优秀习作，交流切磋技能技巧……

环境是教科书、环境是天然课堂、环境是交流平台，这是百川人对环境建设的理解。如今，刻有百川烙印的校园环境已经深深留在每一个百川人的心里。

二、团结活力的老师团队

学校的发展在于老师，老师团队素质的高低决定了学校发展的速度。我们从2007年开始，立足校情，着手规划了一个个培训项目，并一路坚持，不断完善。

团队拓展培训是我们打造老师队伍的创新之举,如今已发展成为老师培训的“规定项目”。我们的团队拓展分两个层面,全员参与的年级组拓展与部分参与的班主任拓展。每个学期,工会都要组织以年级组为单位的拓展活动,每一项活动都需要年级组每一个成员通力合作。比如,在“呼啦圈接力”“移位换棒”“风火轮”“穿越跑”等活动中,年级组成员自然就凝聚在一起,成为“相亲相爱”的一家人。每一年,德育处都会精心策划班主任拓展培训,这是我校班主任培训的传统项目,内容丰富,策划有序。在挑战极限、团队合作、节目表演、团队展示等环节中,全校班主任凝心聚力,相互支持,让拓展成为彼此交流、分享,共同分析、思考,一起放松的活动。

金字塔形的百川系列培训项目,为每一个百川人量身定制。分别为:百川学科核心工作组,百川沙龙,百川论坛,百川讲坛。百川学科核心工作组是学校学科领军人才交流学科发展的平台,百川论坛是35周岁以上老师读书交流的平台,百川沙龙是班主任探讨班级文化建设、育人良策的平台,百川讲坛是青年老师锤炼口才、训练思辨能力的平台。这四大平台的搭建,有力推动了老师专业发展。尤其是百川讲坛,更成为我校的金字招牌。这项从2007年9月11日成立以来的培训项目,每周一期,至今已有199期。这期间,经过了六次转型:读文章,练口齿;讲故事,练表达;议时事,谈想法;论教育,表观点;分班讲,互点评;分层要求,梯队发展。

正是由于这些具有特色的培训项目,让百川学堂拥有了一支凝聚力强、专业素质扎实、富有进取心的老师队伍。

三、快乐专注的思思源源

思思源源,是百川学堂水娃们的代名词。让思思源源在六年的校园生活中健康成长、快乐学习、个性发展,是我们努力的目标和追求。

为此,我们创新仪式教育。

用一口水缸伴随学生的童年生活,见证他们的一路成长。入学礼上,一年级新生将自带的水汇入这口缸内,称为“汇水”。意味着来自五湖四海的学生从此开启百川学堂快乐的学习生活。成长礼上,学生从这口缸里取水饮用,称为“饮水”。饮水思源,是让每一名二小娃懂得感恩,感恩父母、感恩老师、感恩社会。毕业礼上,学生从这口缸里取水带回,称为“取水”。意味着通过六年的学习生活,“满载而归”,用所学的知识与本领,形成的习惯与品格,指引未来的人生道路!“汇水”“饮水”“取水”,贯穿了学生重要的成长时刻,在这个过程中他们产生归属感、获得责任心、体会成长的快乐!

我们丰富德育载体。

用故事和电影,引领学生的品格成长。我们专门成立了德育课程研发团队,集团队力量打造精品故事、电影课堂,用生动的形象、富含深意的情节打动学生的内心,让他们从中感悟为人处世的道理。经过四年多的探索,以生命安全、人际交往、归属于爱、自我认知为四大主题的故事教材已经完成三册。因学校的创新实践以及取得的显著成效,苏州市教科院于2013年4月在我校举行校本德育课程现场观摩活动,隆重推出我校的故事会和电影课。

我们另辟德育途径。

用三个舞台，推动学生的个性发展。水娃小讲坛——是属于每个思思源源的小舞台，它无形地存在于每个教室中。在每天的晨会课，学生轮流上台讲故事，逐渐培养阅读兴趣和自信表达。

水娃梦想舞台是属于具有一技之长的学生的中级舞台，它坐落在万象馆的底楼大厅口。只要在艺术、体育、语言表达等方面有特长的学生，都可以在对应类别的主题中一展风采。这个舞台，激励了更多学生产生拥有特长的梦想，也给了他们专注学习技能的动力。

百川大舞台是属于拥有一定能力的学生的大舞台，说它大，是因为这个舞台较前两者要大得多，是设在体育馆，由专业人员搭设而成的；还因为表演面对的是全校师生、家长、社区代表。这个一年一度搭一次的大舞台，给学生的童年生活留下深深的痕迹，让学生的精彩得以展示，自信得以流露。

三个舞台，为每个学生的亮相提供了机会，为学生的个性发展提供了可能。

仪式教育、德育课程、三个舞台，组成了百川学堂德育教育的美丽风景，在里面，我们欣喜地发现学生做事更专注，生活更快乐了！

四、特色显现的风采展示

百川学堂有两大对外宣传展示的窗口，那就是5月百川和岁末百川。5月百川是德育系列的专场展示，包括班主任素养展示、德育课程展示以及百川大舞台表演。岁末百川为教学科研展示，包括百川课堂展示与岁末总冠军决赛。

每年的5月、12月，这两大窗口总是如约对外开放，每一次的主题总是令人印象深刻，每一次的形式总有创意无限。在一次次的展示中，百川文化走出太仓，走出苏州……

如今，

百川，让人心生温暖！

百川，给人无穷力量！

百川，让我们拥有自信和骄傲！

我们，将不负百川，将精彩延续！让幸福久远！

2014.11.14

2015年五月百川宣传文案

鸢飞鱼跃，活泼泼

这是一所农村小学
学生来自全国各地
老师来自五湖四海
多元文化在这里碰撞、融合

“百川”成为学校的代名词

在这里
老师，自称百川人
学生是可爱的水娃
思思和源源是他们的昵称

（一）

鸢飞鱼跃，活泼泼
这是儿童天性的自然流露

百川人努力把学校建成水娃们的乐园
成长屋内，水娃们遨游书海、自由阅读
智慧树下，水娃们聆听鸟鸣、驰骋想象
淘气屋里，水娃们释放天性、嬉戏追逐

百川人努力把学校建成水娃们的家园
温暖的笑容给水娃亲人般的关怀
温馨的布置给水娃家一般的呵护
“百川”是水娃的家
“百川”是水娃的心灵家园
累了，苦了，他们不用掩饰自己的眼泪
开心，快乐，他们可以放纵自己的笑声
让每个水娃释放最本真的自己
这是百川人的坚守

（二）

鸢飞鱼跃，活泼泼
这是水娃生命成长的美好状态

百川人用鲜活的教育资源
灵动多姿的教学方式
打开了水娃们的思维之门
适合的教育目标
多元的特色评价

贯通了课堂与生活
让深邃和灵活成为水娃思维的特征

百川人用电影和故事
触及了水娃内心最柔软的部分
唤醒　滋养　润泽
让善和真成为水娃行动的标杆

百川人以足球和葫芦丝
展开了水娃体艺技能的双翼
执着　拼搏　超越
让力和美丰厚水娃童年的底色

百川人以一口水缸
陪伴了水娃六年的学习生活
汇水　饮水　取水
见证并丰富了水娃生命成长的历程

百耕园和百果园
提供了水娃亲近自然的机会
实践　探索　体验
打开并拓宽了水娃生存发展的空间

百川人,以大自然为育人载体
让学校生活变得那么灵动

让每个水娃拥有蓬勃生长的力量
这是百川人的期待

（三）

鸢飞鱼跃,活泼泼
这是理想教育的美好境界

百川人给水娃搭建了不同的舞台
水娃小讲坛——讲故事、练胆量的舞台

家乡故事，读书心得，好书分享
水娃们的脸上有了自信的笑容

水娃梦想舞台——展示特长、培养兴趣的舞台
说唱演舞，琴棋书画，拳操跑跳
水娃们的心中有了美丽的梦想

百川大舞台——七彩雨少年宫学生的舞台
他们用一年的努力换取台上的五分钟
展露才华，追逐梦想
在百川学堂，舞台还有很多——
百名新星
水娃气质奖
目标小达人
……
让每个水娃找到属于自己的舞台
这是百川人的追求

商友敬说：活泼泼地，活泼泼地，
理想的教育是活泼泼地，
现实的教育应该是活泼泼地。

百川人，正向着活泼泼的教育前行！

崔怡红、冯丽花撰稿

2015.05.22

2015年岁末百川宣传文案

成长·绽放·融合

百川是个幸福的学堂，每个水娃、每位老师、每个家长都是这个学堂的成员。百川人在这里快乐地成长，精彩地绽放，完美地融合。

好玩中成长

我们的学习真好玩。

我是一个小水娃。每天早上，不用爸爸妈妈催促，我就和小伙伴们一起，开开心心地上学去。

美好的早晨做些什么呢？走过成长屋,一些小同学正围着触摸屏电脑,入神地看着电子绘本呢,不时发出银铃般的笑声;走进教室,早到的同学正交流着昨天晚上阅读的感受,个个眉飞色舞、口若悬河;来到操场,爱运动的同学正挥洒着汗水,有的跑步,有的踢球……这是自由的天堂!

开始上课啦!语文课上,我们戴上头饰,表演狐狸与乌鸦的故事,在逼真的表演中体会做人的道理;科学课上,我们自主探究,在动手操作中发现科学的奥秘;音乐课上,我们自由拍打,用锅碗瓢盆演奏出快乐的节拍……这是趣味的乐园!

中午的“悦读一刻”,我们安静地聆听名家朗读的经典名著,任想象张开自由的翅膀;三点半的社团活动中,我们用绘画再现眼中的美妙生活,用跳跃的舞蹈展示自己的活力,用五彩的针线编织七彩的未来……这是活泼泼的殿堂!

我们的生活也很好玩。

百耕园中到处洋溢着我们的欢声笑语:我们在农俗馆里扬谷、织布、纺纱;在育苗棚中播种、压条、栽培;在蔬菜馆里拔草、施肥 、浇水……我们在实践中认识了农耕文明,体会到了农民伯伯的艰辛,分享着收获的喜悦。

我们在百果园中观赏花开花落,真真切切地观察让我们写作的素材变得鲜活、生动;我们用科学的严谨记录果子的生长历程……如果你也和我一样热爱动物的话,一定要来百果园中和可爱的小鸡、慵懒的山羊、不知从哪窜出来的猫咪交朋友哦!

老师还带领我们走出校园。百川源源的足球健将们屡创佳绩,今年更是成功代表苏州参加了省长杯的角逐;我们还走进社区,和叔叔阿姨们学包团子,学写春联;我们还走进了工厂、边防基地……

在百川学堂里,我们学到了知识,学会了实践,获得了技能。我们在好玩中不断成长!

思考中绽放

思考,促进了老师的发展。

她,2007年8月加入百川团队。作为一名信息技术老师,她面对的是一群从没有摸过电脑的学生。为此,她认真钻研教材,尽力寻找最适合的方法来指导这些零基础的学生,学生都喜欢上她的课。不断地思考,使得她的课堂教学水平迅速提高,工作不满三年,就获得了太仓市小学信息技术评优课一等奖。

作为一名信息技术竞赛辅导老师,她为了提高学生程序设计的兴趣,搜集各种视频,开发多种游戏,想方设法把枯燥的内容变得生动有趣;为了快速提升学生程序设计的水平,每天放学后,她都在电脑教室手把手辅导学生,一直到天黑才回家……就这样,不出一年,她所带的学生从太仓脱颖而出去苏州比赛,并取得二等奖的成绩。从零基础到大市获奖,这不能不说是个奇迹。

她是百川讲坛的第一批学员,目前已成为百川讲坛高级班的导师助理。为什么她的成长如此之快？原来每期活动前，她都能坚持大量阅读并形成自己的思考；每次活动，她都能踊跃发言，大胆提出自己的观点；活动之后，她还会反思自己的收获与不足。就在这不断学习与思考的过程中，她取得了飞速的发展。

因为她的才华与努力，她从一位普通的老师，成为德育专业的领头人。除去德育处的日常工作，她倾注心血最多的是校本德育课程的开发。她一直在思考：什么样的德育课程内容最受学生的欢迎？怎样的方式能有效推进课程的研发和实施呢？她一边大量搜集资料，一边听取老师和学生的意见，大家一致建议用故事和电影作为我校德育课程的内容。她主张组建德育课程研发团队，用集体的力量来推动研究的进程。在实施的过程中，她且行且思，遇到问题积极解决。经过四年多的积累实践，百川故事会校本教材呼之欲出。为了科学地编写这套教材，她准确定位年段的德育目标；为了适合学生年龄特点，她认真选择故事的内容；为了吸引学生学习兴趣，她精心把关图片与底色的搭配；为了确保教材质量，她一次又一次地逐字校对；为了便于老师把握教材，她还编写了参考用书……一套教材，四易其稿，不知道花费了她和德育团队多少心血！目前，百川故事会校本教材正在印刷，不久之后就可以和全校师生正式见面啦！

一路成长，一路花香。她先后被评为太仓市教坛新秀，太仓市学科能手，太仓市信息化先进个人，苏州市周氏德育基金获得者，苏州市优秀教育工作者……

不断地思考，使她成为一名研究者。而她，只是百川学堂中百十个老师的缩影，跟她一样不断成长、绽放精彩的老师还有很多……

携手中融合

他，是百川学堂近一千五百位家长中的一个。他的学生已在这里学习生活五年多。就在前不久，他跟我们这样说：

作为新太仓人，我为我们一家能成为百川人深感荣幸。记得五年前的那个夏天，我刚把学生从老家接来，对怎样与学生相处、如何做一个合格家长充满了困惑。开学第一天的新生家长会，学校给我支了不少招，让我对做一个好家长充满了信心。

百川学堂丰富的仪式教育是我们全家经常谈论的话题。还记得一年级入学礼上，懵懂的学生点上朱砂时满脸羞涩，稚嫩的小手把水汇入水缸时充满神圣，当时我的心里满满的都是感动；三年级的成长礼上，学生三次饮水，意为饮水思源，表达感谢父母、感谢老师、感谢祖国的情感。感谢百川，让我的儿子懂得了感恩，这怎能不让我们家长热泪盈眶？我期待着半年后的毕业仪式，我相信那又是一次终身难忘的经历……

上个月学校举办了首届百川节，我作为爸爸拓展团的成员全程参与了活动。早晨一进校门，就感受到了特殊的节日气氛。呆萌可爱的卡通水娃，热烈欢快的鼓点音乐，学生欢跳轻快的脚步，老师家长忙碌的身影……一天的活动丰富多彩，民间艺人表演夺人眼球，亲子足球赛激动人心。尤其是美食节活动最受学生欢迎，36 个摊位从路的东头绵延到路的最西头。有布依族的七彩米饭、酸酸甜甜的北京葫芦串，热气腾腾的温州鱼丸、香气扑鼻的新疆烤羊肉串……每一个都体现了地方特色,每一个都充满民族风情。美食节现场,音乐声不绝于耳,吆喝声此起彼伏,学生小脸涨得通红,这里买一份,那里尝一口,馋嘴的模样让人忍不住地发笑,仿佛每个人的脸上都写上了“快乐”二字。为了教育好学生,学校真是煞费苦心啊!我暗暗下定决心:作为百川的一分子,一定要出点力!当我充满热情地带着学生做游戏时,看着学生灿烂的笑脸,我仿佛也回到了童年时代,和学生一起跳,一起笑。儿子看我的眼神满是崇拜,当他给我一个大大的拥抱时,我的心里充满了对学校的感激。感谢百川,让我蹲下来,走进了学生的世界;感谢百川,增进了我们父子间的感情;感谢百川,用心地做教育,让我的学生能够茁壮成长!

好玩,让学生成长;思考,实现了老师的绽放;携手,使家校完美融合。百川学堂,一路思考,一路前行!

2015.12.06

2016年五月百川宣传文案

尊重·开放·唤醒

在百川学堂里
每一个儿童都重要
每一个儿童都可爱
每一个儿童都能成人成才
秉持这样的儿童观
我们以尊重、开放、唤醒
展开了对童心的揭秘之旅……

尊　重

尊重——揭秘童心密码的根基
我们尊重学生的多元文化
百川学堂里,水娃们来自五湖四海,带着不同文化的印记
举办展示多元文化的“百川节”
36块体现家乡特色的展板
开设了寻根课程(寻根廊上课、各地文化介绍)

我们尊重学生的健全人格
百川学堂里,师生更像是亲密无间的朋友
走廊边的凭栏远眺
七录园的促膝谈心
课堂上的大胆质疑

学习中的互帮互助　生活中的乐观心态
自尊自重　自强自爱　在百川学堂得到最好的诠释

我们尊重学生的个性发展
不同舞台让每个学生找到自己的位置
编织班里心灵手巧的思思源源
科技小组大胆创新的合作伙伴
篮球队里身手敏捷的灌篮高手
绿茵场上雄姿英发的足球小将
合唱队那清脆动听的小小百灵
舞蹈团里动感四射的韵律精灵
……
“我喜欢，我参与！”
“你需要，我支持！”
尊重　时时可以感受

开　放

开放——揭秘童心密码的胸怀
我们的校园是开放的
校史陈列室　学生随时驻足
思源书吧　学生随时阅读
实践基地　尽情嬉戏
好奇心　在这里得到满足

我们的课堂是开放的
鲜活的教学资源
极具空间的问题设计
适合的教学方式
多元的教学评价
求知欲　在这里得到激发

我们的课程是开放的
百耕园　百果园
是亲近自然　体验生活的好去处
一篇篇生动的日记

一幅幅多彩的画作
一份份详实的研究报告
学习力 在这里得到提升

我们的活动也是开放的
走社区　访驻地
进企业　游展馆
知识面　在这里得到拓展

因为开放　校园生机勃勃
因为开放　学生活力四射

唤　醒

唤醒——揭秘童心密码的钥匙
唤醒水娃“天天向上”
梦想墙上稚嫩有趣的图画,
水娃风采秀中积极乐学的故事
梦想舞台上自信快乐的身影
梦想课程中懂得追梦的真谛

梦想的种子正在萌芽
理想的风帆正在飞扬

唤醒水娃“日日向善”
听故事　讲故事　写故事　品故事
故事课程
萌发了“孝顺感恩”的种子
理解了“专注执着”的价值
拥有了“诚实善良”的品质
学生在立体化的故事课程中　成为有道德的人

唤醒水娃“时时向美”
清晨小道的片片落叶
树上枝头的朵朵花苞
是水娃们美好的记忆

山坡竹林的一幅写生
春夏秋冬的一张照片
茶余饭后的一个手工
是水娃们美的追求
品位和格调
就这样慢慢提升

尊重　开放　唤醒
百川学堂破解童心密码的秘诀
未来
我们将继续与童心相伴
成全每一个儿童
让他们成为最好的自己

崔怡红、冯丽花撰稿
2016.05.21

2016年岁末百川宣传文案

行耕百川，拔节向上

萌　芽

新区二小，一所定点吸纳来太务工子女的公办小学。
2009年，提出以百川文化引领发展，并一路执着前行……
一路走来，我们用研究的视角开展特色文化建设：
学生的习惯不尽如人意，自编三字歌规范言行；
老师的表达参差不齐，创办百川讲坛加以改善；
校园的环境呆板单调，布置特色景点浓厚育人氛围……
就这样，发现问题，研究问题，解决问题，
百川文化的发展之路，俨然是一条科研之路。

于是，老师的工作方式悄然改变：
带着问题，参加备课组学习，成为常态；
带着困惑，走进班主任论坛，成为习惯；
带着思考，进行评课议课活动，成为自然。
百川学堂里，人人有课题，个个在研究。
科研的种子就这样悄然萌芽。

拔　节

科研的热情一被激活，处处可见研究的身影。

枯燥的说教，学生不喜欢；
乏味的德育，老师也不喜欢。
一次偶然的机会，
给新颖的德育方式带来生机。
百川故事会诞生了！
2009 年，青年老师小冯上了第一堂故事会。
耐人寻味的德育故事，
生动活泼的教学方式，
事半功倍的育人效果，
给德育教育打开了一扇窗。
7 年来，
从一个人到一个团队，
从指向学生到家长参与，
从零敲碎打到形成课程，
知微中见著，给研究厚实了基础。

学生不会读题，怎么办？
开学第一天，三个数学老师，自发相聚，
就“指导学生正确审题”这一问题，各抒己见。
学生不喜欢看课外书，怎么办？
老师们的建议，
使“悦读一刻”成了读书的乐园，
语文老师用声情并茂的朗读，用自录的微视频，
让学生爱上了阅读。
学生写不好作文，怎么办？
班主任老师们，有了好主意，
到百耕园拔草吧，劳动会给人灵感；
去百果园采摘吧，体验带给你素材。
问题一个个被发现，
问题一个个被解决，
自主加思考，使研究加快了进程。

百川讲坛，历经 9 年，7 次转型，251 期。
科研，是第七次转型的主题。
每个成员，都有自己研究的课题：
如何培养学生的英语写作能力？
怎样让音乐欣赏课更吸引学生？
如何激发学生耐久跑的积极性？
……
随着研究的深入，
学生英语写作中的问题被梳理，
音乐欣赏课的目标开始清晰，
学生耐久跑的组织形式发生改变，
一张张调查问卷，
一份份学习表格，
一个个鲜活案例，
是百川人潜心研究的见证。
百川讲坛，
百川人执着研究的足迹，
百川人一路创新的成果。
执着中有创新，给研究增强了活力。

见微知著，主动思考，执着创新，成了课题研究的关键词，
我们聆听到了它拔节向上的声音！

前 行

百川人深深感受到，
课题离我们并不遥远，
它就在每个人的教育教学工作中。
在发现中，老师的洞察更为敏锐；
在研究中，老师的思维更为深刻。

水娃们也有了可喜的变化，
多彩的校园生活，使他们更活泼；
有效的育人方式，使他们更专注；
丰富的展示平台，使他们更自信。

行耕百川，
我们有收获，
三年来近百篇论文发表，
一个个课题结题。

行耕百川，
我们也有困惑，
怎样更好落实课堂教学的主张？
如何更好促进学生的个性发展？
如何整合课程让学生得到更好的教育？

行耕百川，
我们脚踏实地；
行耕百川，
我们拔节向上；
行耕百川，
我们执着前行！

2016.12.06

2017年五月百川宣传文案

用爱照亮百川

阳光，给人温暖；
关爱，令人温馨。
百川学堂里的爱，
如阳光般，
照进每个学生的心间。

一本故事集的用心

在百川学堂，
有一段特殊时空。
三分钟晨会故事，
那是学生期待的时刻。

团结合作的故事，播下了与人为善的种子；

孝顺感恩的美德，传承了中华优秀的文化；
身残志坚的事迹，鼓舞了自强不息的信念；
长征途中的镜头，坚定了励志爱国的决心！

爱国、敬业、诚信、友善
公民的基本道德规范，
在晨会故事里得以物化
学生的人生观、价值观，
在晨会故事里慢慢形成……

两年来，
《晨会故事集》逐渐丰厚。
作为全员育人的载体，
发挥了重要的作用；
一本故事集，
诠释了百川人育人的用心。

一支球队的执着

百川学堂里，
有一支“源源”足球队。

5 年前的“源源”，
只有一名教练，
10 多个球员。
他们渴望拥有统一的训练装备，
渴望拥有标准的运动场地，
渴望拥有与高手对决的比赛机会。

第一次参加苏州市“市长杯”决赛，
他们未进一球，
未赢一场。
失败，没有打垮他们的斗志。
一天天的科学训练，提高了技能；
一次次的切磋磨合，学会了合作；
一场场的友谊比赛，丰富了经验。

一年后,他们再次来到“市长杯”决赛现场,
一跃成为黑马,
最终闯入冠亚军决赛,
他们用坚韧、自信、文明,
赢得了全场的尊重。

如今,
“百川源源足球俱乐部”成立,
与上海科化成功签约,
外籍教练进驻校园,
各年级梯队全面铺开,
训练场地全线升级,
足球配套设施日趋完备,
小球员们征战大江南北,
远赴意大利开展足球文化交流,
一个个球员输送到专业青训机构,
……
青训体系构建完善。

百川源源成了百川学堂另一张靓丽的名片。
水娃们在这里,
谱写着属于自己的精彩!

一个节日的智慧

百川文化一路发展,
需要有一个属于自己的节日。
体现不同地域文化的融合,
丰富日常校园的生活,
百川节应运而生。

第一届百川节
学生大饱口福,尽情品尝各具特色的美食,
开阔了眼界,欣赏到全国各地知识的展板。
热闹之余,
问题也随之而来:

拥挤不堪的摊位，
随地可见的垃圾，
比比皆是的追逐现象……

我们不断拷问自己：
办百川节的价值何在？
吃吃喝喝？玩玩闹闹？
还是要赋予它更大的育人功能？
我们的结论是：
必须要增强学生主动参与意识，
校园文化氛围要更加浓厚，
学生自主管理水平还要提高……

第二届百川节
要吃美食自己挣
动手、动脑换取美食券，
学生知道：只有付出，才能有收获；
我的节日我来管
参加志愿者服务队，维护活动秩序。
学生明白：只有参与，才能享受到成功；
跳蚤市场我来办
售卖亲子手工制品
学生懂得：没有劳动就没有快乐。

付出，对所得更珍惜；
被需要，参与活动更投入；
主人翁意识，言行举止更文明；
合作，亲子关系更和谐。

一年一度的百川节，
成了翘首以盼的校园节日；
不断创新的百川节，
成为独具内涵的育人活动。

结 语

一本故事集的用心，

一支球队的执着,
一个节日的智慧……
水娃们在百川学堂里
更专注、
更友善、
更快乐!

就这样,
百川人用爱,
照亮每一个水娃
让他们
在阳光下熠熠生辉
闪耀着独特的光芒!

崔怡红撰稿
2017.05.18

2017 年岁末百川宣传文案

二小,因百川更美丽

太仓经济开发区东北隅,一所特别的公办小学——太仓市新区第二小学。
学生近 90%为来太务工子女,
老师近半来自全国各地。
师生们如涓涓细流从四面八方汇聚在一起,
于是,我们赋予学校一个美丽的名字——百川学堂。

第一篇章　悄然孕育
一个人的传说

他,叫钟长军,安徽籍。
2007 年 8 月加入“百川学堂”。
新老师见面会,点燃了他梦想的火苗。
三个月后,在兄弟县市执教研讨课获得好评;
第二年,参加学校青年老师评优课,一举夺魁;
第三年,获得苏州市“十佳网络团队”荣誉;
第五年,在沿江六省一市教学活动中执教公开课,获得成功;
第六年,获得“苏州市教坛新苗”光荣称号;
第九年,被评为“太仓市数学学科带头人”;
今年,他又获评太仓市三星级老师。

在新区二小，和他一样追求梦想的老师还有很多很多……
老师，因“百川”更幸福！

一口缸的故事

百川楼大厅，有一口缸。
这口缸古朴又庄重，
它是“百川之源”的象征。
每一年，它都会被请到三个隆重的场合。
——开学礼　新生自带一瓶水“汇入”缸内，意为“百川汇水”。
——成长礼　三年级学生喝下缸内一口水，意为“饮水思源”。
——毕业礼　学生从缸中取水迈出校门，意为“满载而归”。
百川，全纳了来自五湖四海的学生。
百川，发展了具有不同特长的水娃。
学生，因“百川”更出色！

一扇窗的精彩

百川学堂有扇窗，一年两次，对外展示百川文化。
——每年岁末，百川讲坛总冠军决赛
一对对鲜明的主题，
一段段走过的经历，
一个个总冠军不凡诞生，
一位位领导登上讲坛。
每一期，都引人入胜；
每一年，均给人启迪。

——每年5月，“德育百川”好戏连台
“百川电影课”给人力量，
“百川故事会”发人深省，
“百川大舞台”精彩纷呈。
每一场，都使人振奋；
每一次，均令人惊喜。
二小，因“百川”更精彩

第二篇章　蓬勃生长

一个机遇

2013年，苏州大市创建首批全国义务教育均衡先进县市，
新区二小也迅速行动起来：

整修校舍，
更新设备，
布置景点，
……
一个偶然的机会，新区二小成为迎检的现场，
一批批专家走进校园，
一位位领导步入学堂。
他们，
肯定学校的管理理念，
赞赏温馨的校园氛围，
他们，
更为均衡教育的扎实推进感到欣慰。
机遇，为百川扩大了影响力！

一个课题

2013年11月18日，新区二小《基于文化多样性的百川文化校本建构研究与实践》成功申报江苏省“十二五”规划办重点课题。

2014年1月18日，主课题成功开题。

从此，百川文化的研究迎来了一个崭新的时代！

我们有理由相信：
课题，强化了百川人的研究意识，
课题，改变了百川人的行为方式，
课题，为百川注入了生命力。

一个项目

2013年下半年，苏州市启动了义务教育改革项目学校的申报工作。
2014年2月18日，我校申报的“学校特色文化建设”项目成功通过审核，
从此，百川文化建设掀开了新的历史篇章。
领导的亲切关怀，
专家的有力助推，
师生的齐心协力……
项目，为百川增强了发展力。

第三篇章　满园芬芳

如今的百川学堂，
充满活力、充满智慧、充满和谐。

这里是田园

走进百川学堂，
步步是景。
香樟林，
小山坡，
百耕园，
百果园，
还有——
悠闲自在的山羊群，
欢蹦活泼的竹林鸡……
百川，
是充满生机的绿色田园。

这里是乐园

一年一度百川节，
师生们翘首以盼。
兑食券，
品美味，
观球赛，
做游戏……
要吃美食自己挣，
我的节日我来管，
百川节，
成为独具内涵的育人活动。

成为百川源源，
是所有男学生的梦想。
训练，
磨合，
比赛，
提高了技能，
丰富了经验，

学会了合作……
足球，
成为推动学校文化的亮丽名片。

百川课堂，
碰撞智慧。
在核心问题统领下，
思考，
感悟，
表达……
追根溯源，
寻根求源，
课堂，
成为提升学科素养的摇篮。

百川，
是享受童年的学习乐园。

这里是家园

家，
是温暖的港湾，
百川人的归属。
家，
是远航的巨轮，
承载百川人的梦想。
家，
是心底的依恋，
百川人永远的骄傲。
百川，
是人人向往的温馨家园。

结语：
海纳百川，
有容乃大；
百川竞流，
浪花朵朵。

十年百川途，
一路执着行。
我们将不忘初心，
再次出发！

崔怡红撰稿
2017.12.14

2018年五月百川宣传文案

德善相伴　朵朵浪花更可爱

这里是百川学堂
怀远博见
育人的美好愿景
德才兼备
对水娃最好的期待

这里是百川学堂
老师—— 崇德尚善
用行动诠释教育的真谛
学生—— 淳朴友善
用微笑传递品格的魅力

百川学堂
浪花朵朵
百川竞流
生机盎然

唤　醒

鲜活的教育资源
灵活的育人方式
开启水娃的德善之门

课程启蒙人生
电影和故事
如涓涓细流
渗透　滋养　润泽

把真善美根植于他们的心田

经典陪伴成长
《三字经》《弟子规》《论语》
如长者娓娓道来
诵读　品味　践行
学生心中埋下了文化的种子

仪式照亮前程
汇水　饮水　取水
如一缕缕光束
温暖　触动　感悟
这一刻将被永远铭记

德育课程
经典诵读
仪式教育
水娃的心灵得到润泽
意识慢慢苏醒
颗颗水滴晶莹

焕　发

教室里　操场上
水娃们朗读　计算　绘画
歌唱幸福的生活
书写和谐的篇章
树立远大的理想
明确人生的方向

你追我赶参加水娃竞赛
你歌我舞演绎金色梦想
你评我选书写成长奇迹
绽放　超越　快乐
用自信展现自己的实力

赠人玫瑰 手有余香
水娃志愿者
成为校园里最美的那抹红
责任　担当　奉献
用行动证明自己的价值

学科素养提升
浪花朵朵工程
志愿者服务
水娃们厚积而薄发
人生观 价值观日渐形成
朵朵浪花焕发生命的活力

闪　耀

如今
走进百川学堂
从班级小讲坛
到学校大舞台
专注　友善　快乐
成为水娃独特的气质

走出百川学堂
从小学校到大社会
孝善　至亲　文明
成为水娃优秀的品质

放眼世界
从国内到国际球场
坚韧　乐观　团结
成为水娃亮丽的名片

水娃的脚步日渐坚实
水娃的视野日益广阔
中华美德
让浪花们熠熠生辉

结　语

今日
德善书院进驻百川学堂
描绘新的发展蓝图

未来
中华优秀文化
在水娃的血液里流淌
良好的德性
在耳濡目染中沉淀

德善相伴
朵朵浪花更可爱
德善同行
百川学堂更璀璨

崔怡红、陆建华撰稿
2018.05.16

2018年岁末百川宣传文案

百川学堂里　儿童的样子
儿童的精神世界好比草稿
应让它变成美好的史诗

无论贫穷还是富裕
无论乖巧还是顽皮
每个学生
都有权利享受教育的公平
都应该拥有精彩的童年

我们认为
每一个水娃都重要
每一个水娃都可爱
每一个水娃都能成人成才

最初的样子

从全国各地走进百川学堂
水娃们
缺少自信
不善交流
校园里可见果皮纸屑
食堂里常有大声喧哗
……
怎么办

用课程改变
寻根廊
萌生家园情怀
故事会
懂得做人道理
百耕园
体验劳动的滋味
绿荫场
享受拼搏的快乐
核心问题
获得思维的提升

国家课程校本化
校本课程特色化
特色课程品牌化
63 门课程
1600 名水娃
如浪花朵朵
竞相开放

用竞赛提升
浪花朵朵大奖赛
贯穿整个学年
涉及所有学科

整合读书节　数学节　英语节　体育节　艺术节　科技节
成为百川学堂最大的赛事

设计海报　招募志愿者　组织比赛
能力在过程中历练

自愿报名　积极准备　全力参赛
素养在比赛中提升

每逢赛事
学生奔走相告
赛场周围
人头攒动
兴趣在观摩中激发

量身定制
倾情投入
一百多场比赛
近千人次参与
如百川竞流
成全最好的自己

用活动涵养
一口水缸伴成长
汇水　饮水　取水
仪式教育给学生
温暖　触动　感悟

水娃舞台展才华
小讲坛　梦想舞台　大舞台
三个平台让学生
期待　激动　留恋

校园节日重育人
品美食　做游戏　踢足球

百川节让学生懂得了
责任　使命　担当

特色课程
学科竞赛
德育活动
给水娃注入了生命活力

现在的样子

如今
水娃们拥有了
独特的气质
友善
水娃是友善的使者

谁有困难抢着帮
八礼四仪我遵守
在家孝亲
在校守纪
在外知礼

与人为善
成了水娃的做人准则

专注
专注是一种可贵的品质

听故事　集中思想
做习题　全神贯注
遇困难　绝不放弃

专注
成了水娃的习惯

快乐
百川学堂的

水娃是快乐的

破解难题
获得成功喜悦
登上讲坛
展示成长自信
劳动实践
体验探索乐趣
驰骋赛场
感受运动激情

在百川
学生
尽享快乐的滋味

友善　专注　快乐
伴随水娃
开启幸福的人生

结语
百川竞流
鸢飞鱼跃
百川是学园 乐园 家园
水娃们在这里
健康成长

今日
儿童文化研究
将开启新的篇章
未来的水娃
是什么新的样子
值得你我期待

崔怡红、陆建华撰稿
2018.12.15

2019年五月百川宣传文案

一体化育人　百川学堂这样做

长江之滨
娄水河畔
有一个
幸福的百川学堂

如何让学堂里的水娃
成长　成人　成才
多年以来
百川人一直在思考

渐渐地
探索出一条育人之路
我们这样做
……

课程实施一体化

我们始终认为
课程是育人的主要抓手

校本化落实国家课程
理科
以核心问题统领的课堂
思维更加深入
文科
在核心任务的驱动下
学习更有效率
专注上好每一堂课
学生的学习习惯日渐养成
学科核心素养稳步提高

特色化实施校本课程
量身定制的课程

学生自主选择
绘画　足球　点心坊
围棋　书法　十字绣
……
适合的课程
特长渐渐凸显

个性化开发班本课程
每个班级都是独特的集体
开发班级微课程
形成班级特色的又一新的举措
在“历史上的今天”
学生丰富了课外知识
也懂得了每一天都很重要
“礼仪规范我知道”
在提高文明素质的同时
更培塑了学生良好的品行

国家课程
校本课程
班本课程
百川学堂的课程体系慢慢形成
全课育人
我们这样做

校园生活一体化

多姿多彩的校园生活
是育人的重要载体

用环境涵养德性
寻根廊
播下家国情怀的种子
百耕园
享受劳动光荣的滋味
梦想墙

萌生成为最好自己的希望
沐浴在百川
水娃的情操得到陶冶

用主题活动绽放个性
一年一度百川节
在快乐中体验责任与担当
浪花朵朵大奖赛
在竞技中展示价值与荣耀
生活在百川
水娃的自信心不断增长

用仪式教育点亮人生
入学礼　汇水
成长礼　饮水
毕业礼　取水
一口水缸
见证六年的校园生活
感动在百川
水娃的品格不断提升

校园环境
主题活动
仪式教育
一体化的校园生活
全面育人
我们这样做

家校共育一体化

友善　专注　快乐
水娃最好的样子
家校合力
才能实现理想的教育

开发家长课程
办好新生家长学校
迈好家校合作第一步
通识课程
帮助家长更好了解学校
专家讲学
为家长指点育儿迷津
不同年级
不同的家长课程
为家校共育奠定基础

举办水娃大讲堂
越来越多的家长
走进百川学堂
窗外声音
拓宽了学生的视野
职业介绍
启蒙发展的方向
育人内容更加丰富

策划家长沙龙
曾经腼腆的爸爸妈妈
自信走上沙龙的舞台
分享育儿的经验
交流读书的心得
慢慢地
彼此关系更加融洽
教育理念不断更新
育人形式更加多元

家长课程
水娃讲堂
家长沙龙
家校联动
育人队伍日渐庞大

全员育人
我们这样做

全课育人
全面育人
全员育人
聚焦育人一体
追求个性多样
百川学堂的追寻刚起步
相信
未来的水娃
在百川学堂
会有新的模样

崔怡红撰稿
2019.05

2019 年岁末百川宣传文案

学生发展指导　我们正出发！

每一个水娃都可爱
每一个水娃都重要
每一个水娃都能成人成才
这是百川园
对儿童的认识与理解

我们的水娃
充满自信
认真专注
无比快乐

百川园里
每一个水娃
在老师的指导下
如浪花朵朵
自由绽放

为了水娃更好地发展,我们做了些什么?

提供专业的学习指导
课堂内
以核心问题统领
学生的思维更加深入
以核心任务驱动
学生的学习更有效率
学习方法的习得
学习习惯的养成
让水娃们更专注

课堂外
提优补差
着眼个性发展
课后服务
注重答疑解惑
社区辅导
拓宽学习渠道
全方位多维度
促进学生的发展

提供适切的生活指导
浪花朵朵课程
习得生活的技能
手工坊
园艺班
点心房
学生自主选择
老师悉心指点
生活教育在这里发生

两个园子
成为劳动实践的基地

百耕园里
体验劳动的滋味
百果园中
收获成长的硕果
没有劳动就没有教育
实践活动的开展
学生享受到劳动的快乐

动物是人类的朋友
喂喂竹林鸡
遛遛百川羊
在和小动物相处中
了解饲养常识
爱也在心中生长

提供科学的心理指导
阳光小屋
化解内心困惑
给予情感支持
鼓励水娃勇敢面对挫折

团辅活动
拓宽学生视野
学习交往技巧
提高水娃社会适应能力

成长导师
走进儿童心灵
架起沟通桥梁
成为学生的知心姐姐

提供适合的理想教育
职业介绍墙
展示各种各样的职业

启蒙学生的理想

梦想墙
学生梦中的殿堂
科学家　作家　医生
烘焙坊　理发店　建筑工人
书写憧憬
描绘未来
一个个美好的理想
在这里扬帆起航

家长大讲堂
各行各业的介绍
展现窗外的声音
拓宽学生的视角
职业教育开始萌芽

学生在百川园
学习知识
丰厚学科核心素养

学习劳动
奠定幸福生活基础

健全心理
学会乐观面对生活

树立理想
启蒙职业生涯规划

为了水娃更好地发展，我们还有哪些不足？

一路实践
一路反思
我们发现

不足的还有很多

理解不够深入
我们更多关注了
眼前的儿童
对儿童未来的发展
思考得还不多

认识不够全面
学生发展
内容包罗万象
如果厚此薄彼
造成学生发展的不平衡

措施过于零散
目前对学生发展的指导
我们只是零敲碎打
没能以系统的思维
做出全局的规划

为了水娃更好地发展,我们准备这样做!

厘清百川文化、儿童文化
与学生发展指导之间的关系
我们认为
学生发展指导
是一条主线
更是一种抓手
与百川园发展的愿景
与儿童文化的研究
交相辉映
一脉相承

系统化的思考
有效整合课程资源

明确浪花朵朵课程目标
构建完备的课程体系
有的放矢
统一规划
六年的发展指导
一体化设计

在学生发展指导中心引领下
有效落实学生发展指导工作
今日
学生发展指导中心
在百川园成立
学生发展指导之路
已在脚下
思考　实践
再思考　再实践
学生发展指导
我们正出发

崔怡红、陆建华撰稿
2019.12

后　记

在百川园，有14个年头了。

一所定点吸纳外来务工人员子弟的小学，发展成了全国教育系统先进集体，也有幸成为孙孔懿老先生眼中与帕夫雷什中学"形神兼备"的学校。时常想用文字记录下一路走来的足迹，与每一位"百川人"分享，但因琐事纷扰，未能如愿。或许是学校发展需要驻足思考，或许是朋友伙伴的催促关注，2019年岁末，我有了强烈的愿望，要把百川园里的故事写下来。

在筹备的过程中，思绪回到了赴任新区二小的2006年8月。

当时，我的内心是不安的。这所学校与我颇有渊源，小学五年级曾在此就读，师范时期的实习生活在这里度过。但因时间久远，很是陌生。在一个傍晚时分，我驱车来到还是工地的学校，小心翼翼行走在校园，看着刚刚结顶的教学楼、望着正在施工的操场，想象着不久这里将充满欢声笑语，我的那份不安渐渐地被大干一场的激情所替代。

然而现实是残酷的，正式上任后，我面临前所未有的挑战：工程进度慢，但开学在即，需立即搬迁；对学校教职工不熟，所有中层"起立"，需重新改选；学校亟待内涵发展，但师资不足，需寻找生长点……上任后，我白天跑工地催工期；闲暇找老师谈话，了解校情；晚上制定搬迁计划，筹谋开学发展蓝图。然而，开学的日子近了，诸事的进展依然缓慢。这时，一位校长朋友跟我说："如果学校能正常开学，那么作为新校长，你的第一关就算过了。否则……"她没有把后面的话说完，但我明白言下之意。不由得，我开始焦虑起来。

临近开学，购买的电脑等设施设备陆陆续续进场了，可学校围墙没砌，大门没装，无论把它们放在哪里都让人担心。这时，当时的会计徐福元老师建议，把电脑等设备先放在已经完工的教室，再安排住的相对近一些的男老师轮流值班看守。"这能行吗？大热天，教室里还没通电，蚊子又多！老师们怎么愿意？"我反问道。"试试吧，为了学校，老师们应该能克服的！"当分管校长列出名单召集老师们开会说明意图之后，没有一个老师提出异议。而后，打扫校园、搬放课桌、学校搬迁……接二连三的工作一项一项布置下去，老师们的手上结出了厚茧，甚至磨出了血泡，但没有一个叫苦；晚上值班的老师，被蚊子咬得满身是包，却没有一声抱怨。看着这些质朴的同事，我对办好学校有了一些信心。

搬迁之后，面临学校内涵发展的问题，但当时的现状，无论从师资条件还是办学基础，我都未能找到一个可以生长突破的点。直到2007年9月，21名新老师分配至校，我从他们身上看到了学校发展的希望。于是，给他们制定了详细的培养计划，创办百川讲坛，提供公开教学机会，带着他们研究教材，手把手教他们撰写案例反思……一路相伴下，百川讲坛开始小有名气，一个个青年老师崭露头角。满心以为可以大展宏图的时候，一次“缺考”事件把学校推向风口浪尖，一时，各种质疑扑面而来，所有的努力似乎都付之东流。看着老师们委屈、丧气的样子，听着他们诉说着教学中的不易，我的心中更是五味杂陈！难道就此一蹶不振？难道就这样放弃美好的办学梦想？“做好自己！不问结果，只求不虚度光阴！”在新一学期的百川讲坛上，我这样动员大家！

一次偶然的机会，我们成为义务教育基本均衡验收的现场，2013年5月，时任教育部督导办主任的何秀超来到学校，在听取了学校介绍，聆听了音乐老师的演奏，并在学校老师休息室小坐之后，他被我们的办学行为深深打动。不久之后，原教育部刘利民副部长来校视察，充分肯定了百川文化引领下的学校发展，并勉励我们将百川文化继续做强、做亮，为义务教育均衡实施贡献力量。

2014年4月，苏州教育局“走进基层学校·对话青年老师”活动在我校举办，时任苏州市教育局局长的顾月华女士带着其他领导与我校老师进行了三个多小时的对话活动。老师们在对话活动中的表现可圈可点，让在场参加活动的领导们为之惊讶。顾局长动情地表示：“没想到一所农村小学的老师，竟然有如此深厚的教育情怀！没想到在这里，看到了一群充满活力与智慧的青年老师！”

这接二连三的几件事，又一次将我校推入了大家的视野。学校也因此获得全国教育系统的最高荣誉。我们清楚，这是执着与坚守给我们带来的机遇！

而这时，我在学校任职将满10年，从任职政策讲，十年期满应该轮岗，很多朋友也因此劝我，“激流勇退方为上策！”“学校校情在那，办学资源也非常有限，再上高度非常困难，还是离开吧！”是啊，从理智的角度，似乎应该离开，但是一想到可能离开这所学校，我的心马上就空落落的。我实在难以想象，如果离开这所学校，我是否还能持有如此的热情？十年的时光，我早已将自己融入这所学校，学校的一草一木，一园一廊，每面墙壁每个阳台，都有故事，它们见证了我从一名青涩的校长慢慢走向成熟。

每当我心情郁闷的时候，在校园里走一圈，不适的感觉就会消散；当我思考问题受阻时，听听窗外各种鸟儿的鸣叫，往往就会有灵感；当我站上百川讲坛演讲或点评的时候，思维总会特别的顺畅；当我在办学遇到阻力时，我的团队总是一起出谋划策，成为我坚强的后盾……我怎么能离开这里呢？我毫不犹豫递交了留任申请，那是2016年的暑假。

领导会不会批准我的申请？我是否能够继续留任？直到8月中旬校级调配结束，我的心才平静了下来，因为，我留下来了！

在众人的不解下，我带领团队再一次启程。在校园足球开展、儿童文化探索、前瞻性项目研究、德育生活一体化建设等方面进行了可贵的探索。百川源源的崛起让我们的学生走出了国门，前瞻性项目的研究让我们的老师走出了江苏，而德育生活一体化的建设受到了各方的关注……百川园也成为集乐园、田园与家园一体的地方！

周末，老师们会带着家人、学生到学校来，看看鸡、遛遛羊；节假日，已经调离学校的老师也时有回来，在百耕园里认认蔬菜，百果园内看看瓜果，他们偶尔还会见到路边疾走的刺猬，看到停落枝头的野鸽……原来，这里不仅是让我心安的地方，也是能让老师们感觉有“家”的味道的地方！

是啊，学校应该是让生活在里面的每个人的心得以安放的地方！

收回思绪，我突然明白自己为什么会有那种强烈的冲动。我也才明白，为什么当孙孔懿老师建议我将书名拟为《百川园：我们诗意的栖居》时，我觉得欣喜异常！

撰写书稿的过程并非易事，尽管都是经历过的事，但一一回想、查证，颇费功夫，幸亏我有着强大的后援团：崔怡红、朱敏刚、陈洁三位副校长陪我一一回想过往，并给我出点子、选故事，各条线负责人给我提供了案例，查证了具体的时间，冯丽花老师更是充当了书稿的第一读者，帮我逐句修正。在此一并感谢他们！

笔者还要感谢长期以来关心百川园发展的朋友们，原江苏教育学会会长杨九俊先生、原江苏省教育科学研究院基础教育研究所副所长孙孔懿先生、江苏人民教育家培养对象小学校长组的导师团队，他们给了百川园无私的帮助，并支持我以故事的方式进行书稿的撰写。

同时，我还要感谢苏州教育局以及太仓教育局的领导，是他们的信任和支持，帮我圆了教育的梦想，让我和我的伙伴们幸福地栖居在百川园！

王文英

2020 年 3 月 4 日